中国天然气产业可持续发展系统标度及优化研究

Study on Scaling and Optimizing the Sustainable Development System of China's Natural Gas Industry

孙仁金　曹　峰／著

中国经济出版社
CHINA ECONOMIC PUBLISHING HOUSE
北　京

图书在版编目（CIP）数据

中国天然气产业可持续发展系统标度及优化研究 / 孙仁金，曹峰著.
—北京：中国经济出版社，2018.9
ISBN 978-7-5136-5311-4

Ⅰ.①中… Ⅱ.①孙…②曹… Ⅲ.①天然气工业—可持续性发展—研究—中国
Ⅳ.①F426.22

中国版本图书馆 CIP 数据核字（2018）第 187055 号

责任编辑　李玄璇
责任印制　马小宾
封面设计　北京华子图文设计公司

出版发行　中国经济出版社
印 刷 者　北京九州迅驰传媒文化有限公司
经 销 者　各地新华书店
开　　本　710mm×1000mm　1/16
印　　张　17.75
字　　数　260 千字
版　　次　2018 年 9 月第 1 版
印　　次　2018 年 9 月第 1 次
定　　价　68.00 元
广告经营许可证　京西工商广字第 8179 号

中国经济出版社 **网址** www.economyph.com **社址** 北京市西城区百万庄北街 3 号 **邮编** 100037

前 言

党的十九大报告提出，中国必须坚定不移贯彻创新、协调、绿色、开放、共享的发展理念。构建市场导向的绿色技术创新体系，发展绿色金融，壮大节能环保产业、清洁生产产业、清洁能源产业，推进能源生产和消费革命，构建清洁低碳、安全高效的能源体系是未来发展的必然趋势。目前，中国经济发展进入新常态，随着气候环境变化越来越受到重视、碳约束时代的到来，优化中国的一次能源结构，必须走降煤、增加天然气，提高可再生能源比重的路径，所以天然气的需求在比较长的一段时期内将保持持续增长。

本书研究中国天然气产业可持续发展的系统标度，即提供一套可以确定我国天然气产业可持续发展程度的系统标度体系，并评价了中国天然气可持续发展状态，具有一定理论与实践意义。

首先，本书界定了中国天然气产业可持续发展系统标度的概念，构建了中国天然气产业可持续发展的理论范式，提出了中国天然气产业可持续发展系统标度构建和优化的原则与方法，完成了对中国天然气产业可持续发展的系统标度的构建。本书构建的中国天然气产业可持续发展系统标度包括基于产业保障的天然气产业系统形态维度、基于产业协调性的天然气产业系统结构维度、基于产业发展潜力的天然气产业系统行为维度、基于产业发展效益的天然气产业系统功能维度四个维度。

其次，本书完成了对以上四个维度系统标度的分别优化。并通过敏感性分析发现了 2013—2015 年间基于产业保障的天然气产业系统形态为 0.44，处于良的标度级别。建立区域不同天然气产业协调性标度的参数库，发现了 2014 年我国天然气产业协调性水平的标度值差异与指标的敏感性。

最后，本书通过系统动态模拟对四个维度下的 17 个指标进行了组合优化。采用动态规划方法，确定整个中国天然气产业系统可持续发展的最优标度刻度组合。对中国天然气产业从 2000 年至 2030 年 30 年跨度间的可持续发展状态和趋势进行了系统标度动态评估，结果显示：中国天然气产业可持续发展水平在三种不同的情境下都将逐步提升，在利用国外资源和国际贸易的形式条件下，实现可持续发展，是动态的，认为 2000 年中国天然气产业可持续发展状态为弱不可持续发展状态；2017 年中国天然气产业可持续发展状态为较弱可持续发展状态；2020 年中国天然气产业可持续发展状态为较弱可持续发展状态；2030 年中国天然气产业可持续发展状态为较弱可持续发展状态。

本书的出版得到中国石油大学（北京）工商管理学院张宝生教授、对外经济贸易大学国际经贸学院董秀成教授等专家的帮助，特此表示感谢！

在最终统撰工作与校对阶段，博士生李喆、秦曼曼，硕士生崔亚蕾、徐诗等参与了书稿的查重、修改等工作。

特别感谢中国经济出版社李祥柱、李玄璇编辑对本书的鼎力支持。本书撰写过程还得到了众多专家及机构的指导和帮助，在此一并致谢。

由于时间仓促、水平有限，书中难免有疏漏之处，恳请读者批评指正！

孙仁金　曹峰

2018 年 7 月 5 日

目　录

第1章

绪　论

中国经济由高速增长转向高质量发展，倡导绿色发展、低碳发展，要求天然气在一次能源结构中的比重不断增大，2017 年天然气消费对外依存度已达到 39%，预计未来会进一步增大。如何解决既能满足当代中国社会对天然气的需求，又不损害下一代或几代人的天然气需求的问题，是关于中国天然气产业可持续发展的问题，也是关于国家和社会发展方式的问题。建立一套衡量中国天然气产业可持续发展的系统标度，是确定天然气产业可持续发展程度的关键，评价天然气可持续发展状态，是实现中国天然气产业可持续发展目标的首要课题。

中国天然气产业可持续发展的系统标度及优化研究为量化评价天然气产业系统的可持续发展建立标准，提供指导理论和方法，致力于提供实现天然气产业系统可持续发展的目标的解决方案。这有助于细化和解决我国天然气产业在可持续发展过程中遇到各种问题，是可持续发展理论与其他理论配合运用的一种指导实践性很强的研究，也是对天然气产业系统发展模式和其对社会、经济、环境方面影响的评价，建立的整套理论和方法体系为可持续发展理论的广泛运用提供借鉴。

1.1 主要内容

本书选题研究中国天然气产业可持续发展的系统标度及优化是以构建中国天然气产业系统可持续发展评价的合理、可量化的方法论和评价体系为目标，力求对中国天然气产业可持续发展做出科学评价，达到研究设想的效果。

由于中国天然气产业系统除了具有天然气产业的共有特征外，还具有中国产业发展的特殊性，即中国特殊的自然禀赋、自然属性和大国所面临的特殊、复杂的国际政治、经济、资源生态环境。所以，建立中国天然气产业系统的可持续发展的标度及优化方案需要以中国天然气产业可持续发展理论为指导；中国天然气产业系统可持续发展的标度及优化能够合理、准确地评价中国天然气产业可持续发展实现理想的效果。实现这一目标需要以下几个步骤：首先，建立中国天然气产业可持续发展理论；其次，在中国天然气产业可持续发展理论基础之上界定中国天然气产业可持续发展的系统标度；第三，确定如何建立中国天然气产业可持续发展的系统标度，以及如何优化；第四，确定方法对中国天然气产业可持续发展的系统标度及优化做出评价，验证效果。

1.1.1 理论基础和文献综述

主要包括研究的理论基础和对已有研究成果的总结。理论基础部分包括系统理论、系统动力学理论、能源系统理论和可持续发展理论、标度理论。文献综述包括对理论研究成果、可持续发展研究成果和中国天然气产业的研究成果等方面的总结和分析。通过文献研究发现，已有文献中较少有对中国天然气产业发展的可持续性进行系统标度的相关文献，以此确定了本书的研究方向。

1.1.2 中国天然气产业可持续发展理论构建与系统标度方法

在对中国天然气产业系统和可持续发展理论以及标度理论的多角度分析基础上，建立中国天然气产业可持续发展理论范式，完成中国天然气产业可持续发展系统标度方法的构建。

根据系统的特征，结合标度构建的一般原则，提出中国天然气产业系统可持续发展标度的构建原则。依据 Gi 调查法和层次分析法确定指标的权重，通过权重图形的分析对比，判断矩阵的一致性大小的比较，结合群决策特征根法或参考其他学者的研究结论确定优化选择。随后，根据中国天然气产业可持续发展系统标度的概念提出指标变异范围的准则，确定采用非线性规划方法对指标的变异范围及两极进行优化。最后，确定采用动态规划的方法对标度等级之间距离进行整体优化等，提出了对中国天然气产业系统可持续发展的标度完整构建方法。

1.1.3　基于产业保障的天然气产业系统形态标度及优化

对多维天然气供给国家实力进行分析。根据本书对中国天然气产业可持续发展的界定，分析影响多维天然气供给国家实力的关键因素，并依据标度对多维天然气供给国家实力做出评价。

1.1.4　基于产业协调性的天然气产业系统结构标度及优化

确定天然气变异系数、月不均匀系数、城市应急水平、县城应急水平指标的变异范围以及变异的两极即标度区间，并进行优化；对标度进行可信性和可靠性验证，评价了现阶段的中国天然气产业的系统结构状态。

1.1.5　基于产业发展潜力的天然气产业系统行为标度及优化

确定城市应急水平、县城应急水平、世界天然气产销比、世界探明储量累计可开采时间、中国天然气产销比、中国探明储量累计可开采时间、中国天然气资源的探明率、天然气管道密度、天然气异地利用系数指标的变异范围以及变异的两极即标度区间，并进行优化；对标度进行可信性和可靠性验证，评价了现阶段的中国天然气产业的系统行为状态。

1.1.6　基于产业发展效益的天然气产业系统功能标度及优化

确定中国城市天然气覆盖率、中国县城天然气覆盖率、中国能源消费结构演进、中国天然气消费结构指标的变异范围以及变异的两极即标度区间，并进行优化；对标度进行可信性和可靠性验证，评价了现阶段的中国天然气产业的系统功能标度状态。

1.1.7　中国天然气产业可持续发展的系统标度组合分析及优化

建立系统动力学模型模拟中国天然气产业可持续发展系统演化过程，对已经优化的多维天然气供给国家实力、天然气供给的全球合作程度、天然气变异系数、月不均匀系数、城市应急水平、中国城市天然气覆盖率、中国能源消费结构演进等 17 个指标进行历时的组合优化及系统优化；对标度的合理性和敏感性进行检验；并利用动态规划模型确定了等级之间的距离。同时，通过使用优化后的标度对中国天然气产业可持续发展状态和趋势做出评价和预测，对中国天然气产业可持续发展理论以及中国天然气产业可持续发展的系统标度概念进行验证，并做补充。

1.1.8 结论

在总结全文研究的基础上，针对中国天然气产业可持续发展系统标度及优化的研究，提出了六条结论。包括：中国天然气产业可持续发展理论，中国天然气产业可持续发展的系统标度概念，中国天然气产业系统可持续发展的标度方法，中国天然气产业可持续发展的系统标度的优化的原则、目标、路径，评价标度及优化的方法的合理性及准确性，并为中国天然气可持续发展提出建议。

1.2 写作思路

本研究首先立足于系统理论、系统动力学、能源系统理论、可持续发展理论、标度理论，结合中国的具体国情、中国天然气产业系统的现状，构建了中国天然气产业可持续发展理论，并且在此基础上界定中国天然气产业可持续发展系统标度。

中国天然气产业系统可持续发展的标度应该以中国天然气产业可持续发展理论为基础，根据系统的特征和量表的逻辑来建构。首先，据此提出标度的构建原则，根据原则进行指标的选择、指标的筛选，以及指标与标度之间的转换等。其中，中国天然气产业可持续发展的系统标度的方法体系是通过确定指标体系的权重并进行优化；确定评价的等级，是利用动态规划模型确定了等级之间的距离来实现的。在此基础上，使用标度对中国天然气产业可持续发展的程度及趋势做出评价。同时，测量系统标度的精确程度和准确程度，并且通过实证验证对标度进行优化。通过以上步骤，实现了为中国天然气产业可持续发展的系统标度及优化研究构建理论范式和操作方法、测量方法。

接着，对确定中国天然气产业系统可持续发展的系统形态、系统结构、系统行为、系统功能的标度区间进行优化，为中国天然气产业系统可持续发展标度的建立，以及可持续发展状态进行总体评价创造条件。

随后，综合以上研究，建立系统动力学模型模拟中国天然气产业可持续发展系统演化过程，对已经优化的世界天然气产销比、多维天然气供给国家实力、天然气供给的全球合作程度、天然气变异系数、城市应急水平、中国天然气资源的探明率、天然气异地利用系数、中国城市天然气覆盖率、中国能源消费结构演进等 17 个指标进行历时的组合优化即系统优化，对标度的合理性和敏感性进行检验，使系统标度具有更好的可信性和可靠性。同时，建立动态规划模型，确定整个中国天然气产业系统可持续发展的最优标度刻度组合。通过使用优化后的标度对中国天然气产业可持续发展状态和趋势做出评价和预测，对中国天然气产业可持续发展理论以及中国天然气产业可持续发展的系统标度进行验证，并做补充。

最后，针对中国天然气产业可持续发展系统标度，提出了研究的结论和改进的可能。

第2章

理论基础与文献综述

2.1 系统理论

系统是由部分构成整体的意思。系统论是研究各种系统的共同特征的一门科学。对系统的一般定义为：由许多要素组成的，要素之间以一定结构形式联结的，并且所有这些构成的要素是一个有机整体，这个整体具备某种功能[1]。开放性、自组织性、复杂性、关联性、等级结构性、生态平衡性、时序性等是系统论中所认为的所有系统共有的基本特征[1]。这一理论既是系统学的基本思想观点也是系统方法的基本原则。这意味着系统论不仅是可以反映客观规律的科学理论，也是具有科学方法论的科学理论。

系统动力学（简称 SD，System Dynamics）理论产生于 1956 年，是一门分析、解决系统问题的综合学科。系统动力学汲取了控制论、信息论的精髓，是综合自然、社会科学的横向学科[2]。系统动力学根据系统内部组成要素互为因果的反馈特点，从内部结构来寻找问题发生的根源。在系统应用学的实际应用方面，陈国卫、金家善、耿俊豹等在《系统动力学应用研究综述》一文中指出，系统动力学初期主要应用于企业管理领域，解决如原材料供应、生产、库存、销售、市场等问题。后期作为一种研究复杂系统的有效方法，应用于全球发展战略领域、区域发展战略领域，国家政治、经济、军事、对外关系领域，生态、医疗、卫生、工业企业发展领域等[2]。

能源系统是系统工程的一个门类，由运输分系统和固定分系统组成，各系统中的供需及分配是适配的，但又是相互独立的。在能源可持续利用和低碳经济的前提下，关于如何提高能源的利用率，学术界提出了综合能源系统、能源互联网、多能源系统等概念。王伟亮、王丹、贾宏杰、陈沼宇等在《能源互联网背景下的典型区域综合能源系统稳态分析研究综述》中说明，综合能源系统是将探视单一能源的视角转换至分析不同能源之间内部运作机理、推进不同能源互联的角度，在能源互联网的基础上，探究能源的转换、分配和有机结合[3]。马钊、周孝信、尚宇炜、盛万兴等在《能源互联网概念、关键技术及发展模式探索》中指出能源互联网的提出打破了传统能源产业之间的供需界限，促进了煤炭、石油、天然气、电力等各种能源的互联互通[4]。邵成成、王锡凡、王秀丽、王碧阳等在《多能源系统分析规划初探》中指出，未来多能源系统将以电力系统为核心，通过多类型能源协调，促进可再生能源吸纳，实现能源梯级利用，提升能源使用效率，保障用户用能的可靠性[5]。

能源系统工程以定量方法研究能源供需、转换、技术开发并评价能源政策等问题。20 世纪 40 至 50 年代，数学方法开始被引入系统工程理论之中，1977 年提出全球能源系统模型（WAEA）。1981 年国际应用系统分析研究所（IIASA）建立有一定影响的世界能源模型。从 1980 年开始至今，我国先后采用了宏观经济、投入产出、计量经济等模型，对我国未来能源形势及能源政策进行研究。

2.2 可持续发展理论

可持续性是一种可能性，具体地说是一种可调整的理念，而当有一个实际的意图时，再通过搜索和学习后，即经历这一个过程后，它最后变成一个更具体的概念，就是可持续发展。通过这一特点就可以识别通往可持续性的行动的潜力和可能性。而可持续发展是在可能性的基础上，把一个实际的意图变成更具体的概念，因此其原则上便可以作为行动指南。可持续发展指的是“既满足当代人的需求，又不损害子孙后代满足其需求能力的发展”。

2.2.1 西方可持续发展理论

古典经济学提出资源稀缺程度是影响可持续发展的重要因素，“资源”主要指人口、土地和资本。重农学派的“土地”已隐含了一部分环境生态的含义。重农学派对人口、土地和资本的重要性进行了排序，土地的产品比人更重要，人口的增长比财富的增长更重要，提出发展社会分工可以化解土地稀缺、人口增长、财富积累之间的矛盾，通过繁荣商业，兴旺工业，最终带来经济和社会的可持续增长[6]。重农学派提到的“资源”，主要是指人口、土地和资本，如果与可持续发展的三个支柱或三个维度对应。“土地”对应资源环境，人口对应社会，资本对应经济，显然重农学派将资源环境放在第一位，社会放在第二位，经济放在第三位。

古典经济学的代表人物亚当·斯密认为原始社会，资源没有产生稀缺，土地资源丰富、产出增长和人口增加三者是协调发展的，因此经济和社会可以保持可持续发展。当土地资源稀缺程度提高与人口的持续增加产生矛盾时，分工和资本积累对经济增长的作用增大，足以抵消由于土地资源稀缺程度增加带给经济发展的不利影响，因此经济和社会同样可以保持可持续发展。当土地资源、农业产出增长和人口增加三者之间产生矛盾时，最终工业中分工的发展和资本的大量采用能对经济的发展产生主导作用，整个社会的生产率提高，从而经济是不断发展的[7]。

李嘉图认为随着人口的增长，随着土地稀缺程度的提高，收入分配产生的激烈的社会矛盾会存在于工人与资本家、资本家与地主之间，因此李嘉图对资本主义经济长期持续发展持怀疑态度[8]。在经济增长方面，李嘉图认为分工的发展和技术进步会使工业生产增长，因此存在报酬递增的现象[8]。但是，在无增量土地资源以后，劳动力的供给不能激励资本积累率，在经济发展中，农业中的报酬递减趋势将会压倒工业中的报酬递增趋势，因此会在土地资源消耗殆尽后导致经济放慢，从而引起人口和资本增长停滞和社会静止状态[10]。

马尔萨斯根据自然的属性和人类的天性认为，随着时间的推移，分工和资本积累不能解决资源稀缺程度增大即资源耗竭问题[9]。随着人口的增长，对资源的需求必将超过资源的供给，因此马尔萨斯认为随着时间的推移，经济和社会、资源很难实现可持续发展[11]。

穆勒认为，人口不断增长与资本积累不断增加的情况，不会永远保持下去，人口不断增长最终会产生资本投入效益不断降低，资本积累开始停止增加，会导致劳动力过剩。而这时工人可能会在这些未来不利形势的压力下，减少生育，进而缓和人口与资源稀缺之间的矛盾。但资本积累停止增长，经济将进入停滞状态实际上是一种零增长的平衡状态[12]。穆勒认为，随着未来不利形势带来的压力的增强，人们这种自我调节的压力会很大，反应更迅速，因此，经济会更快进入停滞状态。当经济发展进入这一状态时，人口增长与资源稀缺程度，以及经济发展达到发展的极限。在人口的数量不能增长的情况下，需要人口的素质，即在文化、艺术、科学等各方面重视人力资源的发展，提高资本在这些方面的投入，这样就形成了社会的全面发展。也就是说，在资源利用与经济发展达到发展的极限条件下，社会发展会继续，而且会得到更好的发展。

新古典经济学家们认为，市场自发调节可以使配置资源达到帕累托最优，从而解决资源稀缺程度与可持续发展的矛盾，因此，他们多数人认为经济、社会、资源的可持续发展是可行的。因为市场自发调节促使科学技术的发展，科学技术的发展可以提高资源的生产率，抵消了土地等资源价格上升导致的资本积累减少，从而保障报酬平稳并且有增加的趋势，市场发挥资源配置作用会使供需达到新的平衡；市场发挥资源配置作用，稀缺资源的价格不断上升就成为技术和使用资源行为变革的动力。如：可再生资源的开发利用，促进生物能、太阳能、风能、原子能以及储能技术的进步，以及经济、社会、环境的变化，通过市场因素引起人们生活方式的转变，这种转变就会向更有利于人口、资源之间的均衡关系方向发展[8]。

马歇尔在经济学的研究方面，不仅关注经济的增长即财富的增长，同时也在关注社会发展即人的发展[13]。根据他的观察，19 世纪的市场配置资源，技术进步减轻了工人的劳动强度；提高了工人的工资；工人的工资的提升促使社会对人力资源质量要求的提升，教育得到改良和普及；而技术进步的结果又为产业升级提供了条件，促进了经济的增长；产业升级以及经济的增长刺激对技术工人的更多需求；一部分工人所过的生活得到更多的提升，刺激在文化、艺术、科学等各方面的资本投入，带来社会的发展。马歇尔还认为通过教育可以提高技术水平低的或者缺乏竞争力的工人的素质，进而带来社会的全面发展。

并且，马歇尔还关注了经济增长、社会发展对环境的影响。马歇尔认同随着人口的不断增长会产生报酬递减律，但否认不断增长的人口将会耗竭我们这个地球生产生活资料的能力，因为市场发挥资源配置作用会使供需达到新的平衡。同时，随着人口增长，马歇尔已经关注到环境生态方面的问题，市场会对这些环境生态方面的稀缺程度做出灵敏反应，使他它具有不能忽视的直接货币价值。马歇尔已经对资源利用、经济、社会、生态环境等协调发展的问题进行综合研究。

马歇尔认为人类的未来是美好的，并且文明进步将促使人类欲望满足和资源价格变化之间达成新的平衡，经济发展、社会发展、资源利用是可持续的。进步虽有时缓慢或退步，但总体是波动上升的趋势，根据马歇尔的均衡价格理论，市场会为人们未来的生活节省人力物力。

凯恩斯主义经济学认为市场的资源配置作用也会出现失效的时候，需要政府在市场失灵时进行干预。他们的研究重点是短期经济的大幅波动，所以，认为长期的可持续发展是很难能预期的[14]。

结构主义发展理论给出解决欠发达经济体问题的方法是：实施工业化；重视资本积累；强调计划、规划以及政府对市场的替代作用；主张平衡发展战略。结构主义发展理论认为，发展中国家的分配政策及经济发展需要根据其人民的收入结构的特点进行制定。对外经济需通过进口替代对外贸易进行生产结构转变[15-16]。

结构主义发展理论认为，转变生产结构首先要跟随需求结构，增加适应性，据此提高技术，实现经济增长[17]。在条件有限情况下，结构转变可能在不平衡情况下发生。所以，在生产部门中，生产要素就可以由生产效率低下向生产效率高效的方向转移，经过这个过程，就能够实现经济高速增长。

Kerk 和 Manuel 认为社会的可持续性的标准："首先是人们有一个清洁的生活的环境，同时社会带给人们的是一种安全感和平衡感；其次人们适度地使用不可再生资源，不损害未来的人们使用它们的权利，并确保未来的人们的这个权利"[18]。Baumgärtner 和 Quaas 认为可持续性的概念应该着重于人们的行为方式，认为当人们的行为方式是考虑到了下一代、甚至未来几代，是否能利用自然的服务时，这种行为方式就是一种可持续性[19]。

Hak 等[20-21]，Ramos 和 Caeiro[22]希望更明确的建立可持续发展状态的标准，为人们提供了努力的方向，为此建立了一系列原则目标为评价可持续发展状态建立标准，并进行了相关讨论。Bauler 等[23]和 Garnåsjordet 等已经更细化对可持续发展进行了研究，对可持续性指标的构建提出了一些标准，如：这些指标应该具备有目的、可评价、有代表性、可靠、可沟通的特点[24]。

Placet 等指出可持续性应具备 3 个支柱或者称为“三个底线”，即经济效益、社会效益和生态环境效益[25]；Lacey 和 Kennetthensel[26]提出了用户至上主义以满足用户当前需求，吸引用户未来再购买的欲望，即购买的可持续性，提升了消费者对这些购买的承诺水平，发现这一行为方式对购买行为有积极影响。

Schlegelmilch 等在可持续性的标度方面进行了相关研究，提出建立环境知识标度、环境态度标度、循环利用行为标度 3 个标度，测度“环境意识建设”等可持续性建设方面的成果[27]。Porter 和 Kramer 对资本主义体系的功利性目标带来的危害进行了研究，指出这些危害会造成合作发展不可持续，而且这种功利性的模式和行为也会引起很多社会、环境和经济问题[28]。他认为避免这一模式和行为的方法，就是倡导共享价值这种先进的概念。共享价值概念认为既要能够创造经济价值，同时也要能够创造社会价值，这样才能够让更多人群分享这一经济价值，这是一种利己的同时又能利他的行为和模式。

世界环境与发展委员会（World Commission on Environment and Development）认为可持续发展的定义是：需求和发展的能力可以使当代人得到满足，同时也能满足未来几代人，也就是在代际之间保持平衡、公平[29]。Baumgartner 和 Ebner 认为可持续发展实际上是一个持续的过程和方式，即在追求实现可持续性的目标时，人们所经历的路径或过程[30]。

Devuyst 提出可持续性评价，目的在于人们采用怎样的行为与方法，以及这些行为和方法应当怎样配合，才能实现社会的可持续性。实现这一目的就可以为决策制定者和政策制定者提供帮助[31]。Verheem 提出可持续性评价的目标是在于找出优化的方法，使得在可持续发展过程中能够得到最优的结果[32]。Papanek 对在 1970 年进行资源构想的过程中，可持续发展可以作为解决问题的工具被运用，进行了探索性的研究，意味着可持续发展可以作为解决资源配置和利用问题有利工具[33]。Meixell 和 Gargeya[34]，Goetschalckx 和 Fleischmann，Melo 等[35]以及 Corominas 等[36]在可持续性研究方面，注重的是系统的协调问题。主要从需求和生产能力之间的关系协调方面，以及生产分配设施的位置协调方面，运输线与运输模式等方面协调配合方面进行研究，认为协调是衡量可持续性的一个重要标准。Fahimnia 等关注的可持续性主要在于环境的可持续性，即人的经济行为要与环境约束结合起来，提出了绿色供应链管理这一概念[37]。

2.2.2 中国传统可持续发展理论

思孟学派的主要人物子思、孟子在孔孟“道统”的传承中有重要地位。《圣门十六子书》中说：“子思从曾子学业，诚明道德，有心传焉，乃述其师之意，穷性命之原，及天人之奥，作《中庸》书，以昭来世[38]。”中庸之道约束人的行为，建立一种和谐的人与人之间的关系、人与物的关系，这种约束遵循“过犹不及”的中庸之道[39]。

《子思》为子思及其门徒所作，是一部儒家经典[40]。子思实质上认为：“天道”是世界万物包括人组成的循环运动的大系统，“天命”是这个大系统运行的规律，“道”就是世界万物包括人要遵循的大系统的运行规律。“天道”是由世界万物包括人组成的循环运动的大系统，“人道”就是人要遵循的世界观和方法论，只有人道符合天道的规律即天命，才能达到人与人和谐、人与物和谐，达到世界万物的整体和谐，这就是“天人合一”。否则，就是纷争、动荡。社会不进步，人类失去安宁、安定和团结，失去发展机会。

老子主张“非彼无我”，也就是尊重自然规律，从而顺应自然规律，与自然和谐相处，这就是“道”。而“道法自然”的意思是说，道就是自然万物的规律，道法自然出自《道德经》[41]。“人法地、地法天、天法道、道法自然”，“自然而然”即由宇宙天地间万物组成的大系统本身的规律。对当代可持续发展思想来说，包含着深刻和丰富的营养。

2.3 标度理论

标度即量表，量表能通过指标之间的强度关系，确定更有可行性的排序[42]。在对变量进行测量时，多个项目可能有不同的强度。量表的测量体系和指标一样可以运用到很多研究方法上，包括统计调查、问卷调查等方法。

2.3.1 测量的层次及意涵

标度（即量表）在测量变量时，根据变量的属性也许可以测量不同的层次，主要包括定性、定序、定距和定比。定性测量：只描述变量的属性的名称和标签；定序测量：变量的不同属性代表了变量的相对强弱或多寡程度，定序测量就是根据这些不同属性进行排行序列；定距测量：首先能对变量的属性进行定序测量，同时变量相邻属性之间的距离是相等的；定比测量：在对变量属性进行定性、定序和定距测量的基础上，同时它还是以“真实的零”为基础的，可以描述变量属性之间的强度比例的测量[129]。

量表需要满足研究所需的最低测量层次，因此，研究结论与变量测量层次应该是对应的和适合的。定比测量层次是最高等级的，依序而下是定距、定序、定性，定性是最低的。复合量表就要对变量做出多重观察，然后，根据得到的多重观察资料建立一个“混合”测量。

2.3.2 量表的结构

量表主要有四种形式：鲍噶德社会距离量表、瑟斯东量表、李克特量表、哥特曼量表。

鲍噶德社会距离量表（Bogardus social distance scale）决定不同项目的强度。鲍噶德社会距离量表是根据受访者反对某个项目，则也会反对比该项目更困难的项目的逻辑，判断社会多数团体观念中的社会距离的测量技术。鲍噶德社会距离量表描述指标项目间的逻辑结构并不明显[129]。

瑟斯东量表（Thurstone scale）试图在变量的指标项目之间建立一种距离关系结构，等距结构是其中之一。瑟斯东量表是一种复合测量，通过10~15个裁判对项目打分，并根据打分筛选变量的指标同时得到指标权重，通过受访者选择不同指标，得到其某一观念的强度的测量技术。

李克特量表（Likert scale）是李克特所发展起来的复合测量类型，它试图通过建立标准化的顺序回答，如“非常同意”“同意”“不同意”“非常不同意”形式，即通过创造的特定方法能够提高量表的测量层次，得到项目间的彼此相对强度。

语意差异（sematic differential），和李克特量表一样，可以测量受访者对项目强度范围判断的两极，与其他量表格式比有严格的结构。受访者通过使用给定的两个相反意义的形容词描述人或事，这种问卷格式会出现比如“十分”“有些”“都不”等词[129]。

哥特曼量表（Guttman scale），用于整合标准观察间与多个不标准的观察的一种复合测量，它能描述一些不易概括的变量[129]。和鲍氏、瑟氏及李克特量表一样，哥特曼量表也可以描述某些变量项目及其他项目在程度上的强弱差异。哥特曼量表的逻辑基础是，受访者只要支持某个较强的变量指标，比它弱的指标就一定会得到支持。哥特曼量表适合复杂变量的测量。

跟指标一样，量表是对变量的复合测量，指标和量表都试图在定序测量这个层次上测量变量。不过与指标相比，量表的优势在于它能够囊括出现在单个指标中所有强度。在这个意义来说，只要建立了强度结构，而且从个人或是其他分析单位收集起来的资料符合强度结构的逻辑，就可以说建立起了一个定序测量。

2.3.3 层次分析法（AHP）中的标度

美国著名的运筹学家 T. L. Saaty 提出的层次分析法（AHP）采用数字标度的形式，将定性问题转化为定量研究，层次分析法是以一定的数字标度的形式，把人的主观判断进行数量形式描述。人的主观判断就是专家自然语言描述，判断的结果进行数量形式描述，就是转化为定量化的表述，判断矩阵具有满意的一致性，则是专家判断结果合理性的约束条件[48]。这提高了决策的有效性、可靠性和可行性。国外主要有 Saaty 的 1-9 标度、1-5标度、0.1-0.9 标度、1-15 标度（1，5，8，11，15）、x^2 标度（1，9，25，49，81）、$\sqrt{x}$ 标度（1，$\sqrt{3}$，$\sqrt{5}$，$\sqrt{7}$，3）等。国内主要有 9/9 - 9/1 标度、10/10 - 18/2 标度、指数 $9^{k/9}$ 标度等。

用 M-稍微、S-明显、V-强烈、A-极端等一些与语意差异量表相似的词，表示上述各标度的中间程度。事实上，在实际运用中，采用不同的数字标度，得出的结果往往有很大的差异。层次分析法工作基本单元是通过方案之间的两两比较获得方案之间相对重要性的自然语言描述构成的，根据给定的数字标度，将专家语言描述转化为数字描述获得相应的判断矩阵。

因此，在测量层次上，层次分析法使用数字标度进行的是定比测量，是一种特殊形式的量表。采用层次分析法的各种数字标度形式间的差异，是为了根据不同的需要，合理对应专家自然语言描述判断的结果，所以可以得到不同标度刻度的定比测量的结果。

2.3.4 心理物理学定律

标度本质是心理物理学中的量表，通过心理物理学定理测量物理量与人的感觉量的相关关系，即人的感觉响应随物理刺激的变化而变化的规律[42]。心理物理学定律主要有韦伯定律、费希纳定律、斯蒂文斯定律。韦伯定律、费希纳定律、斯蒂文斯定律等心理学定律为建立量表提供了选择不同标度刻度的理论基础和理由。

韦伯定律，即感觉的差别阀限随着原来物理刺激量变化而变化，而且表现为一定的规律性，用公式表示为：$\Delta\phi/\phi = C$，其中 ϕ 为原刺激量，$\Delta\phi$ 为此时的差别阀限，C 为常数[43]。

费希纳定律又称韦伯-费希纳定律，是在韦伯定律的基础上建立起来的定律，其公式为 $S = K\lg R$，其中 S 是心理量感觉强度，R 是物理量刺激强度，K 是常数。它的结论表明心理量是物理刺激量的对数函数，即心理感觉的强度随着物理刺激强度的几何级增加而呈现出算数级增加[44]。大量的实验以及经验总结韦伯-费希纳定律只在中等强度的物理刺激量下有效，在刺激过强或过弱时不再发挥作用，即 C 值就不为常数了。

斯蒂文斯定律是美国心理学家斯蒂文斯在使用数量估计法研究中发现，心理量是随物理刺激量的乘方函数（或幂函数）而变化的[45]。关系式表示为：$S = KI^b$，公式中的 S 指心理感觉量；I 指物理刺激量；K 为常数，b 表示由心理感觉到的刺激量强度决定的幂指数。斯蒂文斯定律具体描述了心理量与物理量的关系：即当幂指数 b 小于 1 时，心理量的增长是慢于物理量的增长，这时符合费希纳定律；而当幂指数 b 大于 1 时，心理量的增长会快于物理量的增长，它就表现为与费希纳定律相反的规律，它表现的心理意义，即人对有害物理刺激的心理感觉量快于物理量的增长，体现出了人在面对生存问题的自我防护方面的自然特性[46,142]。

2.4　国内外研究现状

中国天然气产业可持续发展的系统标度及优化研究是可持续发展理论与中国天然气产业具体情况相结合的具体运用，是系统理论与其他理论配合运用的一种实验研究，为可持续发展理论的广泛运用提供借鉴。

2.4.1　系统科学与系统工程理论方面的研究进展

系统工程理论、控制论、开放的复杂巨系统理论是钱学森在系统科学领域诸多贡献中最重要的三大块。钱学森是中国系统工程学的开创者，在 1987 年出版的著作《社会主义现代化建设的科学和系统工程》中，他提出运用系统研究方法将定性的研究方法和定量的研究方法相结合，提出了“定性定量相结合的综合集成法”的概念，即一种处理复杂巨系统的方法，随后又逐步发展将系统工程提升到成为方法论[49]；顾基发教授和朱志昌博士 1994 年在英国 HULL 大学提出了物理（Wuli）—事理（Shili）—人理（Renli）（简称 WSR）系统方法论，它把物理的方法与系统工程的方法和人的思维、行为方式结合起来，互相协调解决问题。因此它综合统一协调了多种方法，用来研究分析复杂巨系统[47]。张宝生教授 2005 年出版的著作《运筹学》，对运筹学的各种方法进行进一步研究，在非线性规划、动态规划、计算机模拟、能源行业中运筹学的运用等方面做了深入分析和论述，为理论模型在经济社会各层面的应用建立了桥梁，提出了对应方法[50]。

2.4.2 能源系统理论方面的研究进展

在国外，20 世纪 40 至 50 年代开始应用数学方法来研究能源问题。能源系统工程以定量方法研究能源供需、转换、技术开发等，评价能源政策等问题，主张提供系统性的解决方案。20 世纪 40 至 50 年代，数学方法开始被引入系统工程理论之中。1981 年国际应用系统分析研究所（IIASA）建立有一定影响的世界能源模型。从 1980 年开始至今，我国借鉴上述思想方法，先后采用了宏观经济、投入产出、计量经济等模型，对我国未来能源形势及能源政策进行研究。

国内也有不少研究对能源数据库和能源模型进行分析和建立。刘豹介绍了能源的模型、系统网络图及能源数据库，推导出最优能源结构和能源投入产出模型，选择、制定了能源战略及政策。能源数据库是建立系统模型的基础，能源系统的复杂性决定了不同时期的同种参数需要调整[51]。刘豹、寇纪淞介绍了能源系统工程的概念、术语及能源需求和供应的预测方法[52]。牟瑞芳运用系统工程的理论、方法，从系统安全工程基本概念入手，阐述了事故致因理论[53]。

2.4.3 可持续性与可持续发展理论方面的研究进展

（1）可持续发展的一般理论。

Kerk 和 Manuel 认为社会的可持续性是“人们生活在清洁的环境、安全和平衡的社会里；负责任地使用不可再生资源，以便未来的人们仍然可以使用它们”[18]。Baumgartner 和 Quaas 认为可持续性的概念从广义上看是人们倾向于自然以及人们如何向这一代、下一代、未来几代负责的行为方式[19]。

Hak 等[20-21]，Ramos 和 Caeiro[22] 提到 1996 年在意大利为了评价可持

续发展状态建立了一系列原则目标。Bauler 等[23]和 Garnåsjordet 等讨论可持续性指标应当是有目的的、可评价的、有代表性的、可靠的、可沟通的[24]。

Placet 等指出可持续性的 3 个支柱也可以认为是“三个底线”，即经济效益、社会效益和生态环境效益[25]；Lacey 和 Kennetthensel[26]提出了可持续的用户至上主义的当前需求，即在产品购买决策方面显示逐渐增强的整体社会责任，说明了消费者提升了对这些议题的承诺水平，而且已经观察到对购买行为有积极的影响。

Schlegelmilch 等认为的“环境意识建设”包括 3 个衡量标度：环境知识标度、环境态度标度、循环利用行为标度[27]。Porter 和 Kramer 发展了共享价值的先进概念的陈述，认为如果任何事物只以利益为目的，则资本主义体系不能持续地合作发展，而且已经看到这是引起社会、环境和经济问题的主要原因[28]。因此，共享价值概念依据“面对需求和挑战时既创造经济价值也创造社会价值”去解释。

世界环境与发展委员会（World Commission on Environment and Development）将可持续发展定义为：在不影响未来几代满足自己所需要的能力的前提下满足当代人的需求的发展[29]。Baumgartner 和 Ebner 认为可持续发展是达到可持续性的目标的过程[30]。

Devuyst 提出可持续性评价是一种能帮助决策制定者和政策制定者，在试图使社会更可持续时，决定什么活动采用什么方法，什么活动不采用的方法[31]。Verheem 提出可持续性评价的目标是从事对可持续发展有最优贡献的方法和活动[32]。Papanek 指出从 1970 年开始可持续发展已经作为资源构想被引用[33]。Meixell 和 Gargeya[34]，Goetschalckx 和 Fleischmann，Melo 等[35]和 Corominas 等[36]关注于考虑整体需求、生产能力、生产和分配设施的位置以及运输线和运输模式。Fahimnia 等提出在供应链的可持续性方面，关注绿色供应链管理[37]。

在国内，邬建国等认为 21 世纪初形成的可持续性科学是研究人与环境之间动态关系的整合型科学，它以社会、经济和环境三者之间的相互关系为核心，将基础性研究和应用性研究融合在一起，是可持续发展的理论基础和实践指导[54]。

谢高地等构建了5个指标的评估体系，对资源基础、经济和环境发展等指标进行可持续性分析，系统分析我国改革开放后的发展可持续性，论述了我国区域发展不均衡的原因[55]。

牛文元从可持续发展的本质出发总结出可持续发展具有的三个明显特征，分别是：能够衡量一个国家或地区的“发展度”；能够衡量一个国家或地区的“协调度”；能够衡量一个国家或区域的“持续度”[56]。牛文元认为可持续发展集中解决了“发展”的三个基本组成元素：这三个基本组成元素分别为发展动力、发展质量以及发展公平[57]。

徐中民、张志强介绍了以系统理论和方法为指导构建的指标体系，是可持续发展评价应用较广的指标体系[58]。

张宝生、彭贤强从系统学的角度对中国煤层气产业的可持续发展性以及可持续准则进行了分析，并以此为依据建立煤层气产业系统动力学模型。通过对中国煤层气产业发展的可持续性进行定量分析，研究结果发现煤层气产业发展的可持续性将在2050—2075年间达到最好水平[59]。

（2）能源领域方面的可持续发展研究进展。

国外方面，Munasinghe等认为一系列能源供需管理政策的实施，可以实现能源的可持续发展[60]。

FAO提出影响我们社会的可持续性的关键因素是能源的研究、转换、交付和有效的使用[61]。

Bossel检验了五个能效措施，定义了一套综合可持续性指标，五个预定义指标发展成为经济的、环境的、技术的、社会的和政治的多标准的分析，在整个持续评分中，在特定的情况里，为每个措施提供综合指标，为识别提及的措施提供工具[62]。

Govindan等提出分布式能源系统有重要的环境、社会和经济意义，同时，决策过程一定要建立在生产链和替代选择的可持续性评价指导的基础上[63]。

Frame专注于为可再生能源发展一种不同寻常的管理模式并提供一切能源和环境服务技术。此外，建议了评价可持续性的新方法，即设立了技术的、经济的、社会的或道德的、环境的及制度的或组织的五个维度[64]。

国内方面，沈镭、刘立涛建立了中国能源政策可持续性评价指标，分析了中国能源发展在可持续方面所面临的问题及挑战，并为中国能源可持续发展提供了解决方法[65]。

钱宇等对近年来资源和能源化工复杂系统的建模进行了研究，对这些复杂巨系统对现实过程状况模拟水平，这些复杂过程系统的结构优化水平和这些复杂过程系统的系统集成问题，及其发展进展情况进行研究，并做出了综述[66]。

杨宇等构建了基于资源开发利用的可持续发展模型，包括3个维度，首先就是资源规模和供给能力水平；然后是资源开发对经济的支撑力水平；最后是人类对资源的可持续利用能力水平[67]。

天然气产业是能源子系统，继承了能源系统的特征。

表 2.1 能源体系可持续发展改革目标

Table 2.1 The reform goals of sustainable development of energy system

维度	具体内容
资源的可供程度	安全生产的时限
能源体系	终端客户的可靠程度、可选方案的开放程度、风险规避程度
环境	气候变化、气体排放、地表资源消耗

天然气产业可持续发展的每一个概念，都会涉及代际间天然气资源某种方式的储存。实现天然气资源保护的必要条件，就是将可持续发展的概念放到道德伦理的背景中去考虑。

2.4.4 能源安全方面的研究进展

国外方面，丹尼尔·耶金将地缘政治、能源安全、气候变化等整合在叙事中。从中国到里海，包括中东冲突和美国的政治和科技[68]。耶金以美国的能源安全为例，指出能源安全问题的主要涉及市场的问题、多样化来源和需求的问题，紧急应对的措施和方法问题等[69]。

国内方面，管清友和何帆认为中国的能源安全的内容，首先应该是可获得的（availability）；同时保障能源价格的可接受性，能有效控制价格的波动（fluctuation of oil price）在可接受范围内[70]。因为频繁波动不利于能源的产业的发展，价格持续上涨会导致能源进口成本上升，进而减少贸易顺差，造成国际收支失衡，加强人民币贬值的预期，输入通货膨胀，进而引起连锁反应，采取紧缩政策，引起经济停滞等，因此中国对能源价格更为敏感；其次由于中国的能源进口目标国分布较分散，距离较远，能源运输路线大多要穿越国际政治、军事、经济情况复杂的地区，国际能源运输线的安全是中国非常关注的；能源结构不合理，能源利用率低等问题，造成中国碳排放过高、环境污染严重等问题，因此环境安全是中国能源安全的重要组成部分之一，中国需要导向清洁能源的供需模式，同时提高能源利用效率。

张雷认为国家能源安全是供应端即能源供应安全和需求端能源使用安全，以及供需协调配合即供需有机统一，这三方面的安全因素构成，国家能源安全的定位应该从过去的供需总量平衡转变为，以供需总量平衡为基础，以改善生态环境为目标；能源供应结构的走以“油气为主的，加强国际贸易的力度，绿色能源为导向的”的新路径[71]。

2.4.5 天然气产业链方面的研究进展

刘毅军等认为天然气产业链是指天然气上游勘探开发、中游的输送和储备、下游的消费，以及资本的投入、收入的产出等，各方面所形成的上下关联，紧密链接的产业集合[72]。

天然气产业链由上、中、下游三部分构成：上游部分主要是对天然气进行勘探和开采；中游部分指运输业和储存，包含长输管网、LNG 运输船和运输车等；下游部分属于利用行业，天然气销售给城市燃气分销商，然后通过城市燃气分销商自建的城市管网、运输车等对城市内的最终用户进行销售。

天然气产业链的发展经历了四个阶段，引入阶段（1956—1997 年），过度阶段（1997—2004 年），快速发展阶段（2004 年至今）。天然气产业链发育的动力演变先后顺序是：第一，石油企业在石油产业积蓄的长期资源和经验在天然气行业的再的利用、这种再利用降低了行业壁垒，降低了综合成本，使天然气产业有了利润增长的吸引力；第二，在天然气产业链的形成阶段，授予石油公司专营权，刺激其修建干线管道和积极投资建设基础设施的欲望；第三，以相对低廉的价格刺激下游市场开发；第四，低廉的价格刺激，形成大量天然气用户群，而这些用户群成为了天然气产业链发展新的动力源；第五，天然气产业链发展是地方经济发展新的增长点，这刺激了地方政府的广泛参与。中国石油大学（北京）刘毅军教授认为把天然气产业链引入不同阶段的是不同的天然气产业链发展动力，除了这些动力外，本书认为中国经济发展带来环境因素，以及相应的国家鼓励政策将是未来天然气产业链进一步演化的动力。

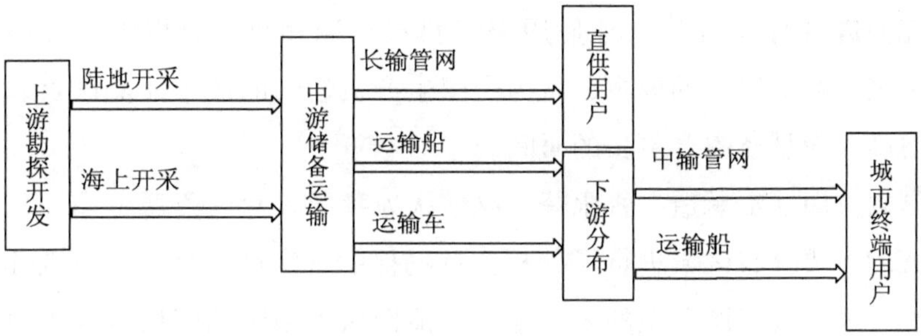

图 2.1　天然气产业链

Fig. 2.1　The natural gas industrial chain

郑玉华、罗东坤、胡奥林对我国天然气产业链定价进行了深入研究，认为我国现有的天然气产业链上中下游的价格传导机制不畅，彼此孤立；天然气价格反映市场供求关系，以及与可替代能源的市场竞争关系，造成比价不合理的现状[73]。

董秀成、佟金辉、李君臣对天然气出厂价、管输价和下游终端销售价之间的关系做了研究，认为这三者之间的关系是决定天然气产业链定价机制的重要因素，天然气产业链定价机制影响天然气产业链上中下游企业发展[74]。

刘毅军、姜海超提及了对天然气产业链风险的影响因素，首先，资源保障是否能满足天然气产业链的发展；其次，政府政策保障和协调天然气产业链的发展，同时区域的经济、自然、社会特征以及国家的结构经济对天然气产业链发展的影响程度。此外，国家对天然气开发利用项目在融资方面的支持水平，还包括如何增加天然气的资源储备[75]。

刘松林、郑言探索性地对我国天然气安全预警进行研究；根据构建预警指标体系的原则建立天然气安全预警指标体系。评价我国当前天然气安全状况并对未来一段时期内的天然气安全发展态势进行预警。从点的方面去研究分析天然气产业链，对天然气安全做了评价[76]。

2.4.6　天然气资源方面的研究进展

国外方面，Sergey Paltsev、Francis O′sullivan、Qudsia Ejaz 认为中国页岩气资源将为天然气消费的增长提供机会，并且随着页岩气的开发可以减少对能源进口的依赖[77]。他们用 MIT 排放预测和政策分析模型（EPPA）估计中国供给页岩气的成本，认为中国生产页岩气的成本比美国页岩气的生产更高，而且还需要更长的时间。

国内方面，贾承造、张永峰、赵霞认为我国天然气资源分布不均，对天然气的主要分布区域进行了分析。从勘探的现实性、潜力、发现几个角度，确定天然气资源开发的未来重点。他们认为中国油气勘探成本总体呈现出明显的上升趋势，主要原因是中国天然气资源勘探程度的持续提高不断增加勘探深度，造成成本明显上升。并认为只有依赖于理论技术进步，工程技术的创新，才能确保天然气勘探有新的发现以及储量的增长。我国天然气工业要想实现持续的、良好的快速发展路径，需要在增加天然气勘探开发投入的基础上加强技术进步、提高管理水平以降低开发成本[78]。

周总瑛、张抗、周庆凡认为中国天然气资源目前探明程度仅为 17%，根据我国当前的可采资源量计算，剩余资源勘探潜力还非常大，预计十几年内中国天然气探明储量仍会保持持续、稳定的增长[79]。

邱中建、邓松涛认为中国的能源结构需要调整，煤炭的占比应该逐渐降低，同时世界非常规天然气的快速发展，给中国提供了启示，中国的常规和非常规天然气可以协同起来发展，作为天然气产业的发展基础，也是部分替代煤炭比重的可行办法，中国非常规天然气资源潜力很大，为中国发展非常规天然气提供了有利的条件。对中国发展非常规天然气提出了建议，即首先通过政策工具和技术创新使可开采的致密气经济成本更低；其次使煤层气的关键技术更加完善和加快开发的进程；同时对页岩气的评价更加精确，以及通过页岩气试验区建设，攻克相关技术，为规模化开发提供经验，实现中国非常规天然气稳步健康发展[80]。

唐旭、张宝生、邓红梅、冯连勇利用系统动力学预测模型，模拟了中国石油生产的各个环节，根据石油地质相关理论确定了模型变量参数，确定了模型边界，得到了有价值的预测结果[81]。

李建忠等对中国天然气储量区域进行了分析，他们认为中国非常规天然气资源丰富，天然气新增探明储量的大幅上升与天然气地址理论研究的进展具有重要联系[82]。

2.4.7　天然气国际合作及进口安全方面的研究进展

国外方面，美国德裔学者汉斯·摩根索认为权力是影响力和控制力。它能够影响他人思想和行动，因此是一种能力。同时，它也可以以其他形式存在，只要能发挥对人的控制的作用，如人对人的统治等[83]。

美国政治学学者 K. J. 霍尔斯蒂认为，“国家权力是一个国家控制别国的一般能力”[84]。

汉斯·摩根索在对以往的各种国力理论做了系统研究的基础上，较全面的概括了近代国力的性质和注重构成要素。他认为，国际政治从根本上讲，就是诸国间的权力斗争[83]。各国为实现各自的国家利益（National Interest)，就必须提高国家战略实力（National Power)，即综合国力，而国家战略实力又是实现国家利益的手段；国家战略（National Strategy）是体现为实现国家利益而应当如何行使国家战略实力的科学和策略。他认为一个国家的实力由地理、自然资源、工业实力、军事准备、人口、国民性、民心、外交质量和政府质量 9 个方面的基本要素构成。

国内方面，赵宏图提出国际能源安全合作也从国与国之间、地区组织内部之间的合作拓展到全球范围的合作。为了应对全球能源、气候、环境等共同风险和挑战，全球越来越需要进行能源安全对话与合作，逐步建立完善的全球能源安全体系[85]。

管清友、何帆认为在经济全球化的环境下，考虑能源安全应该站在世界的层面上。要解决能源安全问题，首先要考虑如何使国家的政策能更好地保障能源供需平衡的关系，其次是如何构建起国际合作框架，实现多方共赢[86]。

崔守军认为中国通过多种方式参与国际能源合作，是解决中国能源供应量不均衡的方式。并且中外合作地区情况复杂，面临多种风险。中国能源合作对能源消费合作有促进作用[87]。

2.4.8 天然气储备方面的研究进展

国外方面，Edmond Baranes 等用古诺理论和市场均衡理论，对储存决策使天然气公司在现货市场和下游市场之间的竞争进行分析[88]。

国内方面，董秀成等对中国天然气储备体系和管理进行了相关研究，建立了天然气战略储备最优化储备模型，尤其对天然气供给中断的概率及规模进行了分析，并在此基础上基于市场供求和供给中断的最优储备规模进行了数值模拟[89]。将天然气战略储备的研究，向数学分析方面有推进了一步。当然由于研究重点的不同，战略储备的很多方面还没能涉及。

苏欣、张琳、李岳对我国地下储气库建设技术进行了研究，指出我国地下储气库建设速度不能适应不断增长的天然气消费需求[90]。

吴建发、钟兵、罗涛分析了我国天然气地下储气库现状，针对西气东输管道建设规划，提出了地下储气库建设方面的近期和中远期研究工作内容[91]。

丁国生、谢萍认为未来 15 年内，中国的天然气需求量的增加会推动储气库的建设和技术发展，并且应在满足调峰和应急供气的基础上向战略储备延伸[92]。

康永尚、徐宝华、徐显生、杨帆认为我国 2020 年前天然气战略储备的需求将达到 250×10^8 立方米的工作气量，选择合适的库址和库型尤为重要[93]。

2.4.9　天然气利用方面的研究进展

国外方面，An Interdisciplinary Mit Study 分析，在美国天然气正替代煤作为锅炉和加热燃料，是一种经济的替代燃料，可能符合环境保护机构的最大控制技术标准。在住宅和商业建筑部门基于全燃料生命周期分析的效率标准对当前方法进行改变，使得能够更好地对比不同能源供给选项（尤其是天然气和电力）。效率度量可以作为工具，能够分析气候和电力供给配置的区域差异[94]。

国内方面，张雷、李艳梅构建了产业结构-能源关联、产业结构-单位能耗关联和能源结构-碳排放关联三个基本评价模型，分析了中国能源消费的路径[95]。

孙仁金、邱坤、马杰在对中国城市燃气市场使用波特五力模型进行分析的基础上，提出了解决能源行业垄断的问题，强调了政府政策工具对优化资源配置，以及满足民用气市场的重要性，也指出了包括政府、国企、民企三方各自应解决的问题[96]。

董秀成等根据中国的市场调查指出，中国天然气的重要消费区域主要包括环渤海湾、东北、长三角及东南沿海地区。天然气消费领域包括工业燃料、发电、化工原料、生活用气等。中国政府制定天然气的政策框架要以用户需求的成本为考虑重点[97]。

2.4.10　创新驱动方面的研究进展

国外方面，Chesbrough 提出了“开放式创新”概念[98]，Etzkowita 创新被认为是在持续变化的环境中提升竞争优势的关键[99]。

克里斯多夫·弗里曼定义了“国家创新系统”（National Innovation System）并概括日本的发展历程[100]。他认为“国家创新系统”是由公共部门和私营部门共同构建的网络，新技术的发起、引进及传播会引起网络组成部分的互动[101]。

理查德·R. 尼尔森对不同国家（地区）创新系统进行了比较研究，目标在于提供国家创新系统的解决方案[102]。

迈克尔·波特从产业角度度量竞争力，认为国家或地区竞争优势通过产业竞争力显示其优劣，而产业的创新能力与升级力是竞争力或优势的基础[103]。

国内方面，梅亮、陈劲、刘洋以科学计量方法作为工具，围绕生态系统、价值、创新等对生态理论系统的演进趋势及理论进行研究，创新了生态系统理论框架[104]。

洪银兴[105]认为技术进步发生革命性变化的路径在源头上依赖科学发现，科学发现是衔接和融合知识创新与技术创新的桥梁。科学发现只有在大学和企业的协同情况下，才能走向应用；只有在科学家和企业家的协同的情况下，才能有成功的机会；产学研协同是技术进步发生革命性变化的条件。

任保平、郭晗[106]认为创新驱动包括从产业到制度乃至文化等各个方面的内容。而机制创新是供给侧改革的根本途径，也是经济发展方式转变的真正目标。

洪银兴[107]提出创新驱动涉及由外生到内生，由内生到外生等多方面的要素；同时知识创新和技术创新的协同是成功的创新驱动的必要条件。

余泳泽、刘大勇[108]使用 DEA 模型分析创新过程各阶段创新效率，从知识创新开始，到科研创新阶段，一直到产品创新阶段，研究结果表明这三个阶段间在空间上存在明显的相关性；而且除了科研创新与知识创新之间外，创新效率的空间外溢效应在各阶段都较为明显。

陈劲、阳银娟[109]认为协同创新是创新链中的各个主体之间以知识增值为核心的共同努力的表征，它需要创新组织模式并进行大跨度整合，而协同创新的框架可从以整合维度和互动强度两个维度进行构建。

成金华、李世祥[110]认为中国工业化发展主要受经济结构因素、技术进步因素以及能源市场化改革因素影响。而工业化阶段的变化与经济结构的演进紧密相关，经济结构的演进从长期来说对能源效率有影响，技术进步在相对稳定的短期对能源效率的提升有影响。应当促使机制方面的改革，从长期方面驱动经济结构的转变，在相对稳定的短期引导技术进步。

彭永忠[111]从影响经济增长的关键因素方面，到技术进步对经济增长的影响方面，分两个侧面分析了技术进步与经济增长的关系，并在此基础上研究了构建的相关模型；同时探讨了技术进步的实现方式，以及技术进步对经济增长的影响方式。

徐瑛、陈秀山、刘凤良[112]分析新古典经济增长理论到新增长理论的演化，在理论分析的基础上，建立技术进步贡献率的计量模型，分析中国经济发展的进程。内生技术变化，把产业结构演进、资本利用率、人力资本外溢效应加入模型做为变量，使技术进步贡献率更能准确地刻画技术进步的状态，分析表明中国技术进步状态良好，有很大的潜力。

韩宇、高志刚[113]利用超越对数生产函数模型，对新疆各能源要素的产出弹性、替代弹性和技术进步进行回归分析。认为1978—2010年改革开放以来，各主要能源要素的产出弹性呈递增的态势；并且新疆各主要能源要素对煤的替代性高；新疆各主要能源要素的技术进步程度较低，需要提高科技进步水平。

高建、董秀成[114]从上下游石油企业的产出角度上，分类评价石油企业的技术创新进，其中工艺创新基础指标主要根据生产工艺流程来设计；指标权重通过修正熵值法确定，并运用变异系数进行验证，对一些上游石油企业的技术创新能力进行了评价。

颜鹏飞、王兵[115]运用电子设计自动化（DEA）的方法测度了改革开放以来1978—2001年中国全要素生产率的变化以及变化的原因，研究结果表明全要素生产率变化的主要原因为人力资本和制度因素，同时效率提高以及技术进步同样会受到人力资本和制度因素很大影响。

朱文宇[116]对1978—2005年中国能源行业的发展进行了研究并提出了建议，认为技术进步和产业结构演化可以提高能源效率。

董大忠、蔚远江、杨涛、李峰[117]通过研究中国石油天然气股份有限公司第三次油气资源评价，指出石油地质理论与勘探技术的进步是中国陆上主要含油气盆地油气资源潜力增大的原因。这些理论和技术是对中国含油气盆地资源潜力加深认识的依据和保障。

陈红梅、宁云才[118]以相关的技术创新理论为基础，运用主成分分析和数据包络分析（DEA），构建了区域综合评价模型，评价了中国各地区的技术创新效率，评价结果表明创新投入不足影响各地区技术创新的效率，因此各地区应有针对性地制定相关政策和规划。

2.5 中国天然气产业系统现状

中国天然气产业可持续发展的系统标度及优化研究的对象是中国天然气产业系统，中国天然气产业系统有其自身特点。

2.5.1 中国天然气产业现状

（1）产销现状。

2016 年全年中国天然气消费量 2058 亿立方米，产量 1371 亿立方米。其中，天然气消费量占一次能源消费量的比例为 6.2%。中国天然气消费对外依赖度正在逐步增加，进口量逐年增大，其中管道天然气进口是中国天然气的主要供应方式。天然气进口量 721 亿立方米，从管道气和液化天然气（LNG）进口构成观察，管道气进口比例额稍大，但 LNG 进口比例在增长，整个进口量都在增长。

（2）资源潜力。

常规天然气资源方面，2007—2015 年新一轮的全国油气资源评价显示：中国的常规天然气地质资源量、致密气地质资源量及可采资源量大幅增长。中国经济的发展迫切需要大量的资源支撑，配套的资源政策和规划的出台带动了这些年我国勘查投入的不断增长，相应大幅地增加了勘探的工作量。国际学术交流的更加便利，带来了地质理论新思想，增加了学习天然气新技术和新管理模式的机会。此外通过国内同行的努力、对地质认识的加深和鼓励技术进步，极大的拓展了勘探领域，这些因素产生的效果就是促使中国天然气资源量大幅的增长。

（3）探明储量。

随着投资、技术、政策等一系列条件产生效果，即使中国天然气资源大规模勘探开发起步较晚，在 2030 年之前，中国天然气地质储量也将会位于高峰阶段，并持续增长。

（4）天然气管道。

天然气管道是连通上下游的最重要的基础设施，从管道密度的角度分析，中国的管道密度远低于西方成熟的能源市场国家，管道密度大意味着基础设施完善度高，服务上下游的能力强，也就是说明中国天然气产业基础设施建设有待完善[119]。中国天然气进口量很大，中缅油气管道、中亚天然气管道已成为中国进行天然气国际贸易的重要工具之一。在“十三五”规划中，还将建设中俄天然气管线等主干工程，这将使中国陆上天然气进口多元化，同时也是在逐步完善国内干线、配套支线和城市管网。

（5）液化天然气（LNG）。

LNG 解决了天然气运输的难题，中国 LNG 的进口量逐年增大，LNG 的运输也会像陆上管道一样，成为中国进行天然气国际贸易又一重要工具。中国进口 LNG 运输需求会因中国对天然气能源需求的增加而增大，但是目前中国自有 LNG 船队的运量只占到总运量的三分之一左右，运力不能满足日益增长的运输需求，为了弥补进口 LNG 的运输这一缺口，只有通过租赁国外的 LNG 船舶来实现这一目标。

（6）天然气储备设施及运行。

随着中国天然气消费的增长，天然气调峰逐渐需求增大，除了 LNG 调峰外，地下储气库调峰应急储备是平衡天然气供需的重要组成部分。一些发达国家和地区的调峰应急储备已达到年消费量的 17%~27%，但我国与这些国家相比还存在差距。到 2014 年底，中国建成的地下储气库调峰能力只是天然气年消费量的 1.7%。调峰能力不能满足天然气消费量的增长，严重制约了天然气消费的增长[140]。

2.5.2　中国天然气产业系统构成

天然气产业由上、中、下游组成，它们之间相互作用，也是资源、经济、社会、环境的相互作用、互相影响，这形成了一个有机整体，实现经济、社会、环境方面的服务。同时天然气产业在不断进化、发展、演化，它由不同的子系统组成，它符合一般系统论的关于系统的所有特征，因此天然气产业可以当作一个复杂系统来研究。

中国天然气产业作为一个复杂巨系统，除了拥有一般系统所具有的特征外，还有区别于其他系统的具体特征。首先，中国天然气产业由许多子系统构成：社会经济子系统，天然气产业与经济发展和社会福利相互影响作用形成的子系统；政策子系统，国家、地方政府政策和规划对天然气产业产生影响，并相互作用形成的子系统；市场子系统，天然气产业与市场交互作用，进行信息沟通形成的子系统；资源环境子系统，天然气产业是自然系统与人造系统的混合，上游对天然气资源进行勘探开发利用，与自然资源系统产生相互作用，下游对天然气的消费与环境系统产生交互关系，形成资源环境子系统；天然气产业子系统，天然气产业上、中、下游之间相互作用互相影响，形成天然气产业子系统。

其次，中国天然气产业作为一个复杂巨系统，具有一般系统的共同特征。天然气产业各子系统之间相互联系、互相作用，其中社会经济子系统与天然气产业子系统交互作用、互相影响，社会经济子系统的发展变化对天然气产业子系统产生需求的驱动效应，中国天然气产业还有区别于其他系统的具体特征，在中国的具体环境条件下，涉及国家对天然气产业的投入；政策子系统与天然气产业子系统交互作用、互相影响，政策子系统涉及为天然气产业子系统提供公共产品，在中国的具体环境条件下，影响并优化天然气产业环境；市场子系统与天然气产业子系统交互作用、互相影响，在中国的具体环境条件下，市场子系统依赖政府的体制机制水平，通过政府规制主导结合市场信息调节市场竞争的关系，促进天然气产业子系统的发展；资源环境子系统与天然气产业子系统交互作用、互相影响，资源环境子系统对天然气产业子系统的上游天然气的勘探开发产生资源约束，对天然气产业子系统的下游天然气利用的环境贡献提出可持续发展的要求。

最后，中国天然气产业作为一个复杂巨系统，除了拥有一般系统所具有的特征即系统要素、系统结构、系统功能和系统环境，还有区别与其他系统的具体特征即系统形态和系统行为。

因此，分析中国天然气产业系统主要从系统结构和系统功能、系统形态和系统行为四个方面进行分析，同时也应该了解系统要素和系统环境。

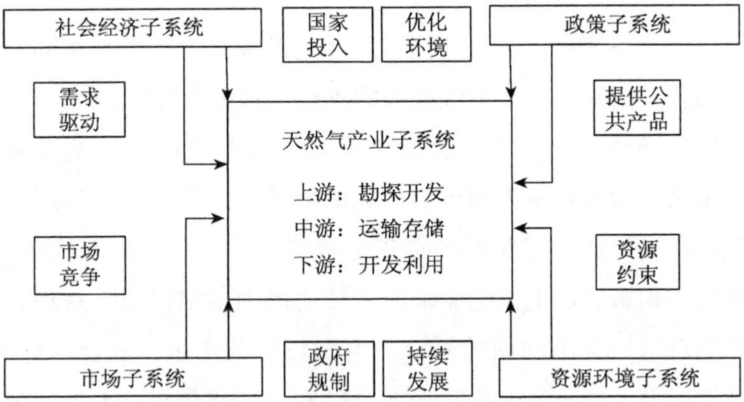

图 2.2 中国天然气产业系统结构示意图

Fig. 2.2 China's gas industry system structure diagram

2.6 文献述评

系统论的基本思想方法是对研究对象进行系统分析，研究系统、要素与环境间的关系及规律。系统论是对系统共同特征的科学概括，而对一个具体的自然系统或者人造系统，或者自然系统与人造系统的混合系统来说，具体的系统还有其具体特征，这就是区别于其他系统的特征，即系统形态和系统行为。系统形态即系统内部运行的形式和状态，每个系统都有各自不同的系统形态；系统行为是建立在系统结构之上的，表达系统的动作和反应，是外界可见的、可测试的系统活动[1]。用系统论观点分析中国天然气产业系统，会为中国天然气产业的研究提供坚实的理论基础，但还应与其他相关理论及天然气产业的具体特征相结合才能准确地发挥其作用。

从国内外系统工程理论发展的脉络可以发现，系统工程已发展为面对复杂的巨系统问题的解决方法，已经综合了定性和定量的分析手段，是一个全面有效的方法体系。而能源系统是整个社会系统的一部分，天然气产业又是能源系统的一个子系统，它们都具有系统的所有属性。能源系统要综合研究不同能源之间的运行和替代关系，天然气产业系统则应更细致地分析天然气产业系统运行及与其他系统之间的关系，因此系统动力学结合运筹学作为研究天然气产业系统问题的重要工具更为合适。

根据世界环境和发展委员会以及其他学者有关可持续发展的研究成果，可以定义可持续发展为满足当代人的需求，并使得它的发展也能得到满足，但这种满足要限定在不损害其他地域的人以及未来几代人的需求，也可以称为不损害满足他们的需求所需要的能力的前提下。这种需求是指经济发展的需求，资源利用的需求，生态环境的需求，社会环境的需求。从可持续发展方面的研究人员的观点可以看出，这些研究人员的观点各有所长，也各有侧重，必然也有不会触及的地方。因此，他们所论述的可持续性可以看作是不同约束情况下的可持续的分布组合，本书的可持续性研究在中国天然气产业的约束情况下也应有相应的组合，这一组合应能触及本书所研究的范围。

可持续性与可持续发展的理论研究可以作为分析能源系统（包括天然气产业）的视角和基础。标度理论的研究提供了标度在测量层次及意涵、标度的结构等方面的逻辑，依据这些基础和逻辑可以建立各种子系统可持续发展的评价体系。天然气产业链是很多专家学者对天然气产业系统的研究贡献，它指出了各个部门系统间的相互关系和影响，是对天然气产业系统的综合研究，从天然气产业链的研究角度可以提供多个指标系统，可以作为天然气产业可持续发展系统标度的基础研究材料。国内外学者在能源可持续发展研究中提出的各种评价维度和梯度是天然气产业可持续发展系统标度的重要参考，同样，这些研究也各有侧重，也会有共同点，这些共同点可以作为本书研究的参考，不同点可以作为研究的补充。

国际、国内天然气现状的研究提供了天然气产业系统发展的具体实践经验。国际天然气资源方面的研究主要集中在美国的页岩气生产，俄罗斯、中东、北非的天然气生产和消费，以及欧洲的天然气消费安全问题。国内天然气资源方面的研究是天然气产业区别于其他系统的系统特征方面的研究，是天然气产业可持续发展的基础。天然气国际合作及进口方面研究的是中国天然气产业与区域外系统的联系和互动状态，天然气管道及储备方面是天然气产业中枢系统，它由一个复杂网络组成，通过复杂网络研究方法可以提供这个中枢系统的特征，天然气的利用又是天然气产业的驱动系统，这些系统间存在正向和反向的相互作用。国际和国内天然气发展因国情不同会有所不同，有些政策和发展方式并不会完全相互适合，但国际天然气发展趋势和经验可以作为中国天然气产业的借鉴。因此，在对待中国天然气产业的可持续发展相关问题时，与国际相通的可以以国际为参照，不同的可以以中国自身的发展历史和未来的预期作为参照。

第3章

中国天然气产业可持续发展理论构建与系统标度方法

本章对中国天然气产业系统进行了分析，结合相关理论，提出中国天然气产业可持续发展研究的方法论。

3.1 中国天然气产业系统分析

中国天然气产业是一个复杂的巨系统，依据系统论与系统科学理论，可以从系统形态、系统结构、系统行为和系统功能，以及系统环境五个方面，对中国天然气产业进行分析。

3.1.1 系统形态分析

系统形态即系统内部运行的形式和状态，每个系统都有各自不同的系统形态，也就是各个系统存在的样貌，或系统在一定条件下的表现形式[1]。因此，中国天然气产业的系统形态是产业系统内部运行的形式和状态。

中国的经济体制是由政府主导实施的，国家的实力、国家体制机制和国家战略对经济体制起决定作用，其运行有中国特有的形式和状态。因此，中国天然气产业的系统内部运行的形式和状态是由国家综合国力、国家体制机制和国家天然气产业的战略结合起来的运行形式，同时，中国天然气产业对国际市场依赖程度较高，中国参与世界合作机制的程度也决定中国天然气的国际贸易形式和状态。所以，中国天然气产业的系统形态是中国综合国力和国家体制机制、国家天然气产业的战略相互结合，同时综合了基于天然气供给的全球合作程度的系统内部运行的形式和状态。

（1）中国的综合国力分析。

“综合国力”（Overall National Strength or Comprehensive National Capacity)，一般指的是主权国家经济、军事等方面实力和影响力的总和[120]，或更抽象地定义为主权国家生存和发展所拥有的全部实力及国际影响力的合力[121]。清华大学国情研究中心胡鞍钢、门洪华把国家战略资源定义为“国家实现战略目标的关键是合理利用关键资源”。实际上，综合国力就是国家战略资源合理组合用以实现国家的战略目标[122-123]。迈克尔·波特提出了国家战略资源的五大要素资源：物质资源、人力资源、基础资源、知识资源和资本资源。

（2）国家战略资源即综合国力评价指标系统。

第一，采用无量纲的比重法，计算各国的相对资源占比。第二，用20多个指标计算有形战略资源，为统一量纲，使用比重法（即单位统一为百分比），相加构成战略资源。第三，书中8种战略资源，用23个指标进行衡量。第四，本书使用胡鞍钢和门洪华所定义的战略资源指标，以及对不同指标确定的不同权重，反映不同战略资源的重要程度（见表3.1）[123]。

表3.1 国家战略资源及主要指标

Table 3.1 National strategic resources and key indicators

序号	资源类型	权重	指　标	指标权重
1	经济资源	0.2	GDP（PPP，国际美元）	1.0
2	人力资本	0.1	劳动力总数	1.0
3	自然资源	0.1	电力生产量 能源使用量 农业用地面积 平均降水深度	0.25 0.25 0.25 0.25
4	资本资源	0.1	净国内信贷 总储备 净外国直接投资	0.4 0.3 0.3
5	知识技术资源	0.2	本国具名申请专利数 科学论文发表数 固定宽带互联网用户 安全的互联网服务器 研发支出（占GDP的比例）	0.2 0.2 0.2 0.2 0.2

续表

序号	资源类型	权重	指　标	指标权重
6	政府资源	0.1	中央财政支出	1.0
7	军事资源	0.1	军事人员 军事支出	0.4 0.6
8	国际资源	0.1	货物出口与服务 货物进口与服务 知识产权使用费 高科技出口	0.3 0.3 0.2 0.2

国家战略资源方程是随时间变化的动态国力方程：

$$NP = \sum (a_i \times R_i)$$

（胡鞍钢和门洪华的有形战略资源方程）

NP 为综合国力；R_i 为某种资源占国家战略资源比重；a_i 为某种资源权重。战略资源的动态方程：$NP_t = \sum (a_i \times R_{i(t)})$ 。

（3）国家体制机制即国家意愿的分析。

各类经济资源配置的机制也就是国家的政策制度以及执行机制，衡量国家政策制度和执行机制的指标，通常有政策创新度、制度创新度、环境法规建设、宏观调控力度、资源开发规划合理性、可持续发展法规建设、可持续发展组织及战略制定等指标。但是，这些指标都是主观类指标，我们希望有一些能达到以上主观类指标效果的定量指标，于是本书使用营商便利指数、征信信息深度指数、私营信贷所的覆盖面、完成破产所需时间（年）、法律权利力度指数、物流绩效指数等指标。这些指标可以实现上述主观类指标的作用，作为衡量国家政策制度和执行机制的客观指标。

雷·克莱因（Ray Cline）认为一个国家动员其国民支持政府的国防和外交政策的能力，包括国家整合水平、领导人能力及国家战略，是国家意志。国家政策制度和执行机制及其相关战略是将国家战略资源或称为国家财富转化为实现战略目标的能力的媒介，可以简称为动员和转化机制，国家政策制度和执行机制及其相关战略就可称为国家意愿[124]（见表 3.2）。

表 3.2 国家意愿指标

Table 3.2 Countries intend to target

类 型	权重	指 标	指标权重
国家意愿（国家的管理能力）	0.5	营商便利指数	0.166
		征信信息深度指数	0.166
		私营信贷所的覆盖面	0.166
		完成破产所需时间（年）	0.166
		法律权利力度指数	0.166
		物流绩效指数	0.166

（4）中国天然气产业可持续发展战略目标的分析。

天然气产业安全是天然气产业可持续发展的核心，由两个部分组成：天然气经济安全性与天然气利用安全性。

天然气经济安全性是指产业的优势和产业的效率以及协调程度，可以为天然气产业可持续发展提供有力保障。

天然气利用安全性是天然气产业可持续发展的基本前提。天然气能源消费结构占比的提高，就是对环境可持续性的贡献，同时产业在节能、环保等方面进步也是对环境可持续性的贡献。因此，中国天然气产业可持续发展的主要目标是产业利用安全，经济安全性可以为其可持续发展提供保障。

不同国家因为国情的不一样，天然气产业在经济中所占的权重也会不一样。本书以研究对象国天然气供给能力和需求能力占该国 GDP 的比重表示国家天然气供需方面的权重，在各国之间进行比较。国家天然气供需方面的权重的大小可以显示国家在天然气产业方面的意愿，于是可称为战略系数即战略目标的重要程度。

表 3.3 国家战略系数

Table 3.3 The coefficient of national strategy

类 型	权重	指 标
各国天然气供需的权重（天然气相关的）	0.5	战略目标的重要程度

3.1.2　系统结构分析

系统结构，是指各要素在时间或空间上排列和组合的具体形式，子系统之间相互关联[1,126]。系统结构的基本特点包括稳定性、层次性、开放性、相对性。

中国天然气产业是巨系统，其子系统包括社会经济、政策、市场、资源环境子系统。子系统之间存在着相互联系、相互作用[1,126]。天然气产业各子系统之间最重要的关系和作用包括：中国各地区之间天然气产销不平衡关系和作用，中国天然气月消费与月生产、月进口之间的相互关系和作用，中国城市燃气管道、储存设施与城市天然气供应之间的相互关系和作用，中国县城燃气管道、储存设施与县城天然气供应之间的相互关系和作用。

3.1.3　系统行为分析

系统行为是建立在系统结构之上的，表达系统的动作和反应，是外界可见的、可测试的系统活动[1,125]。建立在中国天然气产业的系统结构上的系统行为包括：中国常规和非常规天然气资源潜力，中国天然气储量、产量，中国天然气开发和利用潜力，中国天然气管道运输及储备能力，中国各地区天然气消费与配套基础设施，以及包括在系统环境中的世界天然气的储量和产量、消费潜力。

3.1.4　系统功能分析

系统功能，即系统与环境相互联系和作用过程的能力。中国天然气产业的系统功能就是中国天然气产业与外部环境关系的描述，是中国天然气产业系统与环境相互联系和作用过程的能力[1,126]。因此，中国天然气产业的系统功能包括：中国的能源结构演进状态，中国天然气消费结构演进状态，中国城市天然气覆盖率，中国县城天然气覆盖率。

3.1.5　系统环境分析

系统环境是指与系统相关的因素集合[1]，通常包括自然、国际、社会和技术等因素。中国天然气产业的系统环境包括资源、社会经济、政策、市场等因素，这些因素与天然气产业系统相互影响，产业系统变化会影响因素发展，因素的变化发展也会对天然气产业系统的运行产生影响。因此，对系统环境的分析是系统分析的重要内容之一。

中国天然气产业系统环境的资源环境方面的因素，主要是国际方面的因素。在国际天然气资源勘探、生产、利用因素方面，亚太地区天然气消费总体呈快速上升态势，中国台湾天然气消费呈下降趋势，其余地区天然气消费呈增长趋势；在天然气生产方面总体呈加速增长态势，亚太地区各生产国呈普遍增长态势；天然气开发新增探明储量持续上升，大多数国家新增探明储量呈稳定状态，个别国家有下降趋势。

中国天然气产业系统环境中有关政策方面的因素，包括巴黎气候协议。2016 年 4 月 22 日，联合国 100 多个国家共同签署《巴黎协定》，这一举措在人类可持续发展的进程中谱写了重要一页。在巴黎气候协议中，每个国家都对环境和气候有影响的指标做了承诺，中国积极推动巴黎协定通过，展现负责任大国担当。中国政府承诺 2030 年碳排放达到峰值，此后逐渐降低；并且承诺 2030 年单位 GDP 碳排放降低到 2015 年的 50%～60%，增加清洁能源和可再生能源的消费[127]。这些承诺会增加世界包括中国对作为清洁能源的天然气的消费量。“一带一路”以及亚投行、丝路基金和金砖国家银行是中国最高领导层面向世界提出的战略方案，这些方案和措施涉及亚洲、中东、非洲、欧洲以及美洲，有助于稳定亚洲、中东、非洲的政治、经济、安全环境，稳定世界天然气的供给；有助于与欧亚地区开展金融合作，刺激天然气产能供给，保障世界的天然气可持续供给。

中国在改革开放以前采取的是计划经济体制，实行的是由政府领导、制定的计划经济政策；1987 年中共十三大确立了有计划的商品经济的运行机制即国家调节市场、市场引导企业，就是采取计划和市场结合的政策，即以产业政策为核心的经济政策体系；1987 年至今虽经历细微调整，但总体一直采用这一政策；同时根据日本实行的产业政策的经验和教训，从 90 年代后期到近年，中国学者提出以功能性替代选择性，提供有关产业结构的长期展望和以国际经济信息为中心的产业政策。中国天然气产业从计划经济政策的执行中产生，在选择性产业政策（硬性产业政策）的实施中成长，会随着产业政策的转型而变化发展。

国家发展和改革委员会、国家能源局组织编制的《天然气发展“十三五”规划》包括的主要内容有常规天然气、煤层气和页岩气等，并且《规划》具体内容将随着实施过程中出现的问题做出具体调整（如表 3.4 所示）[128]。

表 3.4 “十三五”天然气行业发展主要指标

Table 3.4 Main indicators of natural gas industry of the 13th Five-Year Plan

指　标	2015 年	2020 年	年均增速（%）	属性
累计探明储量（常规气，万亿立方米）	13	16	4.3	预期性
产量（亿立方米/年）	1350	2070	8.9	预期性
天然气占一次能源消费比例（%）	5.9	8.3~10	—	预期性
气化人口（亿人）	3.3	4.7	10.3	预期性
城镇人口天然气气化率（%）	42.8	57	—	预期性
管道里程（万千米）	6.4	10.4	10.2	预期性
管道一次运输能力（亿立方米）	2800	4000	7.4	预期性
地下储气库工作气量（亿立方米）	55	148	21.9	约束性

“十三五”规划制定后，各省（自治区、直辖市）相继出台了地区的规划，这些政策规划的实施，指导中国天然气产业的发展方式，决定中国天然气产业的发展状态，因此中国产业政策的转型决定了中国天然气产业未来的发展方式、状态和程度。

中国天然气产业系统环境中有关市场方面的因素。全球金融危机后世界经济增长乏力，根据世界银行的相关报告显示近年来经济形势虽有好转的迹象，但全球经济仍面临下行风险，加上整个全球大宗商品产能过剩，导致供大于需，市场呈不平衡状态。石油天然气市场非常明显，国际天然气市场定价普遍采用与油价挂钩的定价机制，全球各天然气交易中心价格如：Japan LNG cif、Average German Import Price cif、UK（Heren NBP Index）、US Henry Hub，分别与各自的天然气来源地的油价挂钩，或是与几种价格挂钩，都是以美元计价。全球几大原油定价中心如：Dubai $/bbl、Brent $/bbl、Nigerian Forcados $/bbl、West Texas Intermdiate $/bbl，根据BP2017统计数据，1972—2016年国际油价主要在11~110美元之间波动，油价的波动与经济危机、地区政治、军事、经济环境变化有密切的关系。近年来，因市场不景气，天然气价格与原油价格处于低位，因气候环境变化的压力，部分能源专家、经济学家认为天然气的价格波动会与原油价格减少相关。但根据历史形成的长期关系，大部分专家、学者认为未来世界天然气的价格波动，依然与原油价格密不可分，这是因为原油价格与经济危机、地区政治、军事、经济环境变化有密切的关系。大部分专家学者预测未来几十年原油价格会在40~100美元之间波动。因此，世界天然气价格会与此挂钩，在相应的价格范围内波动。

3.1.6 系统分析小结

本节依据系统论与系统科学理论，在天然气产业发展的历史和经验基础上，把中国天然气产业作为一个复杂的巨系统来研究，主要从系统结构、系统功能、系统形态和系统行为四个方面分析，同时分析了系统环境及系统要素。

通过对中国天然气产业系统环境的分析，对中国天然气产业系统环境的资源环境、社会经济、政策、市场等因素，以及这些因素的属性或状态及其变化对中国天然气产业系统产生的影响，促使系统发生的变化等方面，有了数据和经验上的准备；天然气产业各子系统之间的相互关联（作用、影响、关系等）最重要的关系包括中国各地区之间天然气产销不平衡关系，中国天然气月消费与月天然气生产、月天然气进口之间的相互关系，中国城市燃气管道、储存设施与城市天然气供应之间的相互关系，中国县城燃气管道、储存设施与县城天然气供应之间的相互关系，有了数据和经验上的准备；通过对中国天然气产业系统形态的分析，对中国天然气产业的系统形态即中国综合国力和国家体制机制、国家天然气产业的战略相互结合，同时综合了中国参与世界合作机制的程度及系统内部运行的形式和状态，界定了相应的概念，构建相应的评价体系，有了数据和理论上的准备；通过对中国天然气产业系统行为的分析，包括常规和非常规天然气资源潜力及分布、天然气储量、产量，天然气开发和利用潜力、天然气管道运输及储备能力、区域天然气消费与配套基础设施，以及在系统环境中的世界天然气的储量和产量、消费潜力等，做了数据和经验上的准备；通过对中国天然气产业系统功能的分析，对系统与环境相互联系和作用过程的能力，包括中国的能源结构演进状态、中国天然气消费结构演进状态、中国城市天然气覆盖率、中国县城天然气覆盖率，做了数据和经验上的准备。

以上分析，为从系统角度研究中国天然气产业建立了数据基础和经验基础。

3.2　中国天然气产业可持续发展理论构建

本书所建构的中国天然气产业可持续发展理论，是在西方的经济发展理论和可持续发展理论以及中国传统哲学理论和现代的能源、天然气发展规律的基础上形成的。

3.2.1　理论推演

从古典经济学发展的过程和脉络中可以看出，部分古典经济学家的“资源”隐含了一部分环境生态的含义。古典经济学总体将资源环境放在第一位，社会放在第二位，经济放在第三位，所以，古典经济学的可持续发展基本是资源环境之上主义的发展，人的发展在可持续发展中的重要性低于资源环境，经济发展依赖于资源环境和人的发展。古典经济学对“能否可持续发展”的问题有两种截然相反的态度，引起不同态度的关键点在于产业升级、分工和资本积累的作用是否足以克服资源环境、社会发展、经济发展之间的矛盾。因此，马尔萨斯提出约束人的需求以配合资源环境的属性，同时，穆勒对可持续发展的含义做出了新的补充，穆勒认为资源利用与经济达到发展极限的条件下，并不能认为是一种不可持续发展状态，因为经济将进入停滞状态实际上是一种零增长的平衡状态，精神文明以及道德的和社会的发展会继续，而且会得到更好的发展。也就是说可持续发展的其中两个因素进入停滞状态实际上是一种零增长的平衡状态，另一个因素的发展可能会继续，而且会得到更好的发展，也应该是一种可持续发展状态。

从新古典经济学发展的过程和脉络可以看出，新古典经济学把满足人的需求提高到最重要的地位，满足人的需求是可持续发展的目标。同时，市场机制使需求和供给达成动态平衡状态，市场对稀缺性的反应，约束了过高的需求和供给。需求包括资源利用的需求、经济发展的需求、社会发展的需求；供给包括资源的供给、经济的供给、社会的供给。需求与供给之间通过市场达成平衡，又因为市场对稀缺性的反应促使科学技术发展、技术进步、产业升级、教育改良和普及等，增加了供给的同时又提高了供给的效率，满足了更大的需求的同时减少了无效的需求即提高了需求的效益，使供给和需求达到了一个新的更高水平上的平衡。这种动态平衡实际上是供给与需求之间通过市场的桥梁形成了一个复杂系统的结果，这种动态平衡向更高水平上的演化也正是整个复杂系统的演化，这种动态平衡的发展状态即整个复杂系统的演化状态就是新古典经济学认为的可持续发展状态。马歇尔已经关注到市场会对这些环境生态方面的稀缺程度做出灵敏反应，因此，这种动态平衡或复杂系统也包括了环境生态的需求和对环境生态供给，实现了资源生态环境、经济和社会的可持续发展。

所以，新古典经济学总体上在“能否可持续发展”的问题上持乐观态度，只是认为发展进步的速度有时是缓慢的，偶尔甚至也有很大的退步，但是总的趋势是进步。就某一国来说，资源或其他因素受供给约束是通过市场可以依靠国际贸易即增加“国际足迹”来实现的，但对整个世界来说，能否通过市场的作用来实现世界的可持续发展还是有疑问的。

从结构主义发展理论的发展的过程和脉络可以看出，结构主义发展理论继承了凯恩斯主义经济学的相关理论，如对资本主义经济的非均衡分析、对就业问题的极端重视以及强调国家干预主义的政策主张。同时结构主义发展理论已经把欠发达经济体的供给和需求当作一个有机整体和复杂系统来研究，关注的是供给和需求各要素之间的关系，以及系统内同时存在的各要素之间的关系。结构主义发展理论认为欠发达经济体系统内各要素之间的关系存在刚性的缺陷，并且缺乏市场或市场失灵，单独依赖市场不能调节各要素之间的关系，无法使供给和需求达成平衡状态，市场不能够对稀缺性做出反应，从而无法促使科学技术发展、技术进步、产业升级。因此，需要发挥政府对市场的替代作用，并建立平衡发展战略，通过规划和计划的安排，使经济在不同部门或不同地区同时平衡发展。把发展中国家作为整体，政府制定分配的政策调节系统内收入的各要素之间的关系；政府改革社会经济制度各要素之间的关系，以此来推进经济发展；这一派的发展理论主张利用进口替代外贸战略，以实现国内生产各要素之间的关系转变；在供需不均衡状态，政府也可以通过规划和计划调节系统内生产的各要素之间的关系适应系统内需求的各要素之间关系的变化，所以，可以通过政府之手，使劳动和资本从生产率较低的部门向较高的部门转移，加速经济增长。

从中国传统可持续发展理论发展过程和脉络可以看出，儒家强调人内在的修养，建立“幸福观”，约束人的行为。这个“幸福观”没有与需求画等号，对待需求的态度是“过犹不及”，合适即中庸的态度。因此，合适的需求就是遵循供给的规律。由此形成人人关系、人物关系的和谐，实现社会、经济、资源环境的协调状态，整个系统的这种协调状态遵循世界万物包括人组成的循环运动的大系统的运行规律即“天人合一”，这种协调状态的持续就是一种可持续发展状态。老子主张需求顺应宇宙天地间万物组成的大系统本身的规律，需求与供给之间的状态顺应供求的内在规律，不平衡时也是遵循规律的状态，平衡时也是在遵循规律的状态，系统内的一切适应规律自然调节。社会、经济、资源环境这种顺应规律的状态，以及这种状态的持续就是一种可持续发展状态，在这种状态的持续过程中系统内部各要素可能有时发展 ，有时停滞，甚至有时倒退，但只要是顺应规律的状态，是与自然和谐相处的状态，系统的这种状态的持续趋势也是一种可持续发展状态。

在可持续发展的问题上，古典经济学的资源环境至上主义的发展观，目前越来越被世界各国所重视，由于资源环境的修复成本越来越高，恢复周期越来越长，有些甚至不可能再生等原因，使人们树立保护资源环境的强烈愿望。但是环境至上主义是欠妥的，正如新古典经济学把满足人的需求提高到最重要的地位，把满足人的需求作为可持续发展的目标的发展观一样，这种需求还需要通过市场机制和供给达成动态平衡状态。如果不对需求有所约束，即使对单独一个国家而言这一发展观和发展方式是可行的，因为供给不足时，通过市场对稀缺性的反应，可以依靠国际贸易即利用“国际足迹”解决这一矛盾，实现可持续发展。但是对于世界的可持续发展来说，这一发展方式是欠妥的。因此，为了能使当代的所有经济体都有可持续发展机会，需要对需求进行约束，但又不能是资源环境至上主义的那种方式。在中国传统可持续发展理论中，儒家思想强调的合适即中庸的态度、“过犹不及”的态度，即不能过度约束需求、推行环境至上主义，因为随着科技的发展，有些现在还不能实现的环境生态修复以及修复周期等问题，未来可能有办法解决或用其他替代方式实现；同时，也不能只是通过市场调节需求，应该适当地约束需求，遵循世界万物包括人组成的循环运动的大系统的运行规律，这样的发展就能够实现当代人的可持续发展。随着这样发展方式的持续又能顾及未来人的发展，这是真正的可持续发展观。

在可持续发展的问题上，从实现可持续发展的路径分析，可以看出古典经济学产业升级，分工和资本积累的作用不足以克服资源环境、社会发展、经济发展之间的矛盾，还需要约束需求；结构主义发展理论认为欠发达经济体系统内各要素之间的关系存在刚性的缺陷，并且缺乏市场或市场失灵，单独依赖市场不能调节各要素之间的关系，无法使供给和需求达成平衡状态，新古典经济学强调的市场作用不能够对稀缺性做出反应，因此，需要政府对市场发挥替代作用，建立平衡发展战略，通过规划和计划安排，使得资源环境、社会发展、经济发展在不同部门或不同地区同时平衡发展；在对待政府和市场的作用的态度上，应采取合适即中庸的态度或是顺应即顺其自然的态度，即政府和市场都应发挥合适的或顺其自然的作用，政府和市场的作用大小应遵循或顺应规律，根据规律的需要来定。

在可持续发展的问题上，从可持续发展的状态与持续过程分析，可持续发展的其中两个因素进入停滞状态实际上是一种零增长的平衡状态，另一个因素的发展可能会继续，而且会得到更好的发展，因此也是一种可持续发展状态，也就是说可持续发展状态不意味所有的因素都保持增长，有些要素保持静止的平衡状态，另一些保持增长状态，也是一种可持续发展状态；供给与需求之间实现动态平衡，这种动态平衡向更高水平上的演化应该是最理想的一种可持续发展状态。这种状态在一国内可能实现，但是对于世界的可持续发展不现实的，若使这种最理想的一种可持续发展状态变为现实的可持续发展状态，就需要使供给与需求之间的动态平衡遵循或顺应世界万物包括人组成的循环运动的大系统的运行规律，实现协调或和谐状态。同时，发展进步的速度有时缓慢，甚至偶尔会有很大的退步，但是总体趋势是进步，或者说这种状态的持续过程中系统内部各要素可能有时发展，有时停滞，甚至有时退步，但只要是遵循或顺应规律的状态，是和谐或协调的状态，系统的这种状态的持续趋势也是一种可持续发展状态。

在可持续发展的问题上，从可持续发展的研究过程分析，经济体的供给和需求应该当作一个有机整体和复杂系统来研究，关注系统的平衡状态，以及供给和需求各要素之间的关系，以及系统内同时存在的各要素之间的关系，包括系统这种平衡状态和各要素之间的关系的演化。同时，系统内部的这些演化要遵循或顺应世界资源生态环境、社会、经济发展的规律，系统内部的这些演化遵循或顺应了规律，可持续发展就是可以实现的。

3.2.2　中国天然气产业可持续发展理论

在中国的可持续发展问题上，基于中国是发展中国家这个基本国情和事实：首先，在可持续发展的发展观和发展方式上，为了能使当代的所有人都有可持续发展机会，需要对需求进行约束，但不能过度约束需求，推行环境至上主义，应该合适地约束需求，遵循发展规律，这样的发展才能够实现当代人的可持续发展，随着这种发展方式的持续又能顾及未来人的发展，这是真正的可持续发展观；其次，在可持续发展上，政府需要对市场发挥替代作用，建立平衡发展战略，通过规划和计划安排，使得资源环境、社会发展、经济发展在不同部门或不同地区同时平衡发展，在对待政府和市场的作用的态度上，应采取合适即中庸的态度或是顺应即顺其自然的态度，即政府和市场都应发挥合适的或顺其自然作用，政府和市场的作用大小应遵循或顺应规律，根据规律的需要来定；再次，在可持续发展的状态与持续过程上，可持续发展状态不意味所有的因素都保持增长，有些要素保持静止的平衡状态，另一些保持增长状态，也是一种可持续发展状态，同时，需要使供给与需求之间的动态平衡遵循发展运行规律，实现协调或和谐状态，中国可持续发展系统内部各要素可能有时发展，有时停滞，但只要是遵循或顺应规律的状态，是和谐或协调的状态，总的趋势是进步的，系统的这种状态的持续趋势也是一种可持续发展状态；最后，在可持续发展的研究过程上，中国可持续发展应该当作一个有机整体和复杂系统来研究，关注系统的平衡状态及供需各要素之间的关系，包括系统这种平衡状态和各要素之间的关系的演化，以及系统内部的这些演化要遵循或顺应世界资源生态环境、社会、经济发展的规律，系统内部的这些演化遵循或顺应了规律，即可以实现可持续发展。

中国天然气产业可持续发展是中国可持续发展整体的一部分，其遵循中国可持续发展的理论，但同时，中国天然气产业可持续发展又具有一些具体的特点：首先，在可持续发展的发展观和发展方式上，由于气候环境的压力，天然气是清洁能源，增加天然气在能源结构中的比例可以缓解能源燃烧对大气环境的压力，但也需要指出，提高能源利用率、减少无效率的能源消费，即对无效的需求进行约束，但不能过度约束需求，推行环境至上主义，应该合理地大量增加有效需求，遵循发展规律，随着这样发展方式的持续同时顾及到未来人的发展，这是中国天然气产业实现可持续发展的基本思想；其次，在中国天然气产业可持续发展实现的道路上，政府需要在必要时对市场起调节作用，建立平衡发展战略，通过规划和计划安排，使得资源环境、社会发展、经济发展在不同部门或不同地区同时平衡发展，在对待政府和市场的作用的态度上，应采取合适即中庸的态度或是顺应即顺其自然的态度，即政府和市场都应发挥合适的作用，政府和市场的作用大小应遵循或顺应规律，根据规律的需要来定；再次，在中国天然气产业可持续发展的状态与持续过程上，可持续发展状态不意味所有的因素都保持增长，有些要素保持静止的平衡状态，而有另一些保持增长状态，这也是一种可持续发展状态，同时，需要使供给与需求之间的动态平衡遵循发展运行规律，实现协调或和谐状态，中国可持续发展系统内部的各要素可能时而发展，时而停滞，但只要是遵循或顺应规律的状态，是和谐或协调的状态，总的趋势是进步的，系统的这种状态的持续趋势也是一种可持续发展状态；最后，在中国天然气产业可持续发展的研究过程上，中国天然气产业可持续发展是中国可持续发展系统中的一个子系统，应该把它当作一个有机整体和复杂系统来研究，关注系统的平衡状态，以及供给和需求各要素之间的关系，以及系统内同时存在的各要素之间的关系，包括系统这种平衡状态和各要素之间的关系的演化，以及系统内部的这些演化要遵循或顺应世界资源生态环境、社会、经济发展的规律，系统内部的这些演化遵循或顺应了规律，中国天然气产业可持续发展即是可以实现的。

3.3　中国天然气产业可持续发展的系统标度方法

中国天然气产业可持续发展的系统标度及优化研究要解决的问题，首先是建立中国天然气产业可持续发展理论；其次是在中国天然气产业可持续发展理论基础之上界定中国天然气产业可持续发展的系统标度；第三，是如何建立中国天然气产业可持续发展的系统标度，以及如何优化；第四，是确定中国天然气产业可持续发展的系统标度及优化的评价方法。

中国天然气产业系统可持续发展的标度方法包括四个方面：第一是标度的界定；第二是标度的构建原则；第三是标度等级的划分标准；第四是

标度指标体系的构建。

3.3.1 中国天然气产业可持续发展系统标度的界定

（1）标度的界定。

量表和指标都是典型的对变量的定序测量，即根据具体变量的分析单位进行排序[129]。这里使用的指标和量表都是变量的复合测量（composite measure of variables），即基于一项以上的资料测量。指标（index）往往通过单个属性的分值累积来建立。标度（即量表）的建立则是通过不同的选项，反应变量变异程度的强弱；根据对问题的反应模式的不同赋予相应的分值[129]。指标计算变量指标的得分，而量表则要看变量指标所表达的程度差异。一般而言，由于量表能测量变量的强弱程度，量表优于指标。量表分值所表达的信息远比指标多。只是，使用量表时应该注意一些研究者常犯的错误，即误用术语“量表”，把某项测量工具称为量表，即使它只是指标。

从量表的测量层次和意涵方面来说，量表在测量变量时，根据变量的属性也许可以测量不同的层次，主要包括定性、定序、定距和定比。从量表的结构方面来说，四种形式的量表：鲍格达斯社会距离量表、瑟斯东量表、李克特量表、哥特曼量表[129]，可以得到对变量属性不同层次的测量结果。层次分析法使用的量表是一种特殊形式的量表，使用的数字标度进行的是定比测量，是最高等级的。而且，采用层次分析法的各种数字标度形式差异，是为了合理对应专家自然语言描述判断的结果，所以产生不同标度刻度（标度值的几种距离）的定比测量的结果。从心理物理学方面来说，韦伯定律、费希纳定律、斯蒂文斯定律等心理学定律为建立不同测量层次量表提供了选择不同标度刻度的理论基础和理由。在中等强度的物理刺激量下，人感觉到的差别大小的区间随着物理刺激量区间的变化而呈比例变化，符合韦伯定律；心理感觉到的刺激量强度过弱时，心理感觉的强度随着物理刺激强度的几何级增加而呈现出算数级增加，符合费希纳定律；心理感觉到的刺激量强度过强时，心理量是随物理刺激量的乘方函数（或幂函数）而变化的，符合当幂指数 b 大于 1 时的斯蒂文斯定律[44,46,142]。

等级设置的数量越少对变量属信度量得越粗糙，数量越多对变量属信度量得越精细，等级之间如何做到合理，可以选择几种有代表性的标度刻度10/10~18/2、1-5、0-1、9/9~9/1，指数标度$9^{k/9}$、指数标度a^{k-1}。

（2）中国天然气产业可持续发展系统标度的概念。

中国天然气产业可持续发展的系统标度，就是把中国天然气产业可持续发展看成是一个有机整体，一个复杂巨系统来研究，建构一个能衡量这个系统演化时所呈现的可持续状态强弱的程度，通过这种强弱程度随时间的变化可以呈现可持续状态变化的趋势。中国天然气产业可持续发展的系统标度，首先是一个标度（即量表），因此，它应该根据量表的逻辑来建构；其次，它研究的变量是一个系统，应该根据系统的特征去研究，同时，这个系统是关于中国天然气产业可持续发展的系统，研究这个系统需要以中国天然气产业可持续发展理论为基础。所以，建构中国天然气产业可持续发展的系统标度，需要以中国天然气产业可持续发展理论为基础，依据系统的特征，根据量表的逻辑来建构。中国天然气产业可持续发展是一个宏观变量，心理感觉到的刺激量强度不可能到非常精细的程度，因此，设置为5级标度等级。为了等级之间做到合理，选择4种有代表性的标度刻度1-5、10/10~18/2、指数标度a^{k-1}、比例标度。需要说明：这几种标度刻度是量表的刻度，代表从弱到强的强弱程度，如果对变量属性之间进行比较，标度刻度值代表两两对比的强弱关系，不代表强弱比例。但层次分析法中的标度刻度适用于变量之间强弱比例的比较，它的标度刻度值代表的是两两对比的关系和强度比例。中国天然气产业可持续发展的系统标度主要用于测量的标度区间确定在［0，1］内，因此，把以上4种有代表性的标度刻度转化在［0，1］上，转化的方法是每种标度刻度除以它们的最大刻度值，得到的值代表这种标度刻度，如表3.5所示。

表 3.5 几种数字标度刻度数值在［0，1］区间的对应转化刻度值

Table 3.5 Corresponding transformation scale values of several digital scale scales in the range of［0，1］

1-5	1-5 *	10/10~18/2	10/10~18/2 *	a^{k-1} (a = 1.14)	a^{k-1} * (a = 1.14)	比例标度	比例标度 *
1	0.2	1	0.111111111	1	0.350140056	1	0.555555556
2	0.4	1.5	0.166666667	1.3	0.455182073	1.2	0.666666667
3	0.6	2.33	0.258888889	1.69	0.591736695	1.4	0.777777778
4	0.8	4	0.444444444	2.197	0.769257703	1.6	0.888888889
5	1	9	1	2.856	1	1.8	1

注：*代表转化后的标度刻度（需要说明：这几种标度刻度是量表的刻度，代表从弱到强的强弱程度，如果变量属性之间进行比较，标度刻度值代表两两对比的强弱关系，不代表强弱比例。但层次分析法中的标度刻度适用于变量之间强弱比例的比较，它的标度刻度值代表的是两两对比的关系和强度比例）。

3.3.2 中国天然气产业可持续发展系统标度构建原则

建构中国天然气产业可持续发展的系统标度，需要以中国天然气产业可持续发展理论为基础，依据系统的特征，根据量表的逻辑来建构。以中国天然气产业可持续发展理论为基础构建标度，意味着标度能够根据理论衡量中国天然气产业系统的可持续发展状态，因此标度的构建需要满足与中国天然气产业可持续发展理论相关的原则，即相关性原则；依据系统的特征构建标度，意味着标度可以根据系统的特征衡量中国天然气产业系统的可持续发展状态，标度的构建必须能够达到测量系统及其维度的状态的要求，因此需要满足层次性原则；能够测量系统的动态，需要满足动态性原则；根据量表的逻辑来建构，标度的构建就需要满足信度原则和效度原则；为了能够实现综合反映可持续发展理论、产业系统、量表的逻辑三个方面的要求，标度的构建需要满足可操作性原则。

（1）相关性原则。

标度的构建需要满足与中国天然气产业可持续发展理论相关的原则，中国天然气产业可持续发展的理论范式由发展观和发展方式、实现可持续

发展的路径、可持续发展的状态与过程和系统性研究视角 4 个方面组成。在持续发展的发展观和发展方式上，涉及有关天然气在能源结构中的比例、能源利用率、能源消费，当代人和未来人的发展等标志性因素；在中国天然气产业可持续发展实现的路径上，涉及政府的发展战略，规划和计划，资源环境、社会发展、经济发展在不同部门以及不同地区的发展状态等，同时，在对待政府和市场的作用的态度上，涉及政府和市场的发挥作用的大小等问题；在中国天然气产业可持续发展的状态与持续过程上，涉及因素的增长、因素的静止等状态，以及状态的发展趋势等；在中国天然气产业可持续发展的研究过程上，提出中国天然气产业可持续发展是中国可持续发展系统中的一个子系统，涉及供给和需求各要素之间的关系，世界资源生态环境、社会、经济发展的规律，产业、区域以及社会经济环境资源大系统等问题。所以，在构建的标度中，需要有相关的指标对应这些问题、状态和因素。

（2）层次性原则。

标度的构建必须能够达到测量系统及其维度的状态要求，因此需要满足层次性原则。中国天然气产业系统可以从 4 个系统特征的角度去分析，也就是说，可以从系统形态、系统结构、系统行为、系统功能 4 个维度去研究中国天然气产业系统，同时各维度又由不同的测度指标组成。因此，标度需要设置相应的指标体系对应系统、维度以及维度的测度指标等不同层次，才能实现对不同层次的测量。

（3）动态发展性原则。

构建的标度必须能够测量系统的动态，需要满足动态性原则。中国天然气产业系统的发展经过了引入阶段、过渡阶段、快速发展阶段等多个阶段，是处于不断演化的过程中的，是一个具有明显动态变化特征的过程。可持续发展的内涵也随历史阶段的不同，理论发展的过程而有所不同。这就要求构建的标度可以满足一定时间尺度的测量，这个尺度应该把系统发展的历史、现状以及未来包括进来，才能测量系统的动态，同时标度的测量效果在这个时间尺度内应该可靠的，因此标度对应一定的时间尺度。标度的指标体系可以反应不同时期天然气产业系统的特点，因此要求大部分指标包含有长时间跨度的统计记录。

（4）信度原则。

根据量表的逻辑来建构，标度的构建就需要满足信度原则。信度指测量方法的质量，即对同一现象进行重复多次的观测是否可以获得相同的资料。建立有信度的测量有以下几种方式[129]：（1）重复测量，观察重复测量的结果，如果结果有出入即表明测量方法存在问题；（2）对比测量，如果预期获得的信息不应该有变化，那么对比不同主体对同一现象的观测，就应得到相同的结果；（3）利用已有经过检验的十分可信的测量方法。

（5）效度原则。

根据量表的逻辑来建构，标度的构建就需要满足效度原则。效度指的是测量准确地反映了需要测量的概念，效度分为四类[129]：一是表面效度（face validity），即实证测量的结果与我们通常所达成的共识或头脑中的印象的吻合程度；二是标准关联效度（criterion-related validity），是由一些标准所确定的效度，也可以说是某测量与外在标准相关的程度；三是建构效度（construct validity），就是在某理论体系内，某测量与其他变量的关系；四是内容效度（content validity），指测量涵盖了某概念所包含的意义范畴的程度。

（6）可操作性原则。

为了能够实现综合反映可持续发展理论、产业系统、量表的逻辑等三个方面的要求，标度的构建需要满足可操作性原则。标度的指标体系要满足多个方面的要求，需要在人力价值、时间价值、有效价值的平衡中确立指标，这些指标应该是易于计算的，容易获得的，其挑选是尽量简单的，概括地说就是这些指标应具有较强的可操作性，因此指标的可操作性是构建标度的基础。

3.3.3 中国天然气产业可持续发展程度的划分标准

中国天然气产业系统可持续发展程度的划分标准也就是标度等级的划分标准，标度等级的划分标准需要依据标度的构建原则建立。

等级的划分标准最重要的是需要满足可操作性原则，等级的划分标准应该是易于衡量的，容易获得的，其挑选是尽量简单的，通过归纳、筛选、整理这方面已有的学术研究成果可以满足这一要求（如表 3.6 所示）。

表 3.6 是否可持续、可持续的程度的划分的标准

Table 3.6 Whether or not sustainable, sustainable degree of classification standard

程度划分	标准根据可持续发展理论的演进分析的结果
可持续	自然资本与人造资本的存量虽不变，但两种资本之间是互补关系而非替代关系；某些环境要素是不可替代的，某些环境过程也是不可逆转的[130]
弱可持续	弱可持续性认为自然资本与人造资本之间是完全替代关系。但是，要保证以下前提[131]：①坚持“共同但有区别的责任”的原则；②加强各国政府在环境领域的交流与合作；③积极推动全球社会朝向均衡、普惠和共赢的方向发展
较弱可持续	各类资本（包括经济、生态和社会）的存量保持在不低于物理或生态学要求的最低水平之上，经济可实现可持续发展；不足部分也能通过国际贸易满足，实现可持续发展。但是，不能完全确保或只能保证一到二个以下前提[131]：①坚持“共同但有区别的责任”原则；②加强各国政府在环境领域的交流与合作；③积极推动全球社会朝向均衡、普惠和共赢的方向发展
弱不可持续	资源耗竭和生态受到破坏，有可能通过国际贸易实现可持续发展，但有不确定性
不可持续	资源耗竭和生态受到破坏同时确定不可能通过国际贸易实现可持续发展

3.3.4 天然气产业系统可持续发展标度的指标体系构建

天然气产业系统可持续发展标度的指标体系需要依据标度的构建原则建立。首先，标度的指标体系需要满足相关性原则，指标体系中需要有相关的指标反映中国天然气产业可持续发展理论涉及的问题、因素和状态。其次，标度的指标体系需要满足层次性原则，标度的指标体系应该能够对应系统、维度以及维度的测度指标等不同层次，才能实现对不同层次的测量。第三，标度的指标体系需要依据可操作性原则，通过归纳、筛选、整理这方面已有的学术研究成果可以满足这一要求。同时，标度的指标体系需要满足动态发展性原则，这就要求构建的标度可以满足一定时间尺度下的测量，这个尺度应该包括系统发展的历史、现状以及未来发展，才能测量系统的动态，同时标度的测量效果在这个时间尺度内应该是可靠的，因此标度对应一定的时间尺度。标度的指标体系可以反映不同时期天然气产业系统的特点，因此要求大部分指标应该具有长时间跨度的统计记录，同时标度的指标体系应该满足信度和效度原则。

（1）维度和指标的选择。

标度的指标体系需要依据可操作性原则，通过归纳、筛选、整理这方面已有的学术研究成果可以满足这一要求。谢高地构建了由自然资源基础、社会发展、经济发展和环境发展、总体协调发展 5 个系统构成的评估指标体系[55]。牛文元认为可持续发展的本质由数量维（发展）、质量维（协调）、时间维（持续）所表征的[56,132]。

Placet 等指出可持续性应具备 3 个支柱或者称为“三个底线”，即经济效益、社会效益和生态环境效益[25]。

①指标体系维度或准则层的选择。依据代表性的学术研究成果，对这些论文中的可持续发展指标体系的维度层进行进一步的频度统计、整理、归类、筛选之后形成表 3.7[132]。

表 3.7 维度层筛选

Table 3.7 Screening dimension layer, criterion layer

可持续发展行为分解	维度层筛选
数量维（表示为发展度）	子系统指标，资源规模与供给力，资源的经济支撑力，产业发展水平（系统形态标度），产业发展能力（系统行为标度）
质量维（表示为协调度）	协调度指标，发展协调性（系统结构标度）
时间维（表示为持续度）	产业发展效益（系统属性标度）

在有代表性的可持续发展的理论成果和研究成果的基础上，对这些论文中的可持续发展指标体系的准则层进行频度统计、整理、归类、筛选之后形成表 3.8。

表 3.8　可持续发展的理论成果和研究成果中在维度或准则方面的概括和新发现

Table 3.8　Theory achievement of sustainable development and generalization of research results in dimension or guidelines and a new discovery

概括和新发现关键要点	有关可持续发展的准则方面新的理论成果和研究成果
国家的政治、社会、制度结构和发展的优先性选择是可持续发展的一个重要维度或准则	发达国家拥有高的生态足迹及生态赤字主要原因是通过贸易占用了发展中国家的土地、人力资本以及其他资源，但是发达国家在贸易的产品和服务还嵌入了积累自然资源和人类智慧的社会资源。国际贸易使参与国受益还是受损取决于自己国家的政治、社会、制度结构和发展的优先性选择
发展与进化是可持续发展的一个重要维度或准则	社会物理学创始者奥古斯特·孔德名言“发展对于直接确定人究竟在什么地方实现真正的完美，有着难以估量的优势”把发展与进化有机联系在一起[132]
①有利于整个社会分享经济增长的好处是可持续发展的准则；②在环境资源承载能力内合理利用资源是可持续发展的准则	吕永龙认为可持续发展包括两个方面：系统内部的和环境的持续能力。其中，环境的持续能力，就是可持续利用的资源的能力，以环境资源的供给能力为基础条件和约束条件，应在环境资源可承载范围内合理利用[133]
资源、经济、社会与环境和谐是可持续发展的准则	叶文虎、唐剑武认为可持续发展指标体系由两大部分组成：描述性指标与评估性指标，分别表示资源、经济、社会与环境四大系统的发展状况[133]
①外部关联是可持续发展的一个重要维度或准则；②内部自治是可持续发展的一个重要维度或准则	中国科学院可持续发展战略研究组按照可持续发展的系统学方向，设计了一套指标体系。依照人口、资源、环境及经济等相协调的基本原理，对要素进行了外部关联及内部自治的逻辑分析[133]
人与自然之间和人与人之间关系的总协调是可持续发展的重要维度或准则	站在全球的角度和高度看待“可持续发展”问题，从根本上讲它反映的是人与自然之间和人与人之间关系的总协调的程度。有效协同“人与自然”的关系，即当代人之间和几代人群之间的关系则是实现可持续发展的核心[57]
①整体系统本质、内生系统本质、综合系统本质是可持续发展的准则；②“动力、质量、公平”的有机统一是可持续发展的准则；③“速度、数量、质量”的绿色标准是可持续发展的准则	在可持续发展的突破性贡献中，提取出以下5个最基本的内涵：①可持续发展内蕴了“整体、内生、综合”表示人与自然相互作用的系统本质；②可持续发展揭示了人与人之间的管理活动的运行基础；③可持续发展反映了人与自然在发展、协调、持续等各方面互动程度的有机统一；④可持续发展规定了人与人之间相互为对方创造的人文环境；⑤可持续发展体现了人利用自然水平的绿色标准[57]

续表

概括和新发现关键要点	有关可持续发展的准则方面新的理论成果和研究成果
当代与后代、区域与全球、空间与时间、环境与发展、效率与公平等有机地统一起来是可持续发展的重要维度或准则[57]	①只有当人类对自然的索取与人类向自然的回馈相平衡；②只有当人类在当代的努力与对后代的贡献相平衡；③只有当人类思考本区域的发展能同时考虑到其他区域乃至全球的利益时，此三者的共同交集才使得可持续发展理论具备坚实的基础[57]。 全球可持续发展理论的建立与完善，一直沿着这几个个主要的方向去揭示其实质，力图把当代与后代、区域与全球、空间与时间、环境与发展、效率与公平等有机地统一起来[57]

②标度指标体系维度的建立。本书把筛选出的维度层与筛选出的准则层结合起来，设计出中国天然气产业系统可持续发展标度的几个维度（见表3.9）。

表3.9 发现研究中国天然气产业可持续发展的维度

Table 3.9 Finding the dimension or standards for the sustainable development of China's natural gas industry

得出的几个研究准则或维度	关键要点
产业保障水平（系统形态）	国家的政治、社会、制度结构和发展的优先性选择是可持续发展的一个重要准则； 有利于整个社会公平的分享经济增长好处的体制是可持续发展的一个重要准则； 资源、经济系统的发展状况是可持续发展的一个重要维度； 外部关联是可持续发展的一个重要维度； 区域与全球有机地统一起来是可持续发展的重要准则
产业发展潜力（系统行为）	发展与进化是可持续发展的一个重要准则； “动力”是可持续发展的重要维度； 从当代人和未来人的需要出发，更要从环境资源的供给能力出发[133]，在环境资源承载能力容许的范围内合理利用是可持续发展的一个重要准则； 整体系统本质、内生系统本质、综合系统本质是可持续发展的重要维度

续表

得出的几个研究准则或维度	关键要点
发展协调性（系统结构）	当代与后代、空间与时间、有机地统一起来是可持续发展的重要准则[57]； 人与自然之间以及人与人之间关系的总协调是可持续发展的重要准则； 资源、经济、社会与环境四大系统的相互联系与协调度是可持续发展的一个重要维度[133]； 内部自治是可持续发展的一个重要准则； “质量”是可持续发展的重要维度
产业发展效益（系统功能）	社会与环境系统的发展状况是可持续发展的一个重要维度； 环境与发展、效率与公平等有机地统一起来是可持续发展的重要准则； “公平”是可持续发展的重要准则； “速度、数量、质量”的绿色标准是可持续发展的重要维度[57]

③标度指标体系的指标选择。依据有代表性的学术研究成果，对这些论文中的可持续发展指标体系的指标进行进一步的频度统计、整理、归类、筛选之后形成表 3. 10。

表 3. 10 指标筛选

Table 3. 10 Index screening

“指示”“表征”	指标筛选
现状	人口发展、经济结构、贫困程度、社会稳定、经济总量、技术投入比例、宏观政策保障、法律与法规行为
现状	资源总量、探明程度、煤层气产量、供气总量、供水总量、能源生产总量、人均能源储量、人均水资源量、人均耕地面积、资源产业数量比重、储采比、资源环境承载力、储量接替率
变化趋势及变化率	经济变动率、资源变动率、煤层气产业投资占全社会投资的比重
协调程度	供需平衡因子、资源承载能力系数、集中供热能力、基础设施、结构平衡因子、利用能力
现状	经济发展与环境破坏、电力生产弹性系数、资源产业 GDP、社会发展与生态损失、环境容量、排污水平、治理水平、资源利用结构、能源结构比例、单位投资产出率、社会效益指数、经济效益指数、单位产量的 GDP 产出

（2）标度指标体系的构建。

本书依据有代表性的学术研究成果，对这些可持续发展指标体系的维度、指标进行进一步的频度统计、整理、归类、筛选之后，得到了标度的维度以及指标。依据相关性原则，指标体系中需要有相关的指标反映中国天然气产业可持续发展理论涉及的问题、因素和状态。其次，标度的指标体系需要满足层次性原则，标度的指标体系需要对应系统、维度以及维度的测度指标等不同层次，才能实现对不同层次的测量。标度的指标体系需要满足动态发展性原则，这就要求构建的标度可以满足一定时间尺度的测量，这个尺度应该包括系统发展的历史、现状以及未来发展，同时标度的测量效果在这个时间尺度内应该可靠的。标度的指标体系可以反映不同时期天然气产业系统的特点，因此要求大部分指标具有长时间跨度的统计记录。根据这些原则对已有的维度和指标进一步进行筛选，符合这些原则的维度和指标就构成了中国天然气产业系统可持续发展标度的指标体系（见表 3.11）。

表 3.11　中国天然气可持续发展的指标体系框架

Table 3.11　Index system framework for the sustainable development of China's natural gas

准则层	指标层
产业保障水平（系统形态标度）	中国综合国力、国家体制机制、国家天然气产业的战略目标系数、中国参与世界合作机制的程度
产业发展潜力（系统行为标度）	世界储采比、世界产销比、探明率、中国储采比、中国产销比、中国天然气管道密度、储存率
发展协调性（系统结构标度）	中国天然气变异系数、中国天然气月不均匀系数（高峰月应急调峰储存率）、城市天然气应急调峰系数、县城天然气应急调峰系数
产业发展效益（系统功能标度）	城市天然气覆盖率、县城天然气覆盖率、能源消费结构、天然气消费结构

根据构建原则对中国天然气产业可持续发展指标体系建立的过程和方法进行分析，可以证明指标体系符合标度的构建原则：

①指标体系能将与产业、区际发展密切相关的各子系统很好地表征出来，因此符合相关性原则。

②指标体系划分为维度，而不同的维度又代表系统不同的特征，有不同的指标组成，因此符合层次性原则。

③指标体系都是反映中国天然气产业系统实际情况的指标的前提下，这些指标还应是易于计算的，容易获得的，挑选是尽量简单的，很多指标是被很多文献、学术论文使用，概括地说就是这些指标具有较强的可操作性，因此符合可操作性原则。

④构建的指标体系可以满足一定时间尺度的测量，可以把系统发展的历史、现状以及未来包括进来，能够测量系统的动态。大部分指标具有长时间跨度的统计记录，标度的指标体系可以反映不同时期天然气产业系统的特点，因此符合动态发展性原则。

⑤中国天然气产业可持续发展指标体系的构建符合信度的原则：首先，产业发展潜力（系统行为标度）、发展协调性（系统结构标度）、产业发展效益（系统功能标度）三个维度都是经过了重复测量、检验的，是符合信度原则的，是可信的，所以，中国天然气产业可持续发展指标体系维度是可信的；其次，中国综合国力、国家体制机制、世界储采比，世界产销比，探明率、中国储采比、中国产销比、中国天然气管道密度、储存率、中国天然气变异系数、中国天然气月不均匀系数（高峰月需求应急调峰储存率）、城市天然气覆盖率、县城天然气覆盖率、能源消费结构、天然气消费结构等指标都是从很多文献、学术论文使用过的，经过频度统计筛选出来的指标，即经过了重复测量，而且是他人使用过的、经过检验的，还可以进行适当的修改，因此是符合信度原则的，是可信的。所以，中国天然气产业可持续发展指标体系的构建是可信的。

⑥中国天然气产业可持续发展指标体系的构建符合效度的原则：首先，指标体系的产业发展潜力（系统行为标度）、发展协调性（系统结构标度）、产业发展效益（系统功能标度）、产业保障水平（系统形态标度）四个维度都是在代表性的可持续发展的理论成果和研究成果基础上，使之条理化简化成要点，通过归纳、整理、分类这些要点，以及在历史数据、

历史经验分析的基础上得出的，因此是建立在对术语和概念共识的基础上的，反映了概念的真实含义，而且也是与中国天然气产业可持续发展理论吻合的，因此可以实现合理测量，具有表面效度。同时，可以看出这四个维度是与中国天然气产业可持续发展理论所建立的标准高度相关的，具有标准关联效度。而且，这四个维度描述了系统的特征，彼此之间是以逻辑关系为基础，在中国天然气产业可持续发展理论体系内，因此具有建构效度。指标体系的四个维度是在有代表性的可持续发展的理论成果和研究成果的基础上，使之条理化简化成要点，通过归纳、整理、分类这些要点，以及在历史数据、历史经验分析的基础上得出的，能使测量最大程度上包含了中国天然气产业可持续发展系统的定义，因此具有内容效度。其次，所有的指标也是采用了与维度一样的方法和过程构建的，具有表面效度、标准关联效度、建构效度、内容效度，因此符合效度的原则。所以，中国天然气产业可持续发展指标体系的构建是准确的。

3.4 中国天然气产业可持续发展系统标度的优化

通过前面的几节对中国天然气产业系统现状、系统环境等系统的分析，对中国天然气产业可持续发展理论的构建，以及对中国天然气产业可持续发展的系统标度方法的确立，可以得出结论：中国天然气产业可持续发展系统标度完善的目的应该是，在使中国天然气产业可持续发展理论范式完善的基础上，使中国天然气产业可持续发展的系统标度趋于完善，减少标度的误差，提高标度合理性和敏感性。因此，需要建立标度优化的原则、目标和路径。

3.4.1 中国天然气产业可持续发展的系统标度优化的原则

综合前面几节的分析，以及理论范式的构建和标度方法的确立，中国天然气产业可持续发展的系统标度的优化应当遵循如下原则：

（1）标度优化与中国天然气产业可持续发展的系统演化相适应。

①标度优化必须把握服务中国天然气产业可持续发展系统的原则。

标度用来衡量天然气产业系统的可持续发展状态和变化趋势，只有合理、敏感地反映系统发展状态和趋势，才能充分发挥它在可持续发展评价中的作用。否则，脱离天然气产业系统演化的实际情况的优化将不具有可信性和准确性。

标度的优化也需要针对天然气产业系统演化的实际情况，与天然气产业可持续发展的系统的实际情况相适应。从最基础的理论、概念层面，科学认识标度在天然气产业可持续发展中的地位，有助于正确认识标度方法体系与产业发展实际状况的关系，通过标度优化可以发挥标度在现阶段天然气产业发展中的作用。

以往标度的运用实践证明，当标度与评价对象相适应，配合良好时，能合理、敏感地反映评价对象面对的问题，做出正确的决策；当标度与评价对象不适应甚至背离了评价对象实际的需要时，就会做出错误的决策。

②标度优化要适应当前和未来中国天然气产业可持续发展系统演化的需要。

中国天然气产业可持续发展系统是在不断变化之中的，标度优化要能包容不同阶段的变化。

（2）标度优化与中国天然气产业可持续发展的起点和实际情况相适应。

产业可持续发展的系统标度虽有规律可循，但不存在统一模式和最优模式。其优劣的判断在于标度能否有效发挥评价功能，从而为天然气产业可持续发展提供有利、持续的支持。因此，在对标度进行调整和优化时，标度应当本着符合发展的起点和现实系统情况的原则，采取与系统实际情况相应的调整方案和优化手段，构建适合天然气产业系统演化的最优标度。既不能不顾现实完全照搬发达国家的天然气产业发展标准，也不能单独依照中国天然气产业可持续发展的系统演化的统计参数。

①标度优化与系统演化的起点相适应。

中国天然气产业的系统形态、系统结构、系统行为、系统功能等在某一段时间内基本是在某一点以上变化，在这一点上是平稳的，不会发生显著的改变。这既是当前我国天然气产业系统标度的现实，也是系统标度优化的起点。

标度优化必须尊重这一基础起点，既不能过度集中于系统变化失真的最低点和最高点，也不能脱离现实去建立最低点和最高点。应该通过标度的优化，实现标度对中国天然气产业可持续发展系统的准确对应，在标度与中国天然气产业可持续发展系统良性互动、相互促进的基础上，提高标度的合理性和准确性程度，增强对天然气产业可持续发展系统演化的适应弹性和预测能力。

②标度优化与系统演化的各阶段相适应。

中国天然气产业可持续发展系统属于渐进性演化，是一个由量变到质变的过程性演化。它决定了标度的调整和优化不会是一次性的或完全否定重新开始，而是循序渐进不断优化，是一个在与中国天然气产业可持续发展阶段相适应的基础上，在历史统计与现实发展交互冲突中协调发展的过程。

要防止不顾中国天然气产业可持续发展系统演化的阶段而盲目追求“标度的适应性”，人为地拔高天然气产业可持续发展水平，片面地模仿发达国家的系统标度标准。

3.4.2　中国天然气产业可持续发展的系统标度优化的目标

中国天然气产业可持续发展的系统标度作为标度，其结构优化目标也应符合一般标度优化的目标，不断提升标度的合理性和准确性水平。就合理性目标而言，就是要通过调整标度等级间距离，使标度与当前的天然气产业系统发展状态相适应；就准确性目标而言，就是要通过调整各测度指标间的相互地位或相对权重，提高标度区间的吻合程度，提升系统标度的准确性。

3.4.3　中国天然气产业可持续发展的系统标度优化的路径

中国天然气产业可持续发展的系统标度优化的路径是根据标度构建的步骤，先进行分段优化，然后进行整体优化。分段优化包括确定标度各维度之间，以及各维度的测度指标之间的相互关系，即对中国天然气产业可持续发展的系统标度指标体系的权重进行优化；接着通过建立非线性规划模型，分别对各维度的测度指标的变异范围进行优化。整体优化包括通过建立系统动力学模型模拟中国天然气产业可持续发展系统演化过程，对已经优化的17个指标的变异范围进行历时的组合优化即系统优化；以及通过建立动态规划模型，对中国天然气产业可持续发展的系统标度等级之间的距离、各维度标度等级之间的距离、各指标标度等级之间的距离进行整体优化。

（1）标度指标体系的权重及优化。

中国天然气产业可持续发展的系统标度是复合标度，由4个维度组成，每个维度又由不同的测度指标组成，形成了标度的指标体系。通过对各个维度进行赋权后求和，测度复合标度；通过对隶属各个维度的测度指标进行赋权后求和，测度各个维度。指标体系的权重大小会影响标度测量的可信性和可靠性，因此，需要确定指标体系的权重并进行优化。

本书采用 G_i 调查法，聘请油气领域的专家20余人，填写调查问卷，得到专家打分数据，使用层次分析法构建指标体系的判断矩阵，同时检验判断矩阵一致性，计算出各指标权重。在给各级指标排序以及赋值时，需要为每个层级的指标设立符号标记，以利于排序和赋值。使用层次分析法的一个关键步骤，是需要依据标度刻度将专家语言描述转化为定量描述。层次分析法中的标度刻度很多，选择不同的标度刻度，计算出的各指标的权重会有差异，因此选择合适的标度刻度就是对权重的优化。本书从五种有代表性的标度刻度中，选择一个合适标度刻度计算指标体系的权重。

①五种标度对比。

采用 G_i 调查法得到专家打分数据，将数据转换成五种标度所对应的值，构建中国天然气产业可持续发展指标体系的判断矩阵，得到五种标度下的判断矩阵一致性比较（如表3.12、3.13、3.14、3.15所示），以及五种标度下天然气产业可持续发展指标权重（如表3.16、3.17、3.18、3.19、3.20所示）。

a. 五种标度下的一致性比较。

C. R. 是衡量判断一致性的标准，在小于 0. 1 的情况下，*C. R.* 越小判断矩阵的一致性越好。一致性指标 *C. R.* 的计算方法如下：

$$C.I. = \frac{\lambda_{max} - n}{n - 1},$$

$$C.R. = \frac{C.I.}{R.I.},$$

其中，*R. I.* 是给定的统计意义上的常数。因此，*C. I.* 越小，*C. R.* 就越小。判断矩阵的一致性越好，专家个人判断转化为定量描述时，能更准确地反映逻辑上的一致性。如表 3. 12，表 3. 13，表 3. 14，表 3. 15 所示，比例标度和 10/10~18/2 这两种标度刻度，*C. R.* 较小，判断矩阵的一致性较好。

表 3. 12 准则层判断矩阵五种标度下的一致性比较

Table 3. 12 Comparison of the consistency under the five scales of the criterion matrix judgment matrix

标度	10/10~18/2	9/9~9/1	$9^{k/9}$	a^{k-1} (a=1. 14)	比例标度
λ_{max}	4. 03419	4. 03362	4. 09059	4. 00861	4. 00232
C. I.	0. 01139	0. 01120	0. 03019	0. 00287	0. 00077
C. R.	<0. 1	<0. 1	<0. 1	<0. 1	<0. 1

表 3. 13 产业发展潜力层判断矩阵五种标度下的一致性比较

Table 3. 13 Industrial development potential layer judgment matrix consistency under five scales comparison

标度	10/10~18/2	9/9~9/1	$9^{k/9}$	a^{k-1} (a=1. 14)	比例标度
λ_{max}	7. 00024	7. 00131	7. 01089	7	7. 00014
C. I.	4. 01721E-05	0. 00021	0. 00181	0	2. 42944E-05
C. R.	<0. 1	<0. 1	<0. 1	<0. 1	<0. 1

表 3.14　产业发展协调性层判断矩阵五种标度下的一致性比较

Table 3.14　Comparison of consistency under five scales of judgment matrix of industrial development coordination

标度	10/10～18/2	9/9～9/1	$9^{k/9}$	a^{k-1} ($a=1.14$)	比例标度
λ_{max}	4.00223	4.00841	4.02	4	4.00029
C.I.	0.00074	0.00280	0.00997	0	9.91916E-05
C.R.	<0.1	<0.1	<0.1	<0.1	<0.1

表 3.15　产业发展成效层判断矩阵五种标度下的一致性比较

Table 3.15　Comparison of consistency under five scales of judgment matrix of industrial development effectiveness

标度	10/10～18/2	9/9～9/1	$9^{k/9}$	a^{k-1} ($a=1.14$)	比例标度
λ_{max}	4.00223	4.003724	4.02991	4	4.00029
C.I.	0.00074	0.001241	0.00997	0	9.919E-05
C.R.	<0.1	<0.1	<0.1	<0.1	<0.1

b. 五种标度下的权重比较。

五种标度的一致性对比，显示五种标度都通过了一致性检验，可以用来计算权重。

表 3.16　准则层五种标度下的权重

Table 3.16　The weight of the five levels of the guideline

标记	标度	10/10～18/2	9/9～9/1	$9^{k/9}$	a^{k-1} ($a=1.14$)	比例标度
A_1	W_1	0.43990	0.38656	0.42771	0.35836	0.31589
A_2	W_2	0.22772	0.23787	0.23134	0.24184	0.24669
A_3	W_3	0.20176	0.21659	0.19973	0.22597	0.23730
A_4	W_4	0.13061	0.15896	0.14120	0.17382	0.20010

表 3.17　天然气供给国家战略实力层五种标度下的权重

Table 3.17　Industrial development under the five national security level weights

标记	标度	10/10～18/2	9/9～9/1	$9^{k/9}$	a^{k-1} ($a=1.14$)	比例标度
B_1	W_1	0.8	0.75	0.81	0.687207	0.61538
B_2	W_2	0.2	0.25	0.19	0.312793	0.38461

表 3.18 产业发展潜力层五种标度下的权重

Table 3.18 Industry development potential under the five scales

标记	标度	10/10~18/2	9/9~9/1	$9^{k/9}$	a^{k-1} (a=1.14)	比例标度
C_1	W_1	0.0871	0.1034	0.0957	0.1067	0.1190
C_2	W_2	0.0871	0.1034	0.0957	0.1067	0.1190
C_3	W_3	0.2021	0.1839	0.1922	0.1804	0.1673
C_4	W_4	0.2021	0.1839	0.1922	0.1804	0.1673
C_5	W_5	0.2021	0.1839	0.1922	0.1804	0.1673
C_6	W_6	0.1326	0.1380	0.1361	0.1387	0.1411
C_7	W_7	0.0871	0.1034	0.0957	0.1067	0.1190

表 3.19 产业发展协调性层五种标度下的权重

Table 3.19 Coordination of industrial development layers under the weight of five scales

标记	标度	10/10~18/2	9/9~9/1	$9^{k/9}$	a^{k-1} (a=1.14)	比例标度
E_1	W_1	0.3443825	0.323973	0.33774	0.310136	0.288926
E_2	W_2	0.3443825	0.323973	0.33774	0.310136	0.288926
E_3	W_3	0.2221623	0.236573	0.235613	0.238566	0.243745
E_4	W_4	0.0890727	0.11548	0.088908	0.141163	0.178403

表 3.20 产业发展成效层五种标度下的权重

Table 3.20 Industrial development effectiveness of the five scales under the weight

标记	标度	10/10~18/2	9/9~9/1	$9^{k/9}$	a^{k-1} (a=1.14)	比例标度
F_1	W_1	0.222162	0.236738495	0.235613	0.238566	0.243745
F_2	W_2	0.089073	0.115005797	0.088908	0.141163	0.178403
F_3	W_3	0.344382	0.324127869	0.33774	0.310136	0.288926
F_4	W_4	0.344382	0.324127869	0.33774	0.310136	0.288926

②权重优化。

五种标度下天然气产业可持续发展指标权重的大小是有差距的，指标权重图可清晰地反映这一差异（如图 3.2 所示）。图中显示，在比例标度和 10/10~18/2 这两种标度刻度计算出的权重值，形成的折线构成了指标体系权重值的上下边界，描述了指标权重的最大变异范围，因此与其他标度刻度比，计算出的权重更敏感。

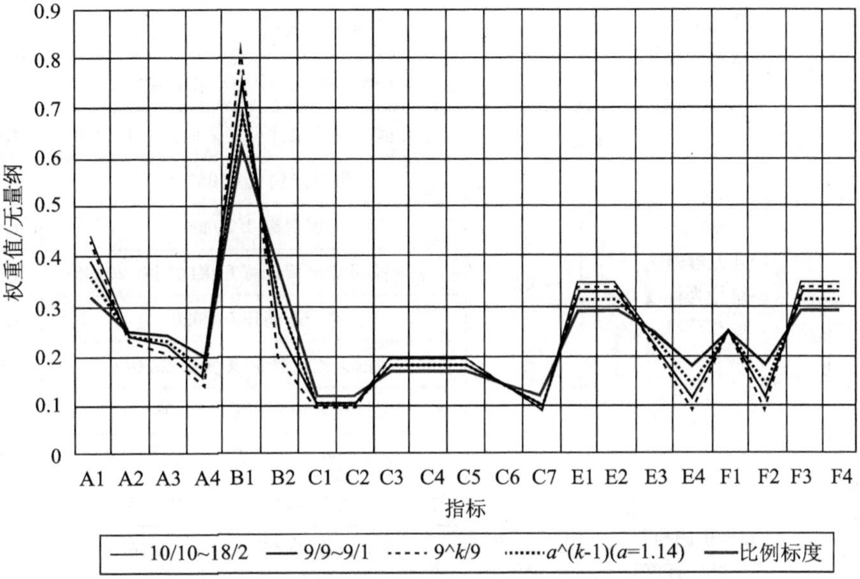

图 3.2 五种标度下天然气产业可持续发展指标权重比较

Fig. 3.2 Comparison of indicators of natural gas industry's sustainable development under five scales

天然气产业可持续发展指标体系权重的优化，就是需要更精确的权重计算。比例标度和 10/10~18/2 这两种标度刻度，*C. R.* 较小，判断矩阵的一致性比其他标度刻度好。同时，在这两种标度刻度下，计算出的权重更敏感。因此，比例标度和 10/10~18/2 比其他标度刻度更合适。

可以使用群决策特征根法[134]进行优化选择，也可以参考其他学者的研究结论确定优化选择。如侯岳衡[135]认为指数标度、9/9~9/1 标度、10/10~18/2 标度均可用于权重计算，徐泽水等[136]的研究结果认为 10/10~18/2 标度刻度的性能最好。综合这些学者共同的结论，确定使用 10/10~18/2 为指标体系的标度刻度，得出的权重即为最优权重（如表 3.21 所示）。

表 3.21　中国天然气可持续发展的指标体系框架

Table 3.21　China's natural gas sustainable development indicator system framework

目标层	准则层	标记	指标层	标记
中国天然气产业的可持续发展	产业保障水平（系统形态标度）0.439902	A1	多维天然气供给国家实力 0.8	B1
			天然气供给的全球合作程度 0.2	B2
	产业发展潜力（系统行为标度）0.227721	A2	世界探明储量累计可开采时间 0.087059	C1
			世界产销比 0.087059	C2
			探明率 0.20206	C3
			中国探明储量累计可开采时间 0.20206	C4
			中国产销比 0.20206	C5
			中国天然气管道密度 0.132642	C6
			天然气异地利用系数 0.087059	C7
			中国天然气变异系数 0.3443825	E1
	发展协调性（系统结构标度）0.201765	A3	中国天然气高峰月不均匀系数 0.3443825	E2
			城市天然气应急水平 0.2221623	E3
			县城天然气应急水平 0.0890727	E4
			城市天然气覆盖率 0.222162	F1
	产业发展成效（系统功能标度）0.130611	A4	县城天然气覆盖率 0.089073	F2
			能源消费结构 0.344382	F3
			天然气消费结构 0.344382	F4

（2）标度的变异范围及优化。

中国天然气产业可持续发展系统标度需要测量从不可持续发展到可持续发展的全部范围，标度的变异范围要完整，因此它的维度，以及维度的测度指标的变异范围也要完整。

①标度的变异范围。

根据中国天然气产业可持续发展系统标度的概念，标度是衡量这个系统演化时所呈现的可持续状态强弱的程度，以及这种强弱程度随时间的变化的趋势。因此，这一强弱的程度以及可持续状态变化的趋势是指一定时期内的一种常态，是可重复的，也就是准确性。所以，可以不用考虑指标的极端个别现象，即不属于常态的值（稳定状态）。以此为准则，标度的变异区间、维度，以及维度的测度指标的变异范围也就可以确定了。

同时，维度以及维度的测度指标的变异范围的选定，要根据它的不同属性分布而定。范围取舍主要根据具体它所代表的研究对象而定，以是否有研究价值而定。

②标度的两极。

在测量标度、维度、指标的过程中，第二个需要考虑的因素是精确程度，即确定两极。对指标属性的区分需要大到什么精度，这必须符合中国天然气产业可持续发展系统标度的研究目的和程序。

③指标的变异范围及两极的优化。

采用非线性规划方法对指标的变异范围及两极进行优化。不同标度区间的标度值组成 3 维 x_i 和 $3\times m$ 阶矩阵 B：

$$x_i = (x_{i1},\ x_{i2},\ \cdots,\ x_{i4})^T \in E^n \tag{3.1}$$

$$B = (x_{ij})_{3\times m} = \begin{bmatrix} x_{11} & x_{12} & \cdots & x_{1m} \\ x_{21} & x_{22} & \cdots & x_{2m} \\ x_{31} & x_{32} & \cdots & x_{3m} \end{bmatrix} \tag{3.2}$$

现实中指标标度值可靠性达到最大值 1，或者说指标标度值的不确定性、不可靠性达到最小值 0 的指标的标度值是不存在的。因此，我们假设一个标度区间的标度值最准（可靠性达 100%）、最公正，指标标度值水平最高的标度区间叫理想（最优）标度区间 B_*。它的指标标度值向量：

$$x_* = (x_{*1},\ x_{*2},\ \cdots,\ x_{*4})^T \in E^n \tag{3.3}$$

我们现实地定义理想标度区间为：对被评指标标度值的认识与标度区间群体 B 有最高一致性的标度区间，即 B_* 的标度区间与 B 的完全一致，与标度区间个体之间的差异最小。具有标度区间向量与群体中各标度区间向量夹角最小，称之为该群体的理想（最优）标度区间。易知 b_* 为如下规划问题的最优解：

$$\begin{cases} \max \sum\limits_{j=1}^{5} [(b^*)^T b^j]^2 \\ s.t.\ \|b_*\|_2 = 1 \end{cases} \tag{3.4}$$

将已知数据代入，运用 matlab7. 0 计算出 λ_{max} ，b^* 。

④标度的等级。

根据中国天然气产业可持续发展程度的划分的标准，天然气产业可持续发展程度划分为可持续发展、弱可持续发展、较弱可持续发展、弱不可持续发展、不可持续发展 5 个等级，因此，各指标也都可以转换为 5 个等级的标度。为了统一标度，对于维度或指标可依次对应差、合格、良、次优、优 5 个等级。各指标利用标度转化公式，转化为统一标度。

⑤标度区间合理性分析和敏感性分析。

使用优化后的标度区间，我们对大、中、小三种标度区间进行合理性分析时，提出如下准则：

若在 B 中第 j 种标度区间的指标标度数值向量 b^j（$j=1, 2, 3, \cdots, m$）与 b^* 的最大偏差 $s=\max\limits_{kh}\left|\frac{b_k^j}{b_h^j}-\frac{b_k^*}{b_h^*}\right|$（$k, h=1, 2, 3, m; k\neq h$）与均方差 $\sigma=\frac{1}{m}\sqrt{\sum\limits_{h=1}^{m}\left[\frac{b_k^j}{b_h^j}-\frac{b_k^*}{b_h^*}\right]^2}$ 越小则标度选择越合理，相应的综合评价结果也越合理 ，反之越不合理。

为了解优化后的标度区间的指标标度值的敏感性，进一步将优化后的标度区间运用在中国天然气产业可持续发展系统 4 个维度的评价中，通过大、中、小三种标度区间的指标标度值代入系统 4 个维度的评价中，进行对比分析。评价值差别越大，敏感性越强。

（3）指标变异范围的系统优化。

建立 2000—2030 年 30 年跨度的中国天然气产业可持续发展系统动力学模型，将优化后的标度区间应用在动态模型中，运用系统仿真对标度区间进行组合优化。以系统动力学为基础，结合综合评价法评价中国天然气产业可持续发展状态，并预测各阶段产业系统发展状况，分析以及了解其变化趋势。

通过设置世界经济、政治等环境变量的不同情境，测量优化后的标度区间的合理性和敏感性。

（4）标度等级之间距离的总体优化。

标度等级之间的距离，各维度标度等级之间的距离、各指标等级之间的距离的优化可以认为是多阶段决策过程。根据中国天然气产业可持续发展程度的划分标准，可以确定中国天然气产业可持续发展的系统标度等级之间的最优距离，因此，未来的自然状态是确定的，多阶段决策过程的整体优化问题的决策是确定性决策，动态规划可以解决多阶段决策过程的总体最优化问题。但对于各维度标度等级之间的距离的优化，以及各指标等级之间的距离的优化，单个优化问题是具有多个自然状态的决策问题，自然状态在未来发生的可能性不能确定，这种问题的决策是不确定性决策。

①各维度标度等级之间的距离、各指标等级之间的距离的单独优化。

等级之间的距离的单独优化是不确定型决策，因而需要依据相应的决策准则进行优化。本书主要依据乐观准则、悲观准则、最小机会损失准则[50]，寻找各维度标度等级之间的距离、各指标等级之间的距离的单独最优化标度刻度。

②标度等级之间距离的总体优化。

建立动态规划模型：

阶段k：将中国天然气产业可持续发展系统标度等级之间距离划分为4个阶段，标度等级之间的距离，各维度标度等级之间的距离、各指标等级之间的距离划分为4个路径区段，编号k=1，2，3，4；

状态S_k：k阶段出发点；

决策$u_k(S_k)$：在状态S_k条件下，选择一种标度等级之间的距离去往下一个点；

状态转移：两区段之间各点的可达关系；

阶段效益：$v_k(S_k, u_k)$是路径长度；

递推函数：$f_k(S_k) = \min\{v_k(S_k, u_k) + f_{k+1}(S_{k+1})\}$；

边界条件：$f_{k+1}(S_{k+1}) = 0$。

使用动态规划模型，找出对中国天然气产业可持续发展系统标度等级之间的距离组合总体最优的3个阶段标度刻度。

3.5 本章小结

中国天然气产业可持续发展的系统标度及优化研究要解决的问题，第一，是要建立中国天然气产业可持续发展的理论；第二，是在中国天然气产业可持续发展理论基础之上界定中国天然气产业可持续发展的系统标度；第三，是如何建立中国天然气产业可持续发展的系统标度，以及如何优化；第四，是确定中国天然气产业可持续发展的系统标度及优化的评价方法。本章建构的中国天然气产业可持续发展理论，在西方的经济发展理论和可持续发展理论以及中国的传统哲学理论和现代的能源、天然气发展规律的基础上形成的。中国天然气产业可持续发展的系统标度，是为了衡量中国天然气产业可持续发展的状态的程度和发展的趋势等目的服务的，标度即量表，中国天然气产业可持续发展的系统标度界定涉及标度与指标的区别，中国天然气产业可持续发展的系统标度的构成两个方面。中国天然气产业可持续发展的系统标度应该根据标度（即量表）的逻辑来建构，包括指标构建的原则、指标的选择、指标的筛选，以及指标与标度之间的转换等。中国天然气产业可持续发展的系统标度的评价方法涉及：确定指标体系的权重并进行优化；确定指标的变异范围以及变异的两极即标度区间，并进行优化；确定评价的等级；作实证验证，使用系统标度对中国天然气产业可持续发展的程度及趋势做出评价，并进行优化，同时，测量系统标度的精确程度和准确程度；确定等级之间的距离，进行整体优化。通过以上步骤，为中国天然气产业可持续发展的系统标度及优化研究构建了理论范式和操作方法、测量方法。

第4章

基于产业保障的天然气产业系统形态标度及优化

本书基于产业保障的天然气产业系统形态标度是通过产业保障水平结合系统的形态维度设计建立起来的。因此，基于产业保障的天然气产业系统形态是系统内部运行的形式和状态，它表现为两个方面：第一，由政府主导实施的天然气规划以及配套相关政策推进国内天然气产业的发展；第二，政府与其他国家间的合作保障中国天然气产业的国际贸易的发展。多维天然气供给国家实力决定了由政府主导实施的天然气规划以及配套相关政策推进效果和程度；天然气供给的全球合作程度决定了中国天然气产业的国际贸易的发展水平。因此，基于产业保障的天然气产业系统形态的测度指标由多维天然气供给国家实力和天然气供给的全球合作程度两个指标构成。

根据中国天然气产业可持续发展的系统标度及优化的评价方法，为了使系统标度拥有更好的可信性和可靠性，需要确定指标的变异范围以及变异的两极即标度区间，并进行优化；同时，需要确定中国天然气产业的系统形态评价的等级。

4.1 天然气产业系统形态的测度指标

中国天然气产业的系统形态是系统内部运行的形式和状态。中国的经济体制是由政府主导实施的，因此国家的综合国力和国家体制机制、国家战略对中国天然气产业系统内部运行的形式和状态起决定作用，其运行有自己的特点。因此，中国天然气产业的系统内部运行的形式和状态是由国家综合国力和国家体制机制、国家天然气产业的战略综合运行而显示的形式和状态。同时，中国天然气产业受资源禀赋的影响，对国际天然气市场依赖程度较高，因此基于天然气供给的全球合作程度决定中国天然气的国际贸易形式和状态。所以，中国天然气产业的系统形态是中国综合国力和国家体制机制、国家天然气产业战略的相互结合，同时综合了基于天然气供给的全球合作程度的系统内部运行的形式和状态。

中国综合国力和国家体制机制、国家天然气产业的战略相互结合反映的是多维天然气供给国家实力，于是基于产业保障的天然气产业系统形态可以由多维天然气供给国家实力、基于天然气供给的全球合作程度来表示系统内部运行的形式和状态。

4.1.1 中国天然气来源构成

根据图 4.1 中国天然气国产和进口构成显示，从 2007 年开始，中国进口天然气快速增长，到 2016 年，天然气进口量约占国内产量的 50%，因此，中国天然气未来的发展需要依赖国内、国际两个方面的保障。

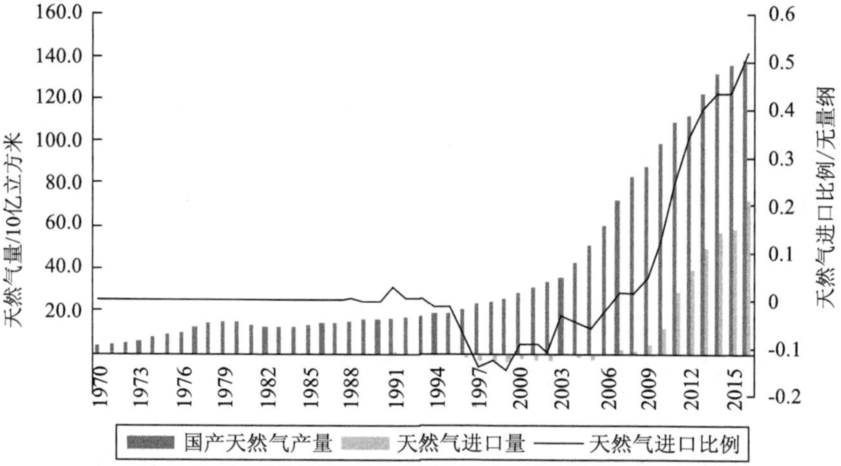

图 4.1 中国天然气国产、进口构成分析

Fig. 4.1 China's natural gas production, import composition analysis

根据图 4.2 管道气和 LNG 进口构成显示，管道气进口比例额稍大，但 LNG 进口比例在增长，总体上看，整体进口量都在上升，显示中国天然气产业对外依赖程度在增大。

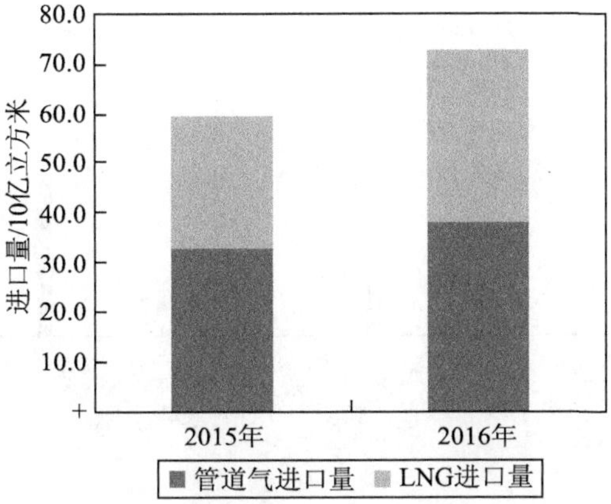

图 4.2　管道气和 LNG 进口构成

Fig. 4.2　Composition of pipeline gas and LNG imports

根据图 4.3、图 4.4 显示，中国天然气管道进口来源国和 LNG 进口来源国遍布亚洲、欧洲、非洲、美洲，因此，国际政治、经济、军事变化对会对中国天然气进口产生影响。

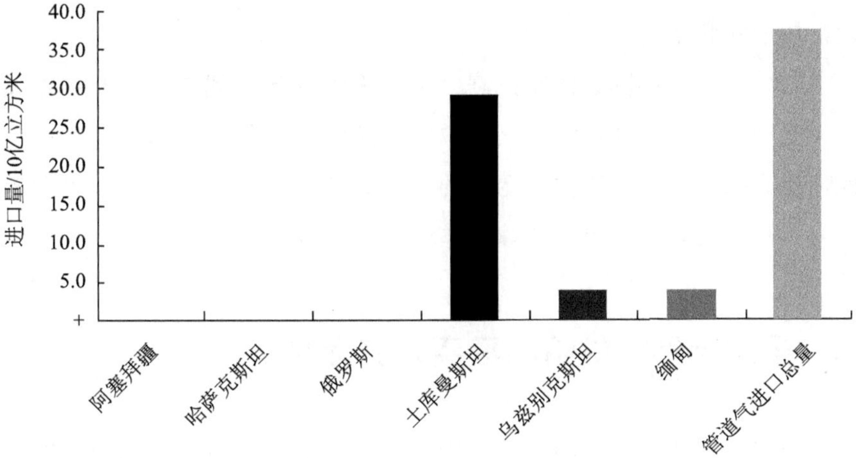

图 4.3　管道气进口来源国

Fig. 4.3　Source of pipeline gas imports

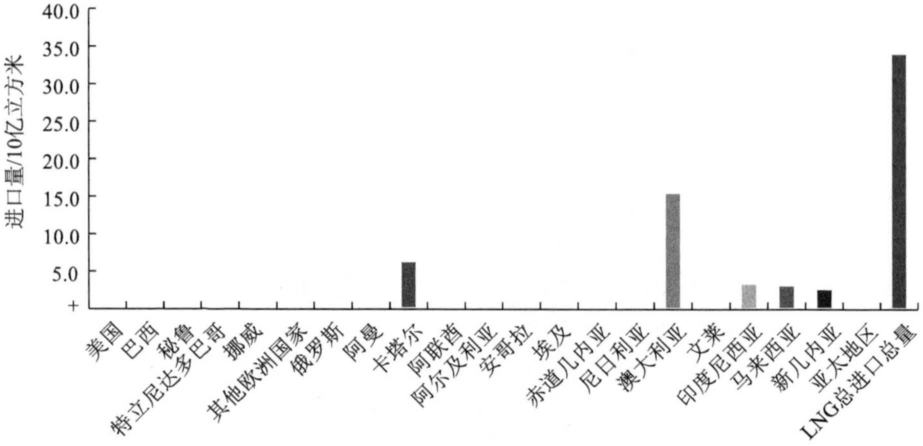

图 4.4　LNG 进口来源国

Fig. 4.4　Source countries of LNG imports

4.1.2　基于产业保障的天然气产业系统形态的测度指标

中国天然气产业的系统形态是中国综合国力和国家体制机制、国家天然气产业的战略结合，同时综合了基于天然气供给全球合作程度的系统内部运行的形式和状态。

中国综合国力和国家体制机制、国家天然气产业战略的相互结合反映的是天然气供给国家战略实力，而中国天然气产业的系统形态即产业的国家保障能力以及产业系统内部运行的形式和状态可以由天然气供给国家战略实力、基于天然气供给的全球合作程度来表示。

4.2　多维天然气供给国家实力的标度

确定多维天然气供给国家实力指标的变异范围以及变异的两极即标度区间，首先需要建立多维天然气供给国家实力的模型；其次对多维天然气供给国家实力进行测度，进行标度转换，建立标度区间。

4.2.1　多维天然气供给国家实力模型

多维天然气供给国家实力模型测度的基本思路也是先确定生产、消费、进口等天然气供给国家实力，然后求出多维天然气供给国家实力。在界定天然气供给国家实力时，应该考虑到形成天然气供给国家实力的各个要素。

国力测度中常用的方法是加权求和法，$NP=\sum(a_i\times R_i)$，R_i 为谋资源占所有国家战略资源总数比重；a_i 为谋资源的权重，NP 为国家战略资源的总和即综合国力。考虑时间变量时，国家战略资源的动态方程：$NP_t=\sum(a_i\times R_{i(t)})$ [8]。该方法简单明了，易于操作，但该方法计算的结果是一个国家实现该国战略目标所可利用的现实的与潜在的关键性资源，不能反映实现天然气产业可持续发展战略目标的国家战略能力。雷·克莱因（Ray Cline）提出的国力指数，是建立在实力威胁基础上的，它主要包括国家战略资源即综合国力的界定，国家战略意图的界定，国家战略系数的界定，国家意愿即动员和转化机制的界定，以及天然气供给国家实力加总和天然气产业在生产、出口或消费、进口的多维天然气供给国家实力的分解。它标记国家层面在国家战略资源即综合国力、国家战略系数、国家意愿即动员和转化机制、国家战略意图等多维度实力的强弱。多维天然气供给国家实力的构造包括以下几项工作：

（1）国家战略资源即综合国力的界定。天然气供给国家实力的构建首先要确立国家战略资源的界定。NP 为国家战略资源的总和即综合国力：$NP=\sum(a_i\times R_i)$，当考虑时间变量时，国家战略资源的动态方程：$NP_t=\sum(a_i\times R_{i(t)})$。

（2）国家战略系数的界定。S 为国家战略系数，即天然气生产、出口或消费、进口利益在国家利益中的重要程度，亦即以天然气生产、出口或消费、进口利益为战略目标的重要程度。

（3）国家意愿即动员和转化机制的界定。W 为国家意愿即动员和转化机制，包括国家整合水平和领导人的能力。

（4）国家战略意图的界定。$(S+W)$ 是国家战略意图，即集合了战略目标、动员和转化机制，综合国力只有通过国家战略意图才能转化为战略实力，去执行或实现战略目标。

（5）天然气供给国家实力的合成。这是一个综合性的战略实力方程，其中，NP 是国家综合国力、财富和潜在力量，$(S+W)$ 是国家战略意图，天然气供给国家战略实力表示为：$P_{战略实力}=NP\times(S+W)$。

（6）天然气供给国家实力的分解。天然气供给国家战略实力指数可以按照国家战略资源即综合国力、国家战略意图、国家战略系数、国家意愿即动员和转化机制等不同组进行分解，可以根据研究的目的和需要进行不同方面的维度分解。按照天然气生产、消费或出口、进口分解可表示为：P 生产$_{战略实力}=NP\times(S+W)$、P 消费$_{战略实力}=NP\times(S+W)$ 等。

4.2.2 多维天然气供给国家实力的标度

根据标度等级及标度转换，各指标也都可以转换为 5 个等级的标度。为了统一标度，中国天然气产业可持续发展系统标度为［0，0.2］（0.2，0.4］（0.4，0.6］（0.6，0.8］（0.8，1］5 个等级，指标可依次对应差、合格、良、次优、优 5 个等级。各指标利用标度转化公式，通过标度转化为统一标度。我们分析了 2014 年世界 50 多个国家天然气生产、消费、进口、出口方面的天然气供给国家实力指数，并对指数按 5 个等级划分。

（1）生产国天然气供给国家实力标度区间。

分析 2014 年世界 50 多个国家天然气生产方面的天然气供给国家实力指数，并对指数按 7.5000000E-04 为尺度划分等级（如图 4.5 所示）。

为了将所有指标的标度区间统一设置在［0，1］上，指标需经过两次转换。第一次转换，把战略实力指数转换到［1，5］区间上，转换方法是将 a_0 和 a_1 的值（如表 4.1 所示），代入转换公式 4.2 中，求出的 x 值，区间位于［1，5］上。

标度转换公式：

$$y=a_0+a_1x \tag{4.1}$$

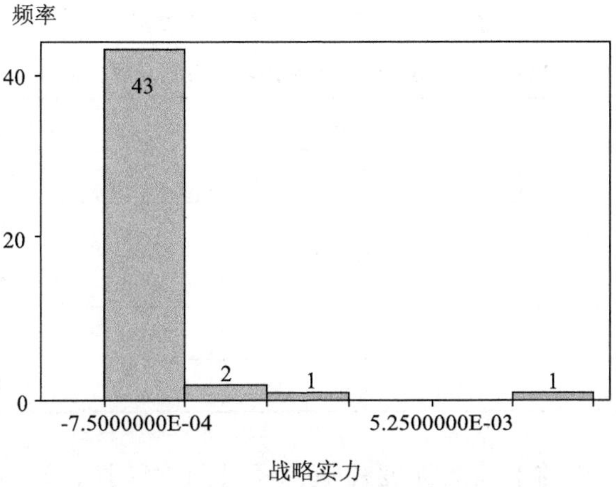

图 4.5 天然气生产国国家战略实力测度

Fig. 4.5 Measurement of strategic strength of natural gas producing countries

其中，y 表示生产国天然气供给国家实力值，a_0 表示初值，a_1 表示尺度值（如表 4.1），x 表示转换数据值，由此导出：

$$x = \frac{y - a_0}{a_1} \tag{4.2}$$

表 4.1 生产国天然气供给国家实力标度转换

Table 4.1 Natural gas producer countries National strategic strength scale conversion

标度种类	生产国天然气供给国家实力转换尺度 a_1	标度初值 a_0
一	1.5000000E-03	-7.5000000E-04
二	1.5000000E-03	7.5000000E-04

第二次转换，把第一次转换到位于［1，5］区间上的值转换到［0，1］区间上，转换方法是将 x 的值代入转换公式 4.3 中，$x_1 = x$，求出的 y_1 值，区间位于［0，1］上。两次转换中得到的不同标度区间，相互之间等级的对应关系如表 4.2 所示。

标度转换公式：

$$y_1 = a_2 x_1 \tag{4.3}$$

其中，y_1 表示目标标度值，a_2 表示 0.2，x_1 表示输入值。

表 4.2　不同标度之间转换关系

Table 4.2　Conversion between different scales

标度等级	标度值	目标标度值
优	5	1
次优	4	0.8
良	3	0.6
合格	2	0.4
差	1	0.2

根据表 4.1 中的不同的标度初值，经过两次转换，2014 年世界 50 多个国家天然气生产方面的天然气供给国家实力等级如表 4.3 所示。

表 4.3　生产方面各国家战略实力目标标度

Table 4.3　Targets of national strategic strength for production

生产方面各国家战略实力（一类）	生产方面各国家战略实力（二类）	生产国
1	1	美国
0.6	0.4	中国
0~0.4	0~0.2	英国、俄罗斯、加拿大、印度、澳大利亚、荷兰、墨西哥、巴西、沙特阿拉伯、马来西亚、挪威、印尼、伊朗、泰国、特立尼达、多巴哥、…

（2）出口国天然气供给国家实力标度区间。

分析 2014 年世界 50 多个国家天然气出口方面的天然气供给国家实力指数，并对指数按 6.000000E-04 为尺度划分等级（如图 4.6 所示）。

为了将所有指标的标度区间统一设置在［0，1］上，指标需经过两次转换。第一次转换，把战略实力指数装换到［1，5］区间上，转换方法是将 a_0 和 a_1 的值（如表 4.4 所示）代入转换公式 4.5 中，求出的 x 值，区间位于［1，5］上。

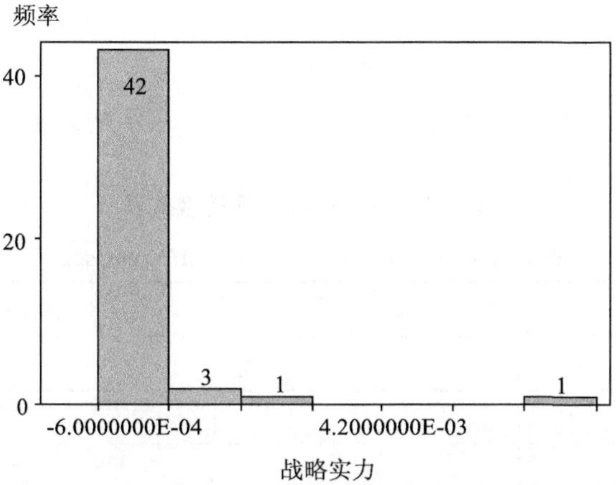

图 4.6 天然气出口国国家战略实力测度

Fig. 4.6 Measurement of national strategic strength of natural gas exporting countries

标度转换公式：

$$y = a_0 + a_1 x \tag{4.4}$$

其中，y 表示出口国天然气供给国家实力值，a_0 表示初值，a_1 表示尺度值，x 表示转换数据值。

$$x = \frac{y - a_0}{a_1} \tag{4.5}$$

表 4.4 出口国天然气供给国家实力标度转换

Table 4.4 Strategic strength scale conversion of natural gas exportingcountries

标度种类	天然气出口国国家战略实力转换尺度 a_1	标度初值 a_0
一	1.200000E-03	-6.000000E-04
二	1.200000E-03	6.000000E-04
三	1.200000E-03	1.8000000E-03

第二次转换，把第一次转换到位于［1，5］区间上的值转换到［0，1］区间上，转换方法是将 x 的值代入转换公式 4.6 中，$x_1 = x$，求出的 y_1 值，区间位于［0，1］上。两次转换中得到的不同标度区间相互之间等级的对应关系如表 4.5 所示。

标度转换公式：

$$y_1 = a_2 x_1 \tag{4.6}$$

其中，y_1 表示目标标度值，a_2 表示 0.2，x_1 表示输入值 。

表 4.5 不同标度之间转换关系

Table 4.5 Conversion between different scales

标度等级	标度值	目标标度值
优	5	1
次优	4	0.8
良	3	0.6
合格	2	0.4
差	1	0.2

根据表 4.4 中的不同的标度初值和尺度，经过两次转换，2014 年中美两国天然气出口方面的天然气供给国家实力等级如表 4.6 所示。

表 4.6 2014 年出口方面中、美两国家战略实力测度

Table 4.6 Indicators of national strategic strength for export

出口方面各国家战略实力（一类）	出口方面各国家战略实力（二类）	出口方面各国家战略实力（三类）	出口国
1	1	1	美国
0.6	0.4	0.2	中国

（3）进口国天然气供给国家实力标度区间。

分析 2014 年世界 50 多个国家天然气进口方面的天然气供给国家实力指数，并对指数按 8.000000E-04 为尺度划分等级（如图 4.7 所示）。

为了将所有指标的标度区间统一设置在［0，1］上，指标需经过两次转换。第一次转换，把战略实力指数转换到［1，5］区间上，转换方法是将 a_0 和 a_1 的值（如表 4.7 所示）代入转换公式 4.8 中，求出的 x 值，区间位于［1，5］上。

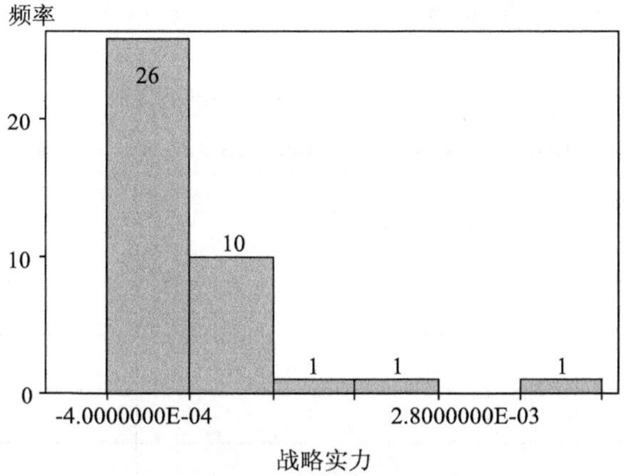

图 4.7　天然气进口国国家战略实力测度

Fig. 4.7　Measurement of national strategic strength of natural gas importing countries

标度转换公式：

$$y = a_0 + a_1 x \tag{4.7}$$

其中，y 表示进口国天然气供给国家实力值，a_0 表示初值，a_1 表示尺度值，x 表示转换数据值。

$$x = \frac{y - a_0}{a_1} \tag{4.8}$$

表 4.7　天然气进口国国家战略实力标度转换

Table 4.7　Natural gas importing countries National strategic strength scale conversion

标度种类	天然气进口国国家战略实力转换尺度 a_1	标度初值 a_0
一	8.000000E-04	-4.000000E-04
二	8.000000E-04	4.000000E-04

第二次转换，把第一次转换到位于［1，5］区间上的值转换到［0，1］区间上，转换方法是将 x 的值代入转换公式 4.9 中，$x_1 = x$，求出的 y_1 值，区间位于［0，1］上。两次转换中得到的不同标度区间相互之间等级的对应关系如表 4.8 所示。

标度转换公式：

$$y_1 = a_1 x_1 \tag{4.9}$$

其中，y_1 表示目标标度值，a_1 表示 0.2，x_1 表示输入值 。

表 4.8 不同标度之间转换关系

Table 4.8 Conversion between different scales

标度等级	标度值	目标标度值
优	5	1
次优	4	0.8
良	3	0.6
合格	2	0.4
差	1	0.2

根据表 4.7 中的不同的标度初值和尺度，经过两次转换，2014 年世界 50 多个国家天然气进口方面的天然气供给国家实力等级如表 4.9 所示。

表 4.9 在进口方面各国家战略实力测度

Table 4.9 Measurement of national strategic strengths in importation

进口方面各国家战略实力（一类）	进口方面各国家战略实力（二类）	进口国
1	1	美国
0.8	0.6	中国
0.6	0.4	日本
0~0.4	0~0.2	德国、韩国、英国、印度、俄罗斯、新加坡、意大利、乌克兰、加拿大、法国、巴西、土耳其、澳大利亚、墨西哥、荷兰、西班牙、白俄罗斯、比利时、泰国、波兰、阿拉伯联合酋长国、阿根廷、爱尔兰、马来西亚、捷克、伊朗、澳大利亚、南非、匈牙利

（4）消费国天然气供给国家实力标度区间。

分析 2014 年世界 50 多个国家天然气消费方面的天然气供给国家实力指数，并对指数按 5.000000E-04 为尺度划分等级（如图 4.8 所示）。

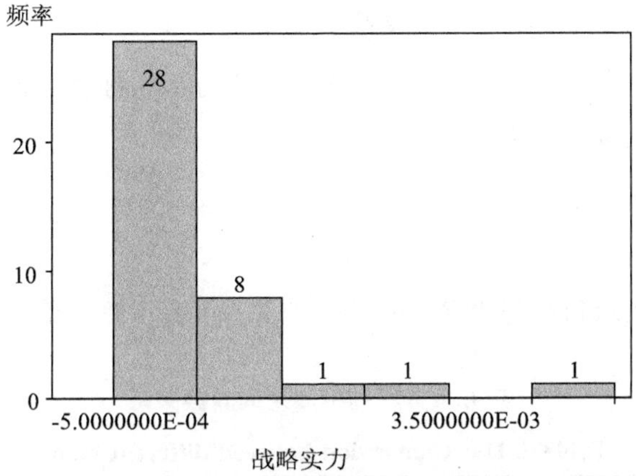

图 4.8　天然气消费国国家战略实力测度

Fig. 4.8　Measurement of national strategic strength of natural gasconsumer countries

为了将所有指标的标度区间统一设置在［0，1］上，指标需经过两次转换。第一次转换，把战略实力指数装换到［1，5］区间上，转换方法是将 a_0 和 a_1 的值（如表 4.10 所示），代入转换公式 4.11 中，求出的 x 值，区间位于［1，5］上。

标度转换公式：

$$y = a_0 + a_1 x \tag{4.10}$$

其中，y 表示消费国天然气供给国家实力值，a_0 表示初值，a_1 表示尺度值，x 表示转换数据值。

$$x = \frac{y - a_0}{a_1} \tag{4.11}$$

表 4.10　天然气消费国国家战略实力标度转换

Table 4.10　Natural gas consumption countries National strategic strength scale conversion

标度种类	天然气消费国国家战略实力转换尺度 a_1	标度初值 a_0
一	1.000000E-03	-5.000000E-04
二	1.000000E-03	5.000000E-04

第二次转换，把第一次转换到位于［1，5］区间上的值转换到［0，

1］区间上，转换方法是将 x 的值代入转换公式 4.12 中，$x_1=x$，求出的 y_1 值，区间位于［0，1］上。两次转换中得到的不同标度区间相互之间等级的对应关系如表 4.11 所示。

标度转换公式：

$$y_1 = a_2 x_1 \tag{4.12}$$

其中，y_1 表示目标标度值，a_2 表示 0.2，x_1 表示输入值。

表 4.11 不同标度之间转换关系

Table 4.11 Conversion between different scales

标度等级	标度值	目标标度值
优	5	1
次优	4	0.8
良	3	0.6
合格	2	0.4
差	1	0.2

根据表 4.10 中的不同的标度初值和尺度，经过两次转换，2014 年世界 50 多个国家天然气消费方面的天然气供给国家实力等级如表 4.12 所示。

表 4.12 在消费方面各国家战略实力测度

Table 4.12 Measurement of national strategic strengths in consumption

消费方面各国家战略实力（一类）	消费方面各国家战略实力（二类）	消费国
1	1	美国
0.8	0.6	中国
0.6	0.4	俄罗斯
0~0.4	0~0.2	日本、德国、伊朗、英国、印度、韩国、加拿大、新加坡、泰国、墨西哥、巴西、意大利、法国、澳大利亚、乌克兰、马来西亚、荷兰、土耳其、西班牙、阿拉伯联合酋长国、阿根廷、波兰、白俄罗斯、哈萨克斯坦、爱尔兰、…

表 4.13　天然气供给国家战略实力标度值目标标度

Table 4.13　Natural gas industry national strategic strength scale value target scale

时间	基于天然气供给的国家战略实力	转换数据（一类）	转换数据（二类）	转换数据（三类）
2015 年左右	生产方面国家战略实力标度值	0.6	0.4	0.4
2015 年左右	出口方面国家战略实力标度值	0.6	0.4	0.2
2015 年左右	进口方面国家战略实力标度值	0.8	0.6	0.6
2015 年左右	消费方面国家战略实力标度值	0.8	0.6	0.6
2015 年左右	生产、出口、进口、消费方面国家战略实力标度值之和	2.8	2	1.8
2015 年左右	多维国家战略实力（算术平均值）	0.7	0.5	0.45

（5）多维天然气供给国家实力标度区间。

经过两次转换后的生产、出口、进口、消费方面的国家战略实力，构成多维天然气国家实力，多维天然气国家实力的标度区间统一在［0，1］的区间上，根据不同的标度初值，形成一、二、三类即大的标度区间、中等标度区间、小的标度区间，中国天然气供给国家战略实力在不同标度区间的标度值如表 4.13 所示。因为多维天然气国家实力几年之内是稳定的，本书把 2015 年生产、出口、进口、消费方面的国家战略实力的值等同于 2014 年的值。

4.3 基于天然气供给的全球合作程度的标度

中国是天然气消费大国，未来天然气进口依赖程度会越来越高，为了保障天然气产业的发展，需要沟通和协调中国与其主要天然气出口国和进口国之间的关系，在可获得性和经济性（负担得起）以及期望达到的灵活性方面进行沟通和协调。依靠国际天然气合作，通过国际能源合作，建立起国际组织的制度化力量，通过制度约束和协调，减少各国因能源问题产生的冲突，建立稳定、高效、灵活、公平的国际能源市场，是保障中国天然气产业可持续发展的系统环境的重要要素。

确定基于天然气供给的全球合作程度指标的变异范围以及变异的两极即标度区间，首先需要建立基于天然气供给的全球合作程度的评价标准；其次对基于天然气供给的全球合作程度进行测度，进行标度转换，建立标度区间。

4.3.1 基于天然气供给的全球合作程度的评价标准

目前，在全球范围内的国际能源组织主要是国际天然气联盟和国际能源机构。除此之外，还有像八国集团、联合国、国际能源大会等很多国际组织包含有关能源问题的全球性定期对话机制。此外，非政府组织的功能和作用也应受到重视，如世界能源理事会、绿色和平组织（greenpeace）等。国际能源组织在区域和范围上包括全球性和区域性两大类[70]。各国参与国际组织后在能源利于发挥方面的作用和影响力，是与发挥的作用相关的（见图 4.9）。

按照参与国家类型和合作程度进行分类，国际能源组织可以分为五种类型：主导者、同盟型、协作型、协调型和对话型，这五种合作类型的合作程度由高至低[70]。根据管清友、何帆对国际组织的分类及建立的相关等级标准，中国参与全球机制合作的情况如表 4.14 和表 4.15 所示。

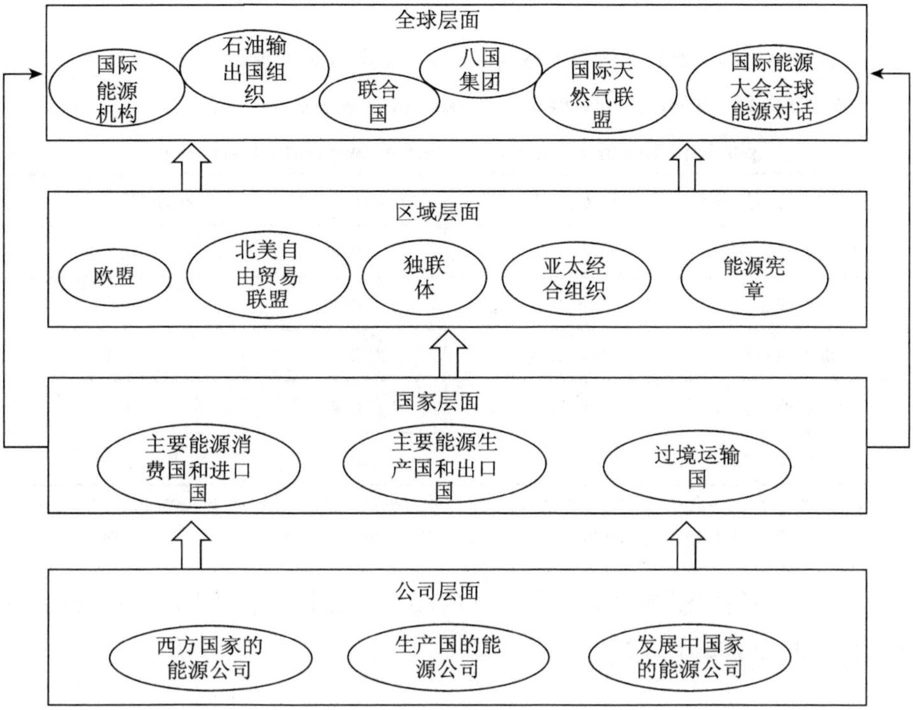

图 4.9　国际能源合作系统

Fig. 4.9　The international energy cooperation system

资料来源：管清友、何帆，中国的能源安全与国际能源合作，《世界经济与政治》2007 年 11 期，第 52 页表 2 改编。

4.3.2　基于天然气供给的全球合作程度的标度

根据标度等级及标度转换，各指标也都可以转换为 5 个等级的标度。为了统一标度，中国天然气产业可持续发展系统标度为［0，0.2］（0.2，0.4）（0.4，0.6）（0.6，0.8）（0.8，1）5 个等级，指标可依次对应对话性合作、一般性合作、重点性合作、实质性合作、主导性合作 5 个等级作为一类；重点性合作与实质性合作合并与对话性合作、一般性合作、主导性合作形成二类；对话性合作与一般性合作合并与重点性合作、实质性合作、主导性合作形成三类。各指标利用标度转化公式，通过过度标度转化为统一标度。为了简便、统一以及减少误差，使用每个区间的最大值代表这一级（如表4.14）。

表4.14 国际组织的分级的标度以及中国参与国际能源合作分级的标度

Table 4.14 Scale of international organizations and the scale of China's participation in international energy cooperation grading

中国的参与程度分级	标度值（一类）	标度值（二类）	标度值（三类）
主导性合作	1	0.8	0.8
实质性合作	0.8	0.6	0.6
重点性合作	0.6	0.6	0.4
一般性合作	0.4	0.4	0.2
对话性合作	0.2	0.2	0.2

注明：根据合作形式中存在的不同情境，如：重点性合作与实质性合作性质相同时，对话性合作与一般性合作性质相同时等情况，将中国参与国际能源合作分为一类、二类、三类。

根据本书国际组织的分类及建立的相关等级标准，中国参与全球机制合作的情况如表4.15所示[70]。

表4.15 中国参与全球层面能源合作的情况

Table 4.15 China's status in participating energy cooperation of the global level

国际机构属性	中国在其中的角色	中国在国际组织中的地位	合作概况
亚投行（同盟型）	主导者	主导性合作	亚洲基础设施投资银行由中国政府倡导建立、并组织实施
金砖国家峰会（协调型）	主要参与者	实质性合作	金砖国家峰会由巴西、俄罗斯、印度、中国和南非五个国家组成
一带一路（协调型）	主导者	主导性合作	“一带一路”由中国政府倡导建立、并组织实施
国际能源机构（同盟型）	一般参与者	一般性合作	中国不是国际能源机构成员国。1996年1，中国政府签署《关于在能源领域里进行合作的政策性谅解备忘录》[70]

续表

国际机构属性	中国在其中的角色	中国在国际组织中的地位	合作概况
国际天然气联盟（协调型）	一般参与者	一般性合作	国际天然气联盟（简称 IGU），是一个世界天然气国际组织，创建于1931年，目前有67个国家加入
欧佩克（同盟型）	一般参与者	一般性合作	中国参加过相关的会议
独立石油输出国集团（协调型）	重要参与者	对话性合作	中国是其对话成员之一
国际组织的名称和性质	中国在其中的角色	中国的参与程度评估	合作概况
八国集团（协作型）	重要参与者	重点性合作	中国参与八国集团的非正式对话
国际能源会议（对话型）	一般参与者	对话性合作	中国与其有对话协商的关系
联合国贸易和发展会议等（协调型）	重要参与者	实质性合作	中国是联合国成员国、常任主席国
世界能源理事会（协调型）	重要参与者	对话性合作	中国是成员之一，有对话合作关系
世界石油大会（对话型 ）	重要参与者	对话性合作	中国是该组织常任理事会成员
能源宪章（协调型 ）	一般参与者	对话性合作	中国是宪章代表大会观察国
欧盟（同盟型 ）	重要参与者	重点性合作	中国与欧盟是合作伙伴关系
亚太经济合作组织（ 协调型 ）	主要参与者	实质性合作	中国是亚太地区有影响力的大国
经济合作与发展组织（ 协调型 ）	一般参与者	一般性合作	中国已成为其观察成员

续表

国际组织的名称和性质	中国在其中的角色	中国的参与程度评估	合作概况
海合会（协调型）	重要参与者	重点性合作	中国和海合是会全方位合作的关系
东盟（同盟型）	主要参与者	实质性合作	中国是其重要的对话国
上海合作组织（协调型）	主要参与者	实质性合作	中国、俄罗斯倡导建立并组织实施

资料来源：管清友、何帆，中国的能源安全与国际能源合作，《世界经济与政治》2007 年 11 期，第 52 页表 2 改编。

根据本书的国际组织分级的标度以及中国参与国际能源合作分级的标度，中国参与全球机制合作在一、二、三类不同的标度区间中的值如表 4.16 所示。

表 4.16 中国与能源组织合作关系

Table 4.16 China's cooperation with energy organizations

中国的参与程度评估	一类	二类	三类
主导性合作	1	0.8	0.8
实质性合作	0.8	0.6	0.6
主导性合作	1	0.8	0.8
一般性合作	0.4	0.4	0.2
一般性合作	0.4	0.4	0.2
一般性合作	0.4	0.4	0.2
对话性合作	0.2	0.2	0.2
重点性合作	0.6	0.6	0.4
对话性合作	0.2	0.2	0.2
实质性合作	0.8	0.6	0.6
对话性合作	0.2	0.2	0.2

续表

中国的参与程度评估	一类	二类	三类
对话性合作	0.2	0.2	0.2
对话性合作	0.2	0.2	0.2
重点性合作	0.6	0.6	0.4
实质性合作	0.8	0.6	0.6
一般性合作	0.4	0.4	0.2
重点性合作	0.6	0.6	0.4
实质性合作	0.8	0.6	0.6
实质性合作	0.8	0.6	0.6
基于天然气供给的全球合作程度值之和	10.4	9	7.6
基于天然气供给的全球合作程度值（算术平均值）	0.54737	0.47368	0.4

基于天然气供给的全球合作程度是所有的参与程度值的算术平均值，为0.47368，在［0.41，0.6］区间内，基于天然气供给的全球合作程度显示为重点性合作。

4.4　天然气产业系统形态标度

经过优化选择，得到天然气产业系统形态标度的各指标优化后的权重。权重矩阵 $w = (0.8,\ 0.2)T$ 。

天然气产业系统形态两个测度指标的每个指标都有三个标度值，这是因为每个指标有大、中、小三个标度区间，得到三个标度值，在统一的标度区间［0，1］上，2015年基于天然气产业保障力的中国天然气产业系统形态测度指标值如表4.17所示。

表 4.17　天然气产业系统形态标度

Table 4.17　Natural gas industry system form scale

中国天然气产业保障指标	权重	标度值（大的标度区间）	标度值（中等标度区间）	标度值（小的标度区间）
多维天然气供给国家实力	0.8	0.7	0.5	0.45
基于天然气供给的全球合作程度	0.2	0.547368	0.473684	0.4

加权后 2015 年的产业系统形态测度指标值，如表 4.18 所示。

表 4.18　加权后的天然气产业系统形态标度

Table 4.18　Weighted natural gas industry system form scale

中国天然气产业保障指标	标度值（大的标度区间）	标度值（中等标度区间）	标度值（小的标度区间）
多维天然气供给国家实力	0.56	0.4	0.36
基于天然气供给的全球合作程度	0.10947	0.09474	0.08

加权后 2015 年的产业系统形态值，如表 4.19 所示。

表 4.19　天然气产业系统形态分析

Table 4.19　Analysis of natural gas industry system

中国天然气产业保障指标	标度值（大的标度区间）	标度值（中等标度区间）	标度值（小的标度区间）
多维天然气供给国家实力	0.56	0.4	0.36
基于天然气供给的全球合作程度	0.10947	0.09474	0.08
基于产业保障的天然气产业系统形态	0.66947	0.49474	0.44

中国天然气产业系统形态对应中国天然气产业可持续发展系统标度可分为 5 个等级，通过对中国天然气产业系统形态进行评估，得到了 2015 年不同标度区间天然气产业系统形态的等级。基于产业保障的天然气产业系统形态在三种标度区间显示为良或次优（如表 4.20 所示）。

表 4.20　天然气产业系统形态等级

Table 4.20　Natural gas industry system morphology level

标度等级	等级判断	产业系统形态（大的标度区间）	产业系统形态（中等标度区间）	产业系统形态（小的标度区间）
优	$s \geqslant 0.8$			
次优	$0.6 \leqslant s < 0.8$	0.66947		
良	$0.4 \leqslant s < 0.6$		0.49474	0.44
合格	$0.2 \leqslant s < 0.4$			
差	$s < 0.2$			

4.5　天然气产业系统形态标度优化

4.5.1　天然气产业系统形态标度优化及合理性检验

使用规划方法建立的标度优化模型即公式 3.4，采用 matlab 软件进行求解，可以得到我们现实地定义理想标度区间，对被评指标标度值的认识与标度区间群体 G 有最高一致性的标度区间，即为 $b^* = (0.9782, 0.2076)^T$。

标度合理性分析准则，可以对大、中、小三种标度区间进行合理性分析，分别求他们与理想标度区间的指标标度值的最大偏差和均方差，令 $\varphi^j_{kh} = \left|\frac{b^j_k}{b^j_h} - \frac{b^*_k}{b^*_h}\right|$（$k$，$h = 1, 2$；$k \neq h$），用 φ^j 表示由 φ^j_{kh} 组成的偏差矩阵，即 $\varphi^j = [\varphi^j_{kh}]_{4\times4}$，故可以得出：

（1）在大的标度区间下，其偏差矩阵为 $\varphi^1 = \begin{bmatrix} 0 & 0.4022 \\ 0.0167 & 0 \end{bmatrix}$。

最大偏差 $s = \max\limits_{k\,h}\left|\frac{b^j_k}{b^j_h} - \frac{b^*_k}{b^*_h}\right| = 0.4022$，均方差 $\sigma = \frac{1}{2}\sqrt{\sum\limits_{h=1}^{2}\left[\frac{b^j_k}{b^j_h} - \frac{b^*_k}{b^*_h}\right]^2}$ $= 0.2013$。

（2）在中等标度区间下，其偏差矩阵为 $\varphi^2 = \begin{bmatrix} 0 & 0.4880 \\ 0.0246 & 0 \end{bmatrix}$。

最大偏差 $s = \max\limits_{kh} \left| \frac{b_k^j}{b_h^j} - \frac{b_k^*}{b_h^*} \right| = 0.4880$，均方差 $\sigma = \frac{1}{2}\sqrt{\sum\limits_{h=1}^{2} \left[\frac{b_k^j}{b_h^j} - \frac{b_k^*}{b_h^*} \right]^2}$ $= 0.2443$。

（3）在小的标度区间下，其偏差矩阵为 $\varphi^3 = \begin{bmatrix} 0 & 0.2119 \\ 0.0100 & 0 \end{bmatrix}$。

最大偏差 $s = \max\limits_{kh} \left| \frac{b_k^j}{b_h^j} - \frac{b_k^*}{b_h^*} \right| = 0.2119$，均方差 $\sigma = \frac{1}{2}\sqrt{\sum\limits_{h=1}^{2} \left[\frac{b_k^j}{b_h^j} - \frac{b_k^*}{b_h^*} \right]^2}$ $= 0.1061$。

从以上分析我们知道，小的标度区间的最大偏差 s 与均方差 σ 的取值均为最小，因此它的合理程度最高，用该标度区间得到的天然气产业协调性标度也最合理，其它标度区间的合理程度高低排序依次为：大的标度区间，中等标度区间。

4.5.2 天然气产业系统形态标度优化的敏感性检验

根据标度敏感性检验方法，为了解小的标度区间的指标标度值的敏感性，进一步将小的标度区间的天然气产业系统形态测度与大的标度区间的指标标度值进行对比分析（如表 4.21 所示）。与大的标度区间指标标度值相比，在小的标度区间下天然气国家战略实力的敏感性正偏差 0.2，中国国际合作的程度的敏感性正偏差 0.0295，天然气产业系统形态即天然气产业国家保障的标度值的敏感性正偏差 0.2295。与中等标度区间比较，天然气产业系统形态各指标标度值的敏感性增加较少，基于天然气供给的国家战略实力的敏感性正偏差 0.04，中国国际合作的程度的敏感性正偏差 0.0147，天然气产业系统形态的标度值的敏感性正偏差 0.055。总体说来，在小的标度区间下，天然气产业系统形态标度敏感性偏差很大。以被选择的标度区间为核心，它与其他区间正负偏差越大敏感性越强。

表 4.21　基于产业保障的天然气产业系统形态标度优化敏感性分析

Table 4.21　Sensitivity analysis of the coordination scale of natural gas industry development

天然气产业系统形态指标	标度值（小的标度区间）	敏感性偏差（与大的标度区间相比）	敏感性偏差（与中等标度区间相比）
多维天然气供给国家实力	0.36	0.2	0.04
基于天然气供给的全球合作程度	0.08	0.02947	0.01474
天然气产业保障标度值	0.44	0.22947	0.05474

从天然气产业系统形态测度评估结果可见，2015 年间基于产业保障的天然气产业系统形态标度值为 0.44，处于良的标度级别，标度区间的优化能更合理、更敏感的度量天然气产业系统形态。

4.5.3　天然气产业系统形态标度的预测

（1）多维天然气供给国家实力的标度预测。

通过分析可以发现，2015 年左右，中国在综合国力上是与美国在同一层次上的，中国在战略实力上远低于美国是因为中国在国家动员和转化机制水平上远低于美国。国家动员和转化机制的演进或水平的提高需要几十年的时间，美国在国家动员和转化机制水平也在提高，因此，预计 2020 年中国在国家动员和转化机制水平将与美国保持同样的差距，2030 年中国在国家动员和转化机制水平与美国也保持同样的差距，但因中国的体制改革的推进，中国可能将超过部分国家。在战略系数与美国保持相同的层次条件下（中美天然气产业占两国国家财富的比例都很小），2020 年多维天然气供给国家实力与美国保持相同差距，2030 年多维天然气供给国家实力与美国也可能保持相同差距。

（2）基于天然气供给的全球合作程度标度预测。

1989—2002 年，国际相关的能源机制开始完善，中国成为学习者；2002—2015 年，国际相关的能源机制趋于成熟，中国成为参与者；根据目前的趋势预测，2015—2030 年，国际相关的能源机制需要进行调整或再造，中国将会成为重要参与者和倡导者，中国参与国际合作的程度将进一步向深度发展。由此预测，到 2020 年，由于只有约 5 年时间，中国参与全球层面能源合作的程度仍将为重点性合作；2030 年中国参与全球层面能源合作的程度将会提高一步为实质性合作，接近主导性合作。

（3）中国天然气产业系统形态标度的预测。

根据 2020 年中国多维天然气供给国家实力的预测，以及中国参与全球层面能源合作的程度的预测，2020 年左右中国基于产业保障的天然气产业系统形态标度值为 0.44，位于［0.4，0.6］区间为良（如表 4.22 所示）。

表 4.22　2020 年左右基于产业保障的天然气产业系统形态

Table 4.22　National guarantee ability of natural gas industry around 2020

指标	多维天然气供给国家实力	中国合作的程度	基于产业保障的天然气产业系统形态的评价
权重	0.8	0.2	1
等级和值	合格 0.4	良 0.6	0.44

根据 2030 年中国多维天然气供给国家实力的预测，以及中国参与全球层面能源合作的程度的预测，2030 年左右中国基于产业保障的天然气产业系统形态值为 0.48，位于［0.4，0.6］区间为良（如表 4.23 所示）。

表 4.23　2030 年左右基于产业保障的天然气产业系统形态

Table 4.23　National guarantee ability of natural gas industry around 2030

指标	多维天然气供给国家实力	基于天然气供给的全球合作程度	基于产业保障的天然气产业系统形态的评价
权重	0.8	0.2	1
等级和值	合格 0.4	优 0.8	0.48

4.6　本章小结

本章提出了中国天然气产业可持续发展的系统形态标度及优化的评价

方法，确定指标的变异范围以及变异的两极即标度区间，并进行优化。同时，确定中国天然气产业的系统形态评价的等级。为了确定多维天然气供给国家实力指标的变异范围以及变异的两极即标度区间，本章建立多维天然气供给国家实力的模型，并对多维天然气供给国家实力进行测度以及标度转换，建立了标度区间；为了确定基于天然气供给的全球合作程度指标的变异范围以及变异的两极即标度区间，本章建立了基于天然气供给的全球合作程度的评价标准，并对基于天然气供给的全球合作程度进行测度以及标度转换，建立了标度区间；本章根据中国天然气产业可持续发展的系统标度及优化的评价方法，对中国天然气产业可持续发展的系统标度进行了优化，并经过了合理性和敏感性的检验。通过以上步骤，本章得到了优化后中国天然气产业可持续发展系统形态标度的测度指标的标度区间：多维天然气供给国家实力［2.73824E-06，0.0072］，基于天然气供给的全球合作程度［0，0.8］。从天然气产业系统形态测度评估结果可见，2013—2015年间基于产业保障的天然气产业系统形态为0.44，处于良的标度级别。

第5章

基于产业协调性的天然气产业系统结构标度及优化

本书基于产业协调性的天然气产业系统结构标度，是通过产业协调性结合系统的结构标度设计建立起来的。系统结构，是指系统内部要素间的相互联系、作用的方式或秩序。子系统之间的相互关联（作用、影响、关系等）是系统结构的另一内容。因此，基于产业协调性的天然气产业系统结构是复杂巨系统内社会经济子系统、政策子系统、市场子系统、资源环境子系统，与天然气产业子系统之间相互联系、相互作用。天然气产业各子系统之间的相互关联（作用、影响、关系等）中最重要的关系包括：中国各地区之间天然气产销不平衡关系，中国天然气月消费与月天然气生产、月天然气进口之间的相互关系，中国城市燃气管道、储存设施与城市天然气供应之间的相互关系以及中国县城燃气管道、储存设施与县城天然气供应之间的相互关系。中国各地区之间天然气产销不平衡关系可以由天然气变异系数指标度量，中国天然气月消费与月天然气生产、月天然气进口之间的相互关系可以由月不均匀系数指标度量，中国城市燃气管道、储存设施与城市天然气供应之间的相互关系可以由城市应急水平指标度量，中国县城燃气管道、储存设施与县城天然气供应之间的相互关系可以由县城应急水平指标度量，中国天然气产业系统结构标度由纬度的测度指标构成。

5.1 天然气产业系统结构的测度指标

中国天然气产业协调性是由天然气产业各子系统之间的相互关联（作用、影响、关系等）中最重要的关系反映，这些重要关系是影响中国天然气产业协调性的主要因素，这些重要关系对应的指标构成了基于产业协调性的天然气产业系统结构的测度指标。

中国天然气产业协调性的主要困境如下。

5.1.1 中国各地区之间天然气产销不平衡关系

我国常规天然气探明率低，所以待探明天然气地质资源量很大，约为77万亿立方米，可供勘探的空间大，有丰富的资源潜力。同时我国的天气资源分布不均，约88%的资源集中分布在四川、鄂尔多斯及塔里木等九大盆地，这些地区资源勘探开发较为困难，超35%资源分布在低渗储层，20%以上位于开发技术难度大的深水海域。中国勘探潜力和开发潜力主要集中在西部和北部以及部分海域。

中国天然气资源主要集中在西部和北部，因此西部和北部气源供应总体充足。南部地区和东部地区天然气消费量大，并且是缺乏天然气资源的地区，天然气供应主要依赖于西气东输工程的管道气以及来自海上进口的LNG。由于中国国土面积大，不论是来自西部和北部的管道气，还是来自海上的LNG，都需要经过管道输送到南部和东部广大的经济发达地区。2014年我国部分地区天然气产销状况如图5.1所示。虽然随着国家的投资、技术、政策等一系列因素产生效果，中国天然气管线建设覆盖面会不断增加，但目前总体单一管线、单一气源的局面仍是普遍现象，所以可靠性和保障性较为脆弱，解决这一问题需要进行大量的网络建设，同时还需要通过天然气储存调峰来缓解这一矛盾。

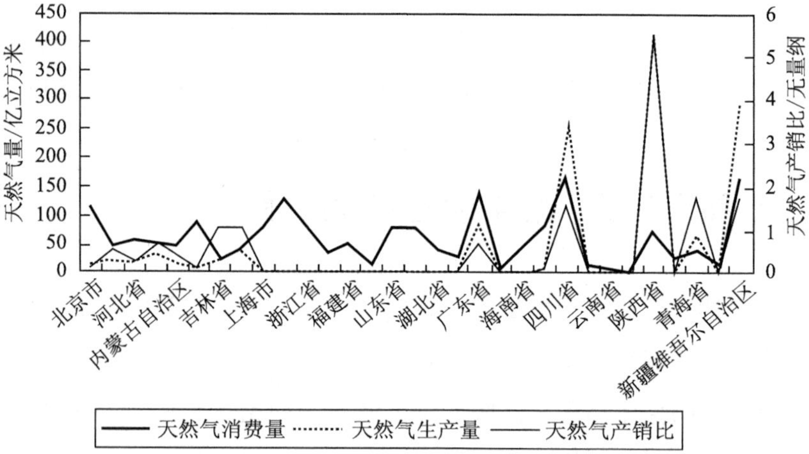

图5.1 2014年我国部分地区天然气产销状况

Fig. 5.1 China's regional gas production status in 2014

5.1.2　中国天然气月消费与月天然气生产、月天然气进口之间的相互关系

随着国家的投资、技术、政策等一系列条件产生效果，长输气管道及LNG接收站建设投产，为中东地区经济发展创造了条件。近年来，京津冀鲁地区、长三角地区、珠三角地区等天然气消费量不断增加，用气行业逐步发展为大工业用气，同时，煤改气过程中建设大批天然气调峰电站增加了发电用气的比例[140]。2014年，生活、运输和发电所用气共占天然气年消费量的46%，较2000年上升26.2%，并且有明显的分时用气不均衡现象，这就带来了大量的调峰需求。

我国天然气消费波动与天然气月不均匀系数波动吻合，我国天然气消费的高峰期主要出现在11月、12月、1月、2月、3月这六个月份，而5月、6月、7月、8月、9月这五个月较平稳，用气量较低，这主要与天气和气候条件、企业生产特点有关。而且我国天然气消费的峰值呈逐渐上升的趋势，也可以说，中国天然气消费年最大月不均匀系数呈逐渐上升的趋势，这可能与用气户数、生活水平和相关能源利用政策有关（如图5.2所示）。

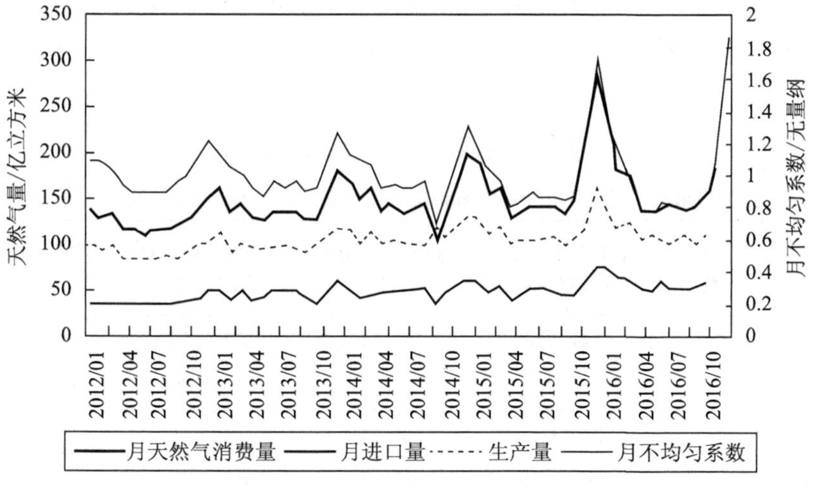

图5.2　2012—2016年我国天然气消费月不均匀系数变化图

Fig. 5.2　Non-uniform variation of China's natural gas consumption on a monthly basis in 2012—2016

根据《中国城乡建设统计年鉴 2012》，天然气调峰的应急储气能力至少应为 7.1 亿立方米，但 2012 年全国天然气应急储气能力为 5.5 亿立方米，不能满足调峰储能需求。并且，多数企业主要通过长输天然气管道进行调峰和应急，自有储气设施能力严重不足，天然气调峰能力不足[138]。

根据国家发改委公布的 2012—2016 年我国天然气月消费量、进口量、生产量数据，利用灰色预测法，得到 2017—2030 年中国月高峰不均匀系数（如表 5.1 所示）。

表 5.1 月高峰不均匀系数预测

Table 5.1 Peak non-uniform coefficient prediction on a monthly basis

时间	月高峰不均匀系数预测值
2017 年	1.947
2018 年	2.136
2019 年	2.343
2020 年	2.570
2025 年	4.084
2030 年	6.490

可以用年逐月不均匀系数衡量我国的天然气调峰能力，逐月需求量=不均匀系数×均月均日需求量×当月天数。我国的高峰月调峰需求量如表 5.2 所示。

表 5.2 我国的高峰月调峰需求量

Table 5.2 The peak month load demand of our country

时间	月高峰不均匀系数	正常天然气预测前景（亿立方米）	高天然气预测前景（亿立方米）	月调峰天然气量（亿立方米）	高月调峰天然气量（亿立方米）
2017 年	1.947	244.2869	258.7173	175.7326	186.1134
2018 年	2.136	262.3872	282.4510	230.8720	248.5259
2019 年	2.343	280.3181	306.5418	295.9314	323.6157
2020 年	2.570	298.0930	330.9557	372.1671	413.1960
2025 年	4.084	384.5455	456.5862	974.5752	1157.1520
2030 年	6.490	467.1872	586.2892	2138.6930	2683.9190

从表 5.2 可以看出，我国的月调峰需求量到 2025 年分别有高达 974.5 亿立方米和 1157.1 亿立方米两种前景，调峰设施即能力需达到 2017 年的 5.5 倍和 6.2 倍；到 2030 年分别有高达 2133.6 亿立方米和 2683.9 亿立方米两种前景，调峰设施即能力需达到 2017 年的 9.2 倍和 10.7 倍，若依靠各省管网以及现有储气设施进行调峰，将无法满足调峰需求，因此未来需要建设特定的储气设施进行调峰。目前，月调峰主要有储气库和 LNG 储罐两种方式。

5.1.3　中国城市燃气管道、储存设施与城市天然气供应之间的相互关系

我国城市燃气规模随着用气量的增加而增加，城市燃气为城市工业和居民提供了更加清洁的燃料，对城市的清洁发展起到了重要作用。根据中国城乡建设统计数据，2013 年中国部分地区天然气基础设施应急现状如图 5.3 所示。

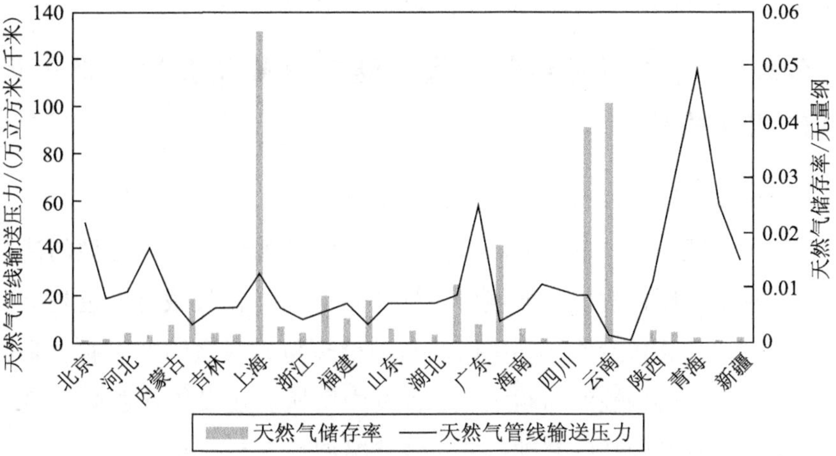

图 5.3　2013 年中国部分地区天然气基础设施应急现状

Fig. 5.3　China's regional gas infrastructure emergencysituation in 2013

根据中国城乡建设统计数据，中国部分地区天然气管网综合调峰水平如图 5.4 所示。

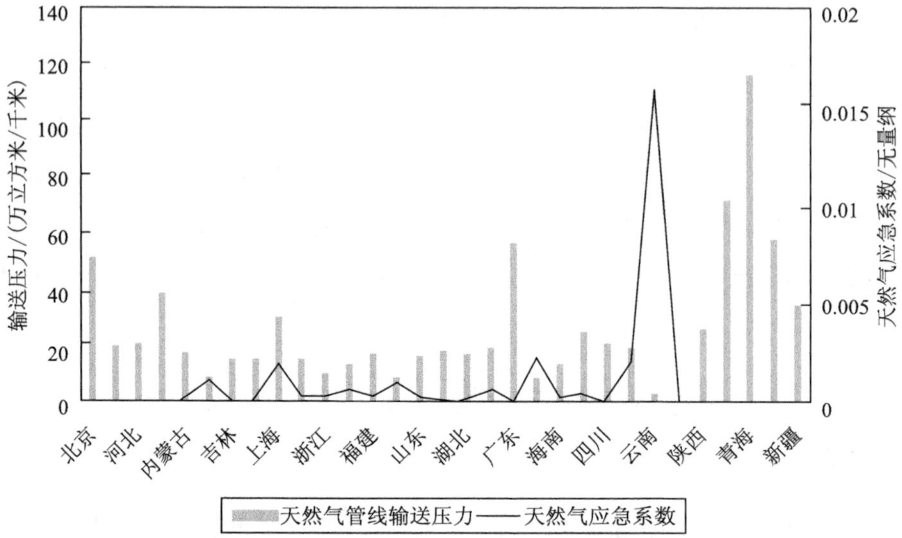

图 5.4　中国部分地区天然气综合调峰系数

Fig. 5.4　China's regional gas comprehensive load coefficient

由于城市燃气的小时、日、月用气不均衡特点，城市天然气利用与调峰之间的矛盾也是影响中国天然气产业协调性的问题之一。

5.1.4　中国县城燃气管道、储存设施与县城天然气供应之间的相互关系

随着城镇化建设的推进，我国县城的燃气管道和供气规模也在加大。县城燃气为县城工业、商业和居民提供更加清洁的燃料，为县城的清洁发展起到了重要作用，改善了县城的空气质量。同时，县城燃气也具有分时不均衡的特点，县城天然气利用以及基础设施与调峰之间的矛盾也是影响中国天然气产业协调性的问题之一。根据中国城乡建设统计数据，2013 年中国部分地区县城天然气基础设施应急状况如图 5.5 所示。

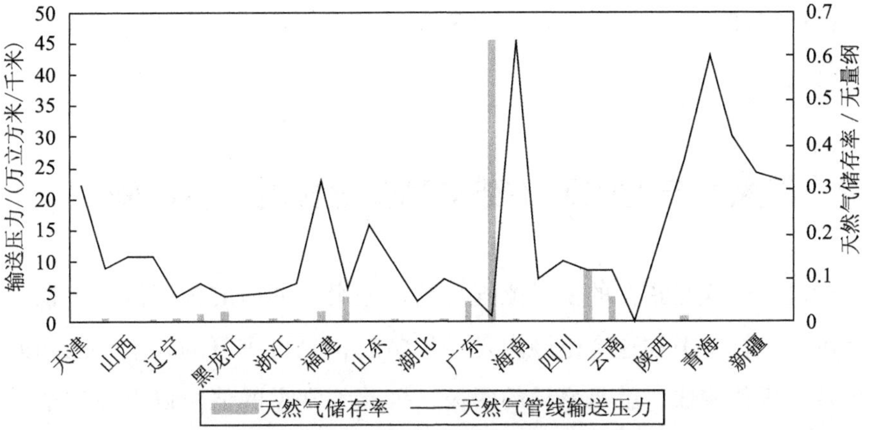

图 5.5　2013 年部分地区县城天然气基础设施应急现状

Fig. 5.5　Some county natural gas infrastructure emergency situation in 2013

根据中国城乡建设统计数据，2013 年中国部分地区县城天然气管网综合调峰水平如图 5.6 所示。

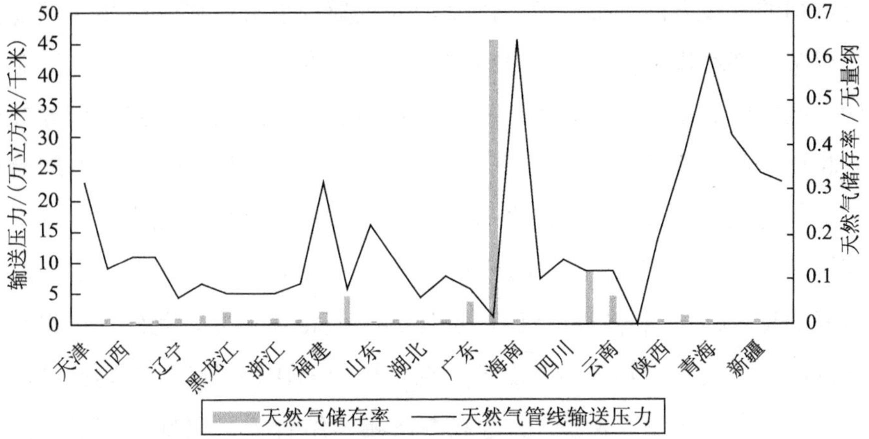

图 5.6　2013 年部分地区县城天然气综合调峰系数

Fig. 5.6　Some county comprehensive natural gas peak shaving coefficient in 2013

因此，县城燃气的小时、日、月用气不均衡特点，县城天然气利用以及基础设施与调峰之间的矛盾也是影响中国天然气产业协调性的问题之一。为了提高系统标度的可信性和可靠性，需要确定指标的变异范围以及变异的两极即标度区间，确定中国天然气产业的系统结构评价的等级，并进行优化。

5.2 天然气产业的系统结构测度指标的标度区间

标度区间或是指标的变异范围是指，一定时期内的标度值都会在一定的范围内，标度值在这个范围内是一种常态，是可重复的，这个区间的边界由两个极值构成，就是变异的两极，极端不常见的值可以不在这个区间内。所以，可以不用考虑不属于常态的值。以此为准则，标度的变异区间、维度，以及维度的测度指标的变异范围也就可以确定。

中国天然气产业系统结构维度以及维度测度指标的变异范围的选定，还要根据维度以及维度的测度指标属性分布而定。范围取舍主要根据它所代表的具体研究对象而定，以是否有研究价值而定。如果中国天然气产业系统结构的某些方面是按照发达国家的演进模式发展，则相应指标的变异范围以某一基本模式或发达国家发展为依据，变异的两极分布在国际和国内两个范围内。中国的经济条件、地理环境、社会环境、自然资源与其他国家相比等都存在很大差异，其他国家天然气产业发展的历史不能简单的、完全的在中国再现，因此在国际范围内选择的极值只能作为对标度区间范围的大致判断[139]。从时间序列的角度，与本国自身相比，实现对标度区间的衡量，可以与国际范围内选择的极值相互补充。此外，如果某一标度区间有相关的国际基准，需求基准、产业间比例平衡标准则标度区间的选择需要参考这一基准[139]。这些方法相互结合，可以确定天然气产业协调性即系统结构的标度区间。

5.2.1 天然气变异系数标度

（1）天然气变异系数用以衡量各地区产销比离散程度，计算公式为：

$$CV = \frac{\sigma}{\overline{X}} \tag{5.1}$$

式中，CV 表示变异系数值，σ 表示各地区产销比的标准差，$\overline{X}$ 表示各地区产销比的均值。变异系数越小，说明离散程度越小。

图 5.7 显示中国天然气变异系数从 2003 年起就不断升高，这也是我国天然气消费快速增长的时期，2010—2014 年逐渐到了一个较高的水平，2014 年中国天然气变异系数为 103.87。显示我国天然气地区产销比差异逐渐扩大，现在已经在很高的水平，同时，也表明我国天然气地区间调峰需求差距逐渐增大，现在差距已经到达很高的程度[17-18]。

图 5.7　1995—2014 年中国天然气变异系数（CV）

Fig. 5.7　China's natural gas variationcoefficient（CV）from 1995 to 2014

（2）天然气变异系数只表示量的大小的指标，将其转化为可排序，可分出等级的标度，标度转换：

$$y = a_0 + a_1 x \tag{5.2}$$

其中，y 表示天然气变异系数值，a_0 表示初值，a_1 表示尺度值，x 表示转换数据值。标度转换公式变形：

$$x = \frac{y - a_0}{a_1} \tag{5.3}$$

取 $x = 5$，即量表分为 5 级，5 代表最高级，选取指标三个种类的初值及对应的最大幅度值代入公式，得到三个种类的天然变异系数标度转换尺度（如表 5.3 所示）。

表 5.3　天然变异系数标度转换

Table 5.3　Transformation of natural variation coefficient scale

标度种类	天然气变异系数转换尺度	标度初值
一	44.528	39.03
二	32.892	97.21
三	31.658	103.38

为了达成标度的可比性，需要建立天然气产业协调性统一的标度，需将所有的标度在转化为五级，标度值的范围［0，1］。

（3）标度转换：

$$y_1 = a'_0 - a_2 x_1 \tag{5.4}$$

式中，y_1 表示目标标度值，a'_0 表示 1.2，a_2 表示 0.2，x_1 表示输入值，x_1 等于式 $x = \frac{y - a_0}{a_1}$ 中的 x，通过转换得到表 5.4，现有标度值对应统一标度值的转换表。

表 5.4　不同标度之间转换关系

Table 5.4　Transitions between different scales

标度等级	标度值	目标标度值
优	1	1
次优	2	0.8
良	3	0.6
合格	4	0.4
差	5	0.2

将 2014 年的天然气变异系数输入公式 $x = \frac{y - a_0}{a_1}$，并结合表 5.3，即 $y = 103.87$，再将求出的 x 值代入公式 $y_1 = a'_0 - a_2 x_1$，即 $x_1 = x$，得出表 5.5 所示的三类天然气变异系数目标标度。

表 5.5　天然气变异系数目标标度

Table 5.5　Target scale of natural gas variation coefficient

天然气变异系数	标度	转换数据（一类）	转换数据（二类）	转换数据（三类）
103.87	过渡标度	1.45616	0.20248	0.01548
	目标标度	0.90877	1.15950	1.19690

5.2.2　天然气月不均匀系数标度

（1）月不均匀系数用以衡量天然气消费一年中每月的波动状态，月不均匀系数：

$$K_m = \frac{q_d}{Q_d} \tag{5.5}$$

式中，K_m 表示月不均匀系数，q_d 表示该月平均日用气量，Q_d 相表示全年平均日用气量。

（2）月不均匀系数最大的月称为计算月，该月的平均日用气量最大，称该月的月不均匀系数为月高峰系数：

$$K_{\max} = \frac{q'_d}{Q_d} \tag{5.5}$$

式中，$K_{\max}$ 表示月高峰系数，q'_d 表示计算月平均日用气量，Q_d 相表示全年平均日用气量。

取 $x=5$，即量表分为 5 级，5 代表最高级，选取指标三个种类的初值及对应的最大幅度值代入公式 $x = \frac{y - a_0}{a_1}$，得到三个种类的天然气月不均匀系数标度转换尺度，如表 5.6 所示。

为了达成标度的可比性，需要建立天然气产业协调性统一的标度，需将所有的标度在转化为五级，标度值的范围［0，1］。

表 5.6　天然气月不均匀系数标度转换

Table 5.6　Conversion of non-uniform coefficient of natural gas

标度种类	天然气月不均匀系数转换尺度	标度初值
一	1.0806	1.087
二	0.5738	1.215
三	0.3594	1.303

（3）标度转换：

$$y_1 = b_0 - b_2 x_1 \tag{5.6}$$

式中，y_1 表示目标标度值，b_0 表示 1.2，b_2 表示 0.2，x_1 表示输入值。通过转换得到不同标度之间转换关系（如表 5.7 所示），现有标度值对应统一标度值转换表。

表 5.7　不同标度之间转换关系

Table 5.7　Transitions between different scales

标度等级	标度值	目标标度值
优	1	1
次优	2	0.8
良	3	0.6
合格	4	0.4
差	5	0.2

将 2014 年的天然气月高峰系数输入公式 $x = \dfrac{y - a_0}{a_1}$，即 y = 1.30，再将求出的 x 值代入公式 $y_1 = b_0 - b_2 x_1$，即 $x_1 = x$，得出三类天然气月不均匀系数目标标度（如表 5.8 所示）。

表 5.8　天然气月不均匀系数目标标度

Table 5.8　The target scale of the unevenness coefficient of natural gas month

天然气月高峰系数	标度	转换数据（一类）	转换数据（二类）	转换数据（三类）
1.30	过渡标度	0.19711	0.14814	-0.00835
	目标标度	1.16058	1.17037	1.20167

5.2.3　城市天然气应急系数标度

随着我国城市的快速发展，城市工业、居民等对气体燃料的需求量增加，同时，对储气设施的要求和数量具有迫切需求[19]。优质气体燃料提高了居民生活环境的质量，提高了能源利用效率。城市用气需求在时间上的不均衡，迫切需要提高天然气调峰、储能能力。

（1）本文使用天然气储存管输比度量城市的应急协调水平，城市天然气应急水平的达标程度即城市天然气应急系数列为天然气产业协调性的指标之一，并对城市天然气应急系数进行测算，测算城市的达标率，城市天然气应急系数 $R_c = \frac{t_n}{C_n}$。式中，R_c 表示城市天然气应急系数，t_n 表示满足天然气储存管输比 $\geqslant 0.001$ 的城市数量，C_n 表示城市数量。城市天然气应急系数越大达标的城市越多，城市应急水平越好。

（2）城市天然气储存管输比 $M_r = \frac{S_r}{q_p}$。式中，M_r 表示城市天然气储存管输比，S_r 表示城市天然气储存率，q_p 表示城市天然气管输量。城市天然气储存管输比越大调峰能力越强。

（3）城市天然气的存储率 $S_r = \frac{q_s}{Q_s}$。式中，S_r 表示城市天然气储存率，q_s 表示城市天然气储存量，Q_s 表示城市天然气供应量。

（4）管输量 $q_p = \frac{q_c}{l_p}$。式中，q_p 表示城市天然气管输量，q_c 表示城市天然气消费量，l_p 表示城市天然气管线长度。

表 5.9　城市天然气储存管输比

Table 5.9　Ratio between urban gas storage and pipeline transmission

地区	天然气储存率	天然气管输量	天然气储存管输比	$M_r \geq 1 \times 10^{-3}$
全国	6.297×10^{-3}	22.86495	2.75×10^{-4}	
北京	7.56×10^{-5}	50.35542	1.50×10^{-6}	
天津	4.29×10^{-4}	18.83856	2.28×10^{-5}	
河北	1.548×10^{-3}	20.73718	7.47×10^{-5}	
山西	1.418×10^{-3}	38.4321	3.69×10^{-5}	
内蒙古	3.028×10^{-3}	17.48471	1.73×10^{-4}	
辽宁	7.891×10^{-3}	7.866166	1.003×10^{-3}	*
吉林	1.763×10^{-3}	14.61788	1.21×10^{-4}	
河南	1.943×10^{-3}	17.39633	1.12×10^{-4}	
湖北	1.115×10^{-3}	16.01551	6.96×10^{-5}	
湖南	1.0314×10^{-2}	19.64603	5.25×10^{-4}	
广东	2.975×10^{-3}	56.55741	5.26×10^{-5}	
广西	1.7415×10^{-2}	7.775738	2.24×10^{-3}	*
海南	2.307×10^{-3}	12.95391	1.78×10^{-4}	
重庆	3.86×10^{-4}	24.02223	1.61×10^{-5}	
四川	2.95×10^{-4}	20.80646	1.42×10^{-5}	
贵州	3.86×10^{-2}	18.81889	2.05×10^{-3}	*
云南	4.33×10^{-2}	2.760715	1.57×10^{-2}	*
宁夏	6.31×10^{-5}	57.39737	1.10×10^{-6}	
新疆	9.32×10^{-4}	34.66842	2.69×10^{-5}	
西藏	0.00	0.00	0.00	
陕西	1.93×10^{-3}	25.56735	7.53×10^{-5}	
甘肃	1.75×10^{-3}	70.53325	2.48×10^{-5}	
青海	6.07×10^{-4}	114.9112	5.28×10^{-6}	

注：* 号表示是天然气综合调峰系数（也称天然气储存管输化）$\geq 1 \times 10^{-3}$ 的城市。因国家 2016 城乡建设统计数据库是以省级单位来统计，城市的天然气数据即城市对应的是省，本文暂未改动城乡建设统计数据库的原统计。

城市天然气储存率越大应急调峰能力越强，城市天然气管线输送压力越大越会削弱管线城市天然气应急调峰能力。

根据表 5.9 所示，计算中国城市天然气产业应急水平为 0.161，城市天然气综合调峰系数大于 0.001 的城市，城市天然气储存率、城市天然气管输量在一个合理的水平，但可以看出这些城市的城市天然气储存率最高也超不过 6%，低于 10%的国际水平[18]，远低于天然气工业发达、产业链完整、市场机制完善的美国[20]。而且只有 16.1%的城市在相对的安全线以上，所以，中国城市天然气产业应急水平很低。本文以 100%为尺度，可以将城市天然气产业应急水平分为五个级别，城市天然气产业应急水平在［0，20%］区间内的为差；在［21%，40%］区间内的为合格；在［41%，60%］区间内的为良；在［61%，80%］区间内的为次优；在［81%，100%］区间内的为优。2013 年中国城市天然气产业应急水平为差。

城市天然气综合调峰系数大于 0.001 的城市，城市天然气产业应急水平是达标的。但现实情况不能以一个数值作为绝对的分割线，本文根据合格城市天然气产业应急水平可变动幅度，得到三个 M_r 值，同时得到对应的城市天然气应急系数标度，如表 5.10 所示：

表 5.10　城市天然气应急系数目标标度

Table 5.10　Target scale of urban natural gas emergency coefficient

城市天然气储存管输比	城市天然气应急系数标度
$M_r > 0.0009$	0.19355
$M_r > 0.001$	0.16129
$M_r > 0.0018$	0.12903

5.2.4　县城天然气应急系数标度

（1）本文使用天然气储存管输比度量县城的应急协调水平，县城天然气应急水平的达标程度即县城天然气应急系数列为天然气产业协调性的指标之一，并对县城天然气应急系数进行测算，测算县城的达标率。县城天然气应急系数：

$$R'_c = \frac{t'_n}{C'_n} \tag{5.7}$$

式中：R'_c 表示县城天然气应急系数，t'_n 表示满足天然气储存管输比 ≥ 0.001 的县城数量，C'_n 表示县城数量。县城天然气应急系数越大达标的县城越多，县城应急水平越好。

（2）县城天然气储存管输比：

$$M'_r = \frac{S'_r}{q'_p} \tag{5.8}$$

式中，M'_r 表示县城天然气储存管输比，S'_r 表示县城天然气储存率，q'_p 表示县城天然气管输量。县城天然气储存管输比越大调峰能力越强。

（3）县城天然气的存储率：

$$S'_r = \frac{q'_s}{Q'_s} \tag{5.9}$$

式中，S'_r 表示县城天然气储存率，q'_s 表示县城天然气储存量，Q'_s 表示县城天然气供应量。

（4）管输量：

$$q'_p = \frac{q'_c}{l'_p} \tag{5.10}$$

式中，q'_p 表示县城天然气管输量，q'_c 表示县城天然气消费量量，l'_p 表示县城天然气管线长度。

县城天然气储存率越大应急调峰能力越强，县城天然气管输量越大越能削弱管线县城天然气应急调峰能力。

如表 5.11 所示，计算中国县城天然气产业应急水平为 0.067，天然气综合调峰系数大于 0.001 的县城，天然气储存率、县城天然气管线输送压力在一个合理的水平范围内，但可以看出这些县城的城市天然气储存率超过了 11%，高于 10%的国际水平，只有 6.7%的县城在绝对安全线以上；中国县城天然气产业应急水平 = 县城数量（县城天然气综合调峰系数 ≥ 0.001 的数量）/总县城数量，计算中国县城天然气产业应急水平为 0.533，天然气综合调峰系数大于 0.001 的县城，天然气储存率、天然气管线输送压力在一个合理的水平，但可以看出这些县城的城市天然气储存率普遍不超过 6.1%，低于 10%的国际水平，但有 53.3%的县城在相对安全线以上，所以，中国县城天然气产业应急水平还是较高的。

表 5.11　县城天然气储存管输比

Table 5.11　Counties of the ratio of natural gas storage and pipeline

地区	天然气储存率	天然气管线输送压力	天然气综合调峰系数	$M'_r \geq 0.001$
全国	0.00686	10.5778	0.00065	
天津	0	22.3696	0	
河北	0.01340	9.17270	0.00146	*
山西	0.00315	10.8464	0.00029	
内蒙古	0.0086	10.9612	0.00079	
辽宁	0.01205	4.34576	0.00277	*
吉林	0.01923	6.15533	0.00312	*
黑龙江	0.02575	4.60176	0.00560	*
江苏	90.00953	4.54761	0.00210	*
浙江	0.01168	4.75377	0.00246	*
安徽	0.00809	6.40076	0.00126	*
福建	0.02860	262.8744	0.00125	*
江西	0.06016	5.52420	0.01089	*
山东	0.00284	16.3729	0.00017	
河南	0.01011	9.26680	0.00109	*
湖北	0.00695	3.82268	0.00182	*
湖南	0.01034	7.50015	0.00138	*
广东	0.05077	5.75251	0.00883	*
广西	0.63846	1.12254	0.56876	*
海南	0.008	45.4545	0.00018	
重庆	0.00121	7.40089	0.00016	
四川	0.00130	10.0526	0.00013	
贵州	0.11667	8.0857	0.01443	*

续表

地区	天然气储存率	天然气管线输送压力	天然气综合调峰系数	$M'_r \geq 0.001$
云南	0.05910	7.9594	0.00743	*
西藏	0	0	0	
陕西	0.00536	15.62809	0.00034	
甘肃	06.01658	26.06729	0	
青海	0.004348	42.94107	0.00010	
宁夏	0.00042	29.78221	1.41E-05	
新疆	0.00662	24.63004	0.00027	
新疆兵团	0.00273	22.80212	0.00012	

注：*号表示是天然气综合调峰系数≥0.001 的城市。因国家 2016 城乡建设统计数据库是以省级单位来统计，县城的天然气数据即县城对应的是省，本文暂未改动城乡建设统计数据库的原统计。

县城天然气综合调峰系数大于 0.001 的县城，天然气产业应急水平是合格的。但现实情况不能以一个数值作为绝对的分割线，本文根据合格县城天然气产业应急水平可变动幅度，得到三个 M'_r 值，同时得到对应的县城天然气应急系数标度，如表 5.12 所示：

表 5.12　县城天然气应急系数目标标度

Table 5.12　Target scale of gas emergency coefficient in county town

县城天然气储存管输比	县城天然气应急系数标度
$M'_r > 0.0009$	0.53333
$M'_r > 0.001$	0.53333
$M'_r > 0.0018$	0.33333

5.3　天然气产业系统结构标度

经过优化选择，得到天然气产业系统结构标度的各指标优化后的权重。权重矩阵 $w = (0.3444,\ 03444,\ 0.2221,\ 0.0891)T$ 。

天然气产业系统结构测度的每个指标都有三个标度值，这是因为每个指标通过了大、中、小三个尺度的衡量，得到三个标度值，为了在同一个尺度下对比，经过标度转换，每个指标得到转换后的三个标度值。

表 5. 13　天然气产业协调性标度

Table 5. 13　Coordination scale of natural gas industry

天然气产业协调性指标	权重	标度值（＊标度区间）	标度值（＊＊标度区间）	标度值（＊＊＊标度区间）
天然气变异系数	0. 34438	0. 90877	1. 15950	1. 19690
天然气月高峰系数	0. 34438	1. 16058	1. 17037	1. 20167
城市天然气应急系数	0. 22216	0. 19355	0. 16129	0. 12903
县城天然气应急系数	0. 08907	0. 53333	0. 53333	0. 33333

注：＊号表示大的标度区间，按天然气变异系数［39. 03，261. 67］、天然气月高峰系数［1. 087，6. 49］、城市天然气应急系数［0. 0009，1］、县城天然气应急系数［0. 0009，1］次序排列相对应的大的标度区间；

＊＊号表示中等标度区间，按天然气变异系数［97. 21，261. 67］、天然气月高峰系数［1. 215，4. 084］、城市天然气应急系数［0. 001，1］、县城天然气应急系数［0. 001，1］，次序排列相对应的大的标度区间；

＊＊＊号表示小的标度区间，按天然气变异系数［103. 38，261. 67］、天然气月高峰系数［1. 303，3. 1］、城市天然气应急系数［0. 0018，1］、县城天然气应急系数［0. 0018，1］，次序排列相对应的大的标度区间。

加权后的天然气协调性标度值如表 5. 14 所示：

表 5. 14　加权后的天然气产业协调性标度

Table 5. 14　The coordination scale of natural gas industry after weighting

天然气产业协调性指标	标度值（＊标度区间）	标度值（＊＊标度区间）	标度值（＊＊＊标度区间）
天然气变异系数	0. 31296	0. 39931	0. 41219
天然气月高峰系数	0. 39968	0. 40306	0. 413834
城市天然气应急系数	0. 042300	0. 03583	0. 02867
县城天然气应急系数	0. 04751	0. 04751	0. 02970

注：＊号表示大的标度区间，＊＊号表示中等标度区间，＊＊＊号表示小的标度区间（同表 5. 13 注）。

结合表 5. 13 和表 5. 14 的参数，对中国天然气产业协调性进行了评估，得到了不同标度区间天然气产业协调性水平等级（如表 5. 15 所示）。天然气产业协调性水平在三种标度区间都显示为优（如表 5. 16 所示）。

表 5. 15　天然气产业发展协调性分析

Table 5. 15　Development coordination analysis of natural gas industry

天然气产业协调性指标	标度值（＊标度区间）	标度值（＊＊标度区间）	标度值（＊＊＊标度区间）
天然气变异系数	0. 31296	0. 39931	0. 41219
天然气月高峰系数	0. 39968	0. 40306	0. 41383
城市天然气应急系数	0. 04300	0. 03583	0. 02867
县城天然气应急系数	0. 04751	0. 04751	0. 02969
天然气产业协调性标度值	0. 80315	0. 88571	0. 88438

注：＊号表示大的标度区间，＊＊号表示中等标度区间，＊＊＊号表示小的标度区间（同表 5. 13 注）。

表 5. 16　天然气产业发展协调性等级

Table 5. 16　Development coordination level of natural gas industry

标度等级	等级判断	天然气产业协调性（＊标度区间）	天然气产业协调性（＊＊标度区间）	天然气产业协调性（＊＊＊标度区间）
优	$s \geq 0.8$	0. 803151245	0. 88570744	0. 884384465
次优	$0.6 \leq s < 0.8$			
良	$0.4 \leq s < 0.6$			
合格	$0.2 \leq s < 0.4$			
差	$s < 0.2$			

注：＊号表示大的标度区间，＊＊号表示中等标度区间，＊＊＊号表示小的标度区间（同表 5. 13 注）。

5. 4　天然气产业系统结构标度优化

5. 4. 1　天然气产业系统结构标度优化及合理性检验

使用规划方法建立的标度优化模型即公式 3. 4，采用 matlab 软件进

行求解，可以得到我们现实地定义理想标度区间，对被评指标标度值的认识与标度区间群体 G 有最高一致性的标度区间，即为 $b^* = (0.6778, 0.7288, 0.0638, 0.0741)^T$。根据准则，可以对大、中、小三种标度区间进行合理性分析，分别求他们与理想标度区间的指标标度值的最大偏差和均方差，令 $\varphi_{kh}^j = \left| \frac{b_k^j}{b_h^j} - \frac{b_k^*}{b_h^*} \right|$ $(k, h = 1, 2, 3, 4;\ k \neq h)$，用 φ^j 表示由 φ_{kh}^j 组成的偏差矩阵，即 $\varphi^j = [\varphi_{kh}^j]_{4\times4}$，故可以得出：

（1）在大的标度区间下，其偏差矩阵为：

$$\varphi^1 = \begin{bmatrix} 0.0000 & 0.1469 & 3.3502 & 2.5620 \\ 0.2018 & 0.0000 & 2.1337 & 1.4255 \\ 0.0433 & 0.0200 & 0.0000 & 0.0438 \\ 0.0424 & 0.0172 & 0.0574 & 0.0000 \end{bmatrix} \tag{5.11}$$

最大偏差 $s = \max\limits_{kh} \left| \frac{b_k^j}{b_h^j} - \frac{b_k^*}{b_h^*} \right| = 3.3502$，均方差 $\sigma = \frac{1}{4}\sqrt{\sum\limits_{h=1}^{4} \left[\frac{b_k^j}{b_h^j} - \frac{b_k^*}{b_h^*} \right]^2} = 1.2360$。

（2）在中等标度区间下，其偏差矩阵：

$$\varphi^2 = \begin{bmatrix} 0.0000 & 0.0037 & 0.2642 & 0.5556 \\ 0.0043 & 0.0000 & 0.0323 & 1.8331 \\ 0.0000 & 0.0004 & 0.0000 & 0.0116 \\ 0.0001 & 0.0003 & 0.0267 & 0.0000 \end{bmatrix} \tag{5.12}$$

最大偏差 $s = \max\limits_{kh} \left| \frac{b_k^j}{b_h^j} - \frac{b_k^*}{b_h^*} \right| = 1.8331$，均方差 $\sigma = \frac{1}{4}\sqrt{\sum\limits_{h=1}^{4} \left[\frac{b_k^j}{b_h^j} - \frac{b_k^*}{b_h^*} \right]^2} = 0.4132$。

（3）在小的标度区间下，其偏差矩阵：

$$\varphi^3 = \begin{bmatrix} 0.0000 & 0.0606 & 0.5140 & 0.7454 \\ 0.0658 & 0.0000 & 0.1797 & 1.3539 \\ 0.0045 & 0.0013 & 0.0000 & 0.1077 \\ 0.0096 & 0.0162 & 0.1636 & 0.0000 \end{bmatrix} \tag{5.13}$$

最大偏差 $s=\max\limits_{kh}\left|\frac{b_k^j}{b_h^j}-\frac{b_k^*}{b_h^*}\right|=1.3539$，均方差 $\sigma=\frac{1}{4}\sqrt{\sum\limits_{h=1}^{4}\left[\frac{b_k^j}{b_h^j}-\frac{b_k^*}{b_h^*}\right]^2}$ $=0.4132$。

从以上分析我们知道，小的标度区间的最大偏差 s 与均方差 σ 的取值均为最小，因此它的合理程度最高，用该标度区间得到的天然气产业协调性标度也最合理，其它标度区间的合理程度高低排序依次为：中等标度区间，大的标度区间。

5.4.2 天然气产业系统结构标度优化的敏感性检验

为了解小的标度区间的指标标度值的敏感性，进一步将小的标度区间的天然气产业协调性测度与大的标度区间的指标标度值进行对比分析。分析结果如表 5.17 所示：与大的标度区间指标标度值相比，在小的标度区间下天然气变异系数的敏感性正偏差 0.099，天然气月高峰系数的敏感性正偏差 0.014，城市天然气应急系数的敏感性负偏差 0.014，县城天然气应急系数的敏感性负偏差 0.017，天然气产业协调性的标度值的敏感性正偏差 0.081；与中等标度区间比较，天然气产业协调性各指标标度值的敏感性偏差较少，天然气变异系数的敏感性正偏差 0.013，天然气月高峰系数的敏感性正偏差 0.011，城市天然气应急系数的敏感性负偏差 0.007，县城天然气应急系数的敏感性负偏差 0.017，天然气产业协调性的标度值的敏感性负偏差 0.001。总体说来，在小的标度区间下，天然气产业协调性标度与其他区间偏差很大，却最敏感。

表 5.17 天然气产业发展协调性标度优化敏感性分析

Table 5.17 Optimization sensitivity analysis of natural gas industry development coordination scale

天然气产业协调性指标	标度值（小的标度区间）	敏感性偏差（与大的标度区间相比）	敏感性偏差（与中等标度区间相比）
天然气变异系数	0.41219	0.09923	0.01288
天然气月高峰系数	0.41383	0.01415	0.01078

续表

天然气产业 协调性指标	标度值 （小的标度区间）	敏感性偏差 （与大的标度区间相比）	敏感性偏差 （与中等标度区间相比）
城市天然气应急系数	0.02867	-0.01433	-0.00717
县城天然气应急系数	0.02969	-0.01784	-0.01781
天然气产业协调性测度值	0.88438	0.08123	-0.00132

从天然气产业协调性测度评估结果可见，2013—2015年间天然气产业协调性水平为0.88，处于优的标度级别，天然气产业标度区间的优化能更合理、更敏感的度量天然气产业协调性。

2020年由于城市天然气应急调峰系数、县城天然气应急调峰系数受政策影响较大，各地陆续出台天然气“十三五”规划，2020年城市天然气应急调峰系数、县城天然气应急调峰系数各升高一级作为预测值，各权重不变。

2030年由于城市天然气应急调峰系数、县城天然气应急调峰系数受政策影响较大，依据各地的天然气“十三五”规划，按照五年升一级，2030年城市天然气应急调峰系数、县城天然气应急调峰系数各升高三级作为预测值，各权重不变。

5.5 本章小结

本章对天然气产业系统结构标度及优化进行研究。中国天然气产业系统结构是巨系统内社会经济子系统、政策子系统、市场子系统、资源环境子系统与天然气产业子系统之间的相互联系、相互作用。天然气产业各子系统之间的相互关联（作用、影响、关系等）中最重要的关系包括：中国各地区之间天然气产销不平衡关系，中国天然气月消费与月天然气生产、月天然气进口之间的相互关系，中国城市燃气管道、储存设施与城市天然气供应之间的相互关系，中国县城燃气管道、储存设施与县城天然气供应之间的相互关系。中国各地区之间天然气产销不平衡关系可以由天然气变

本书基于产业发展潜力的天然气产业系统行为标度是产业发展潜力结合系统的行为标度设计建立起来的。因此，基于产业发展潜力的天然气产业系统行为标度是建立在中国天然气产业的系统结构上的，表达系统的动作和反应，并且是外界可见的、可测试的系统活动，包括世界天然气的消费潜力、储量和产量，中国天然气储量、产量水平，中国天然气开发和利用潜力，中国常规和非常规天然气资源潜力，中国天然气管道运输及储备能力，以及中国各地区天然气消费与配套基础设施。世界天然气的消费潜力、储量和产量可以分别由世界天然气产销比、世界探明储量累计可开采时间指标度量，中国天然气开发和利用潜力可以由中国天然气产销比指标度量，中国天然气储量、产量水平可以由中国探明储量累计可开采时间指标度量，中国常规和非常规天然气资源潜力可以由中国天然气资源的探明率指标度量，中国天然气管道运输及储备能力、中国各地区天然气消费与配套基础设施，可以分别由天然气管道密度、天然气异地利用系数指标度量，中国天然气产业系统行为的测度由这些指标构成。

根据中国天然气产业可持续发展的系统标度及优化的评价方法，为了使系统标度拥有更好的可信性和可靠性，需要确定指标的变异范围以及变异的两极即标度区间，并进行优化；为了使系统标度拥有更好的可信性和可靠性，需要确定中国天然气产业的系统行为评价等级。

6.1 天然气产业系统行为标度的测度指标

基于产业发展潜力的天然气产业系统行为标度是建立在中国天然气产业的系统结构上的，表达系统的动作和反应，这些系统的动作和反应就是中国天然气产业发展潜力，中国天然气产业发展潜力对应的指标构成了基于产业发展潜力的天然气产业系统行为的测度指标。

中国天然气产业发展潜力如下。

6.1.1 常规和非常规天然气资源潜力

常规天然气资源方面，2007—2015 年新一轮的全国油气资源评价显示：与 2007 年相比较，我国的常规天然气地质资源量增加了 158%。我国经济的发展迫切需要大量的资源支撑，配套的资源政策和规划的出台，带动了这些年我国勘查投入的不断增长，相应大幅地增加了工作量，国际学术交流的更加便利，带来了地质理论新发现，增大了学习天然气新技术和新管理模式的机会，加上国内同行的努力，通过加深地质认识和鼓励技术进步，极大地拓展了勘探领域，这些因素产生了效果就促使我国天然气资源量大幅增长[137]。

我国天然气资源分布不均，少数地区占有大部分的资源量，这些年我国天然气资源量的大幅增加主要是由这些重点地区贡献的，这其中包括四川盆地、鄂尔多斯盆地、塔里木盆地、松辽盆地、近海海域各盆地等。由于我国特殊的资源禀赋，我国在天然气资源的大规模开发和利用方面起步较晚。随着多重因素的作用产生效果，我国年均探明储量会保持在较高的水平，应该在年均 7000 亿立方米左右，这会使得我国天然气探明地质储量处于高峰阶段，保持持续的增长。由于大规模勘探开发较晚，所以我国处于勘探早期，至今常规天然气探明率仍仅为 14%，这表明我国常规天然气的勘探潜力还很大。

随着我国经济的发展、技术的进步、以及对页岩气认识的加深，未来经济技术条件会逐步完善并产生较大的改变，页岩气勘探和开发潜力将会伴随着条件的成熟而增大。我国煤炭资源丰富，必然会伴随有大量煤层气资源，目前虽然受勘探开发的各种条件与制度环境的限制以及与其他能源在价格和效益方面的竞争关系的影响，但随着未来对煤层气认识的加深、能源体系改革的深入，煤层气勘探和开发潜力也将会伴随着条件和制度环境的成熟而增大。

6.1.2　常规、非常规天然气勘探资源潜力

我国常规天然气探明率低，待探明天然气地质资源量约为77万亿立方米，可供勘探的空间大、资源潜力丰富，同时我国的天气资源分布不均，约88%的资源集中分布在九大盆地，超过35%的资源分布在低渗储层。随着勘探开发的继续，勘探开发的难度将更大，这就会要求具备更高的技术装备水平并且支付更高的勘探开发成本，同时有更严格的生态环境保护要求（如图6.1所示）。实际可开发页岩气资源主要位于四川盆地，煤层气主要位于沁水、鄂尔多斯等盆地。此外，我国非常规天然气分布地质条件复杂、环境条件险峻，可有效开发区域集中在四川盆地。这部分煤层气可采资源量相当于总量的30%，为4万亿立方米。

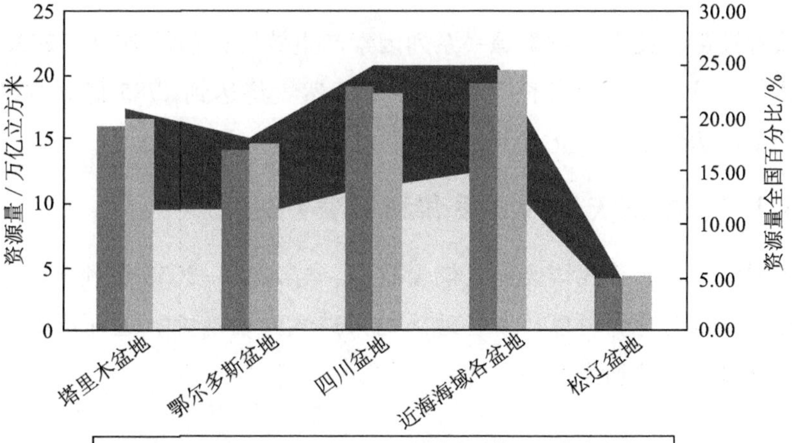

图6.1　常规天然气资源分布

Fig. 6.1　Conventional gas resources distribution

6.1.3　天然气储量、产量趋势

最近一轮油气资源评价指出，由于我国天然气资源大规模勘探开发起步较晚，随着投资、技术、政策等一系列因素产生效果，预计2016—2020年均探明储量为6960亿立方米；2021—2030年均探明储量7268亿立方

米，累计达到 10.75 万亿立方米（2016—2030 年）。预计到 2030 年探明率会达到 25.0%，勘探潜力仍很大。根据国土资源部数据，2005—2015 年我国天然气探明地质储量和探明剩余可采储量的变化趋势如图 6.2 所示。

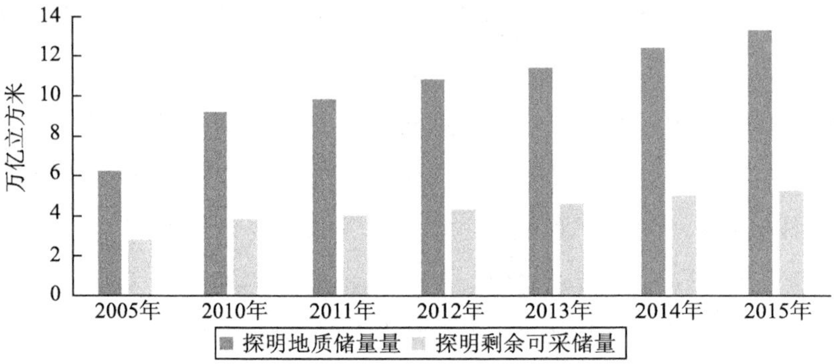

图 6.2　我国天然气开发潜力

Fig. 6.2　China's natural gas development potential

随着投资、技术、政策等一系列因素产生效果，预计 2016—2030 年全国天然气产量将有较快增长。到 2020 年天然气将达到 1785 亿立方米，煤层气产量可达到 251 亿立方米，产量总体上升。

6.1.4　中国天然气开发和利用潜力分析

依据国土资源部我国天然气储量数据，与 2016—2030 年预测的中国累积天然气产量对比，可以显示各地区的天然气开发潜力，进而反映可持续的状态（如图 6.3 所示）。

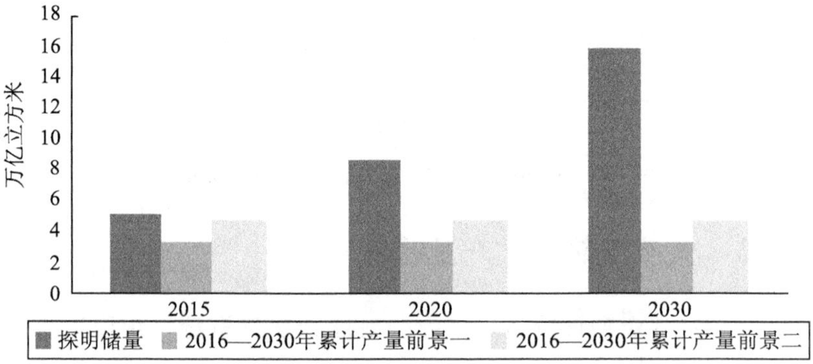

图 6.3　中国天然气开发潜力

Fig. 6.3　China's natural gas development potential

本书分别以2015年底的中国天然气探明储量，以及国土资源部预测的2020年和2030年中国天然气探明储量为基础，通过按照产量前景一生产与按照产量前景二生产进行对比之后显示：按照中国天然气产量前景一生产，2015年的探明储量可用23年，2020年预测的探明储量可用38年，2030年预测的探明储量可用70年；按照中国天然气产量前景二生产，2015年的探明储量可用16年，2020年预测的探明储量可用27年，2030年预测的探明储量可用50年。根据图6.3显示，中国天然气资源有充分的开发潜力，中国天然气开发的可持续性较强。

通过对2030年世界各地区消费缺口前景进行组合，呈现不同的供需差额，在不考虑最优条件下，世界各地区天然气利用的潜力常态如表6.1所示。

2030年中国消费缺口前景二，即2840亿立方米为中国消费缺口前景中的最大值，小于亚太缺口前景值3448亿立方米的范围，并且世界范围内还有2773.8亿立方米天然气的供给潜力，因此，在供给数量上世界天然气对中国天然气进口是有保障潜力的，对中国天然气消费的保障潜力是可持续的。

在中国天然气资源的开发潜力，以及世界天然气对中国天然气进口保障潜力方面，在供给数量上国内和国外对中国天然气消费的保障潜力是足够的、可持续的。

表6.1　世界各地区天然气利用的潜力的前景

Table 6.1　Prospects of gas utilization potential in all regions of the world

（单位：十亿立方米）

不同前景的组合结果	亚太	北美	中南美	欧洲及欧亚大陆	中东	非洲	供需差额（世界总消费缺口）
前景四（亚太、北美）、均值（中南美）、前景三（欧洲及欧亚大陆）、均值（中东）、均值（非洲）	344.48	36.39	26.79	-595.27	-41.97	-48	-277.58

6.1.5 中国天然气管道储备及运行

天然气管道是连通产业上下游的关键环节，2013 年，世界天然气管道总长为 287×10^4 千米。我国天然气管道长 4.85×10^4 千米，占世界的3%。我国的管道密度见表 6.2。我国天然气进口量很大，目前中缅油气管道、中亚天然气管道已成为我国进行天然气国际贸易重要工具之一，在“十三五”规划中，还会建设中俄天然气管线等主干工程，丰富中国陆上天然气进口多元化渠道，并会逐步完善国内干线、配套支线和城市管网。

表 6.2 中国和西方发达国家管道密度对比

Table 6.2 Contrasting the pipeline density between Chinese and western developed countries

国家	密度（$km\cdot km^{-2}$）	国家	密度（$km\cdot km^{-2}$）
中国	0.0083	法国	0.0661
美国	0.0534	奥地利	0.2731
俄罗斯	0.0093	比利时	0.1152
德国	0.1064		

从管道等基础设施管理机制上分析，美国和欧盟的一些拥有完善管网系统的发达国家，已经将管道视为公共设施进行规划布局并监督，通过市场化运营，激励第三方进入市场，推动了管道建设、运营的正向循环发展。我国油气管道在国家油气资源市场化机制改革的推动下，已经发生积极的变化，由于历史原因，我国油气管道由三大公司企业分别建设和运营，油气公司实行开采、运输和销售一体化运营。目前国家推动油气资源市场化机制改革，根据这一趋势，未来我国将会设立专门部门负责建设和运营油气管道，国有石油石化公司将成为市场运营的参与者之一。

LNG 解决了天然气运输的难题，我国 LNG 的进口量逐年上升，LNG 的运输也会像陆上管道一样，成为我国进行天然气国际贸易又一重要工具。我国进口 LNG 运输需求会因中国对天然气能源需求的增加而增大，但是目前我国自有 LNG 船队的运量只占到总运量的三分之一左右，运力不能满足日益增长的运输需求，为了弥补进口 LNG 的运输能力不足这一缺口，只有通过租赁国外的 LNG 船舶来提升运力。国家对 LNG 的自主运输已经开始高度关注，但是 LNG 运输多为与天然气开发一体的项目船运输，虽然国际上很多开发 LNG 的公司直接提供 LNG 运输，但由于我国目前签署的 LNG 合同大部分为 FOB 条款，因此必须自己提供运输工具，不过在规划期内我国将会投入 13 艘 LNG 船到运营中，运输问题会得到改善。目前我国进口 LNG 运输的路线都要经过战争、外交、自然灾害等不确定因素集中的地区，而且由于国际地缘政治、经济、外交环境的限制，很难在短期内自由地对气源国进行临时重新选择，或者根据需要灵活地更改运输计划以确保 LNG 的供给，这些限制条件会对我国的天然气产业发展造成阻碍。

由于我国的自然地理特征，我国天然气消费量较大的地区大部分位于沿海，我国沿海的 LNG 接收站可以缓解沿海地区天然气消费密集这一问题。对中国 LNG 接收站数量的分析可以得知，随着国家的投资、技术、政策等一系列条件产生效果，中国建成使用的 LNG 接收站已经有很多座，而且在建的更多数量 LNG 接收站，跟着一期、二期、三期 LNG 接收站项目规划逐渐实施、拓展。

随着我国天然气消费的增长，天然气调峰逐渐需求增大，除了 LNG 调峰外，地下储气库调峰应急储备成为平衡天然气供需的重要组成部分，其他天然气消费大国通常采用这一方式。美国和俄罗斯地下储气库的总工作气量已经占其年消费量的 17.4%和 17.0%（不包括战略储备气）。其他一些发达国家和地区的调峰应急储备也已达到年消费量的 17%～27%，我国与这些国家相比还存在差距。到 2014 年底，中国建成的地下储气库调峰能力只是天然气年消费量的 1.7%。目前，调峰能力不能满足天然气消费量的增长，严重制约了天然气消费的增长，尤其是在冬季[140]。中国石油规划总院预测，2020 年中国调峰需求约占年天然气消费量的 11%左右，并且储气调峰规模至少要达到 10%以上，才能满足天然气消费增长的需求[140]。

6.1.6 中国各地区天然气消费与配套基础设施配套状况

随着我国天然气消费的增长，天然气调峰需求逐渐增大，除了 LNG 调峰外，地下储气库调峰应急储备是平衡天然气供需的重要组成部分，对我国 LNG 接收站和地下储气库在各个地区分布的情况分析，可以看出各地天气调峰能力与天然气消费水平的匹配程度（如图 6.4 所示）。

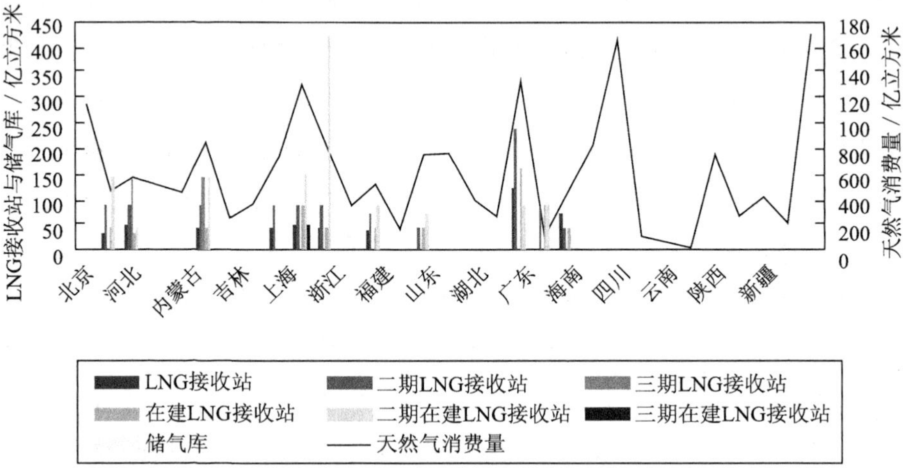

图 6.4　天然气消费与基础设施建设

Fig. 6.4　Natural gas consumption and infrastructure construction

天然气消费受天然气管网发展水平的影响，高天然气消费区也是集中拥有天然气基础设施的区域（如图 6.5 所示）。

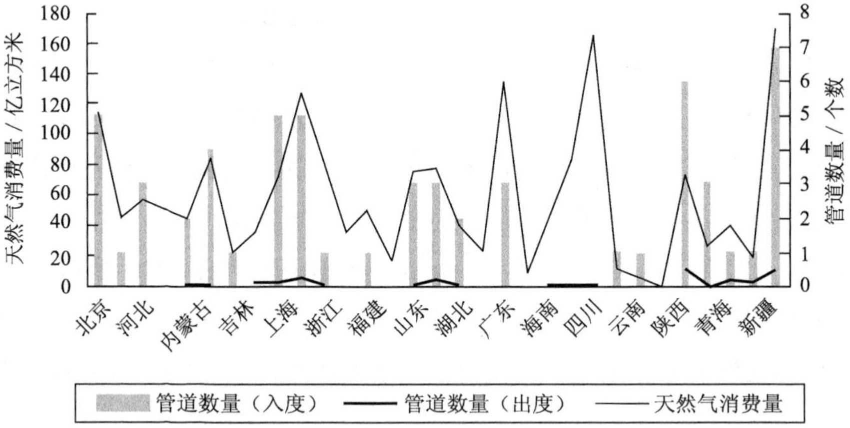

图 6.5　天然气消费与管道基础设施建设

Fig. 6.5　Gas consumption and pipeline infrastructure construction

我国储气库的建设与天然气消费是不相适合的，储气库数量不足，覆盖面不够（如图 6.6 所示）。

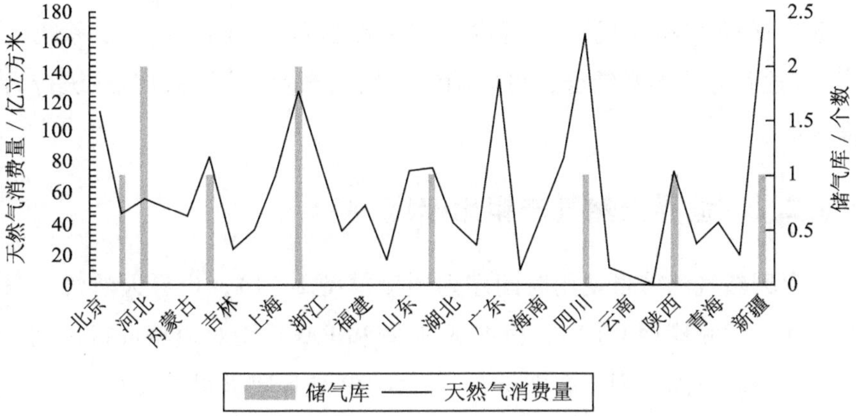

图 6.6　天然气消费与储气库基础设施建设

Fig. 6.6　Gas consumption and gas storage infrastructure

6.2　天然气产业的系统行为测度指标的标度区间

标度区间或是指标的变异范围是指，一定时期内的标度值都会在一定的范围内，标度值在这个范围内是一种常态，可重复的，这个区间的边界由两个极值构成，就是变异的两极，极端不常见的值可以不在这个区间内。所以，可以不用考虑不属于常态的值。以此为准则，标度的变异区间、维度，以及维度的测度指标的变异范围也就可以确定。

中国天然气产业系统行为维度以及维度的测度指标的变异范围的选定，还要根据维度以及维度的测度指标属性分布而定。范围取舍主要根据具体它所代表的研究对象而定，以是否有研究价值而定。如果中国天然气产业系统行为的某些方面是按照发达国家的演进模式发展，则相应的指标的变异范围以某一基本模式或发达国家发展为依据，变异的两极分布在国际和国内两个范围内。中国的经济条件、地理环境、社会环境、自然资源等与其他国家相比都存在很大差异，其他国家天然气产业发展的历史不能简单地、完全地在中国再现，因此在国际范围内选择的极值只能作为对标度区间范围的大致判断[139]。从时间序列的角度，与本国自身相比，实现对标度区间的衡量，可以与国际范围内选择的极值相互补充。此外，如果某一标度区间有相关的国际基准，则标度区间的选择需要参考这一基准[139]。这些方法相互结合，可以确定天然气产业发展潜力即系统行为的标度区间。

6.2.1 世界天然气产销比标度

世界天然气消费量使用时间序列预测模型 I（1），世界天然气产量使用时间序列预测模型 I（1），根据 ACF 图和 PACF 图对模型进行识别，判断一阶差分后时间序列具有平稳性，依据 BP 统计数据得出表 6.3。

表 6.3 世界天然气产业发展潜力

Table 6.3 The world's natural gas industry development potential

年份	世界天然气消费	世界天然气产量	世界天然气储采比	世界天然气产销比
2015	3549.52760	3604.85312	51.83975	1.015587
2016	3607.97004	3680.33807	50.77654	1.02006
2017	3665.67877	3739.02721	49.97950	1.02001
2018	3709.96023	3784.0610	49.38470	1.019974
2019	3747.29123	3822.02618	48.89414	1.01994
2020	3780.18050	3855.47420	48.46997	1.01992
2021	3809.91467	3885.71353	48.09276	1.01990
2022	3837.25807	3913.52146	47.75104	1.01987
2023	3862.70868	3939.4044	47.43730	1.01986
2024	3886.61241	3963.71428	47.14636	1.01984
2025	3909.22113	3986.70710	46.87445	1.01982
2026	3930.72496	4008.57625	46.61872	1.01981
2027	3951.27160	4029.47120	46.37697	1.01979
2028	3970.97854	4049.51370	46.14742	1.01978
2029	3989.94100	4068.79831	45.92872	1.01976
2030	4008.23749	4087.405640	45.71964	1.01975

世界天然气产销比只表示量的大小的指标，将其转化为可排序，可分出等级的标度，标度转换公式：

$$y = a_0 + a_1 x \tag{6.1}$$

其中，y 表示世界天然气产销比，a_0 表示初值，a_1 表示尺度值，x 表示转换数据值。

$$x = \frac{y - a_0}{a_1} \tag{6.2}$$

取 $x=5$，即量表分为 5 级，5 代表最高级，选取指标三个种类的初值及对应的最大幅度值代入公式，得到三个种类的世界天然气产销比标度转换尺度（如表 6.4 所示）。

表 6.4 世界天然气产销比标度转换

Table 6.4 World natural gas production and sales ratio scale conversion

标度种类	世界天然气产销比区间	世界天然气产销比转换尺度	标度初值
一	0.03092	0.00618	0.98977
二	0.02611	0.00522	0.99458
三	0.02226	0.00445	0.99843

为了达成标度的可比性，需要建立天然气产业系统行为的统一的标度，将所有的标度转化为五级，标度值的范围［0，1］。

标度转换公式：

$$y_1 = a_2 x_1 \tag{6.3}$$

其中，y_1 表示目标标度值，a_2 取 0.2，x_1 表示输入值。通过转换得到表 6.5，现有标度值对应统一标度值的转换表。

表 6.5 不同标度之间转换关系

Table 6.5 Conversion between different scales

标度等级	标度值	目标标度值
优	5	1
次优	4	0.8

续表

标度等级	标度值	目标标度值
良	3	0.6
合格	2	0.4
差	1	0.2

将 2015 年的世界天然气产销比输入公式 $x=\frac{y-a_0}{a_1}$，即 $y=1.01550$，再将求出的 x 值代入公式 $y_1=a_2x_1$，即 $x_1=x$，得出表 6.6 所示的三类天然气变异系数目标标度。

表 6.6　世界天然气产销比目标标度

Table 6.6　World natural gas production and sales than the target scale

时间	世界天然气产销比	转换数据（一类）	转换数据（二类）	转换数据（三类）
2015 年	1.01550	4.17506	4.02309	3.85382
目标标度值		0.83501	0.80462	0.77076

6.2.2　世界探明储量累计可开采时间标度

根据 BP 能源统计资料，得到 2015 年世界天然气探明储量，并使用时间序列预测法预测了 2016—2030 年世界天然气产量。假设 2015 年后世界天然气探明储量不再增加，以此为条件可以求出世界探明储量累计可开采时间（如表 6.7 所示）。

表 6.7　2015 年探明储量累计可开采时间

Table 6.7　Total recoverable time of 2015 proved reserves

2016—2030 年累计产量	2015 年探明储量累计可开采时间
高累计产量前景	44.90841 年

标度转换公式：

$$y=a_0+a_1x \tag{6.4}$$

其中，y 表示探明储量累计可开采时间值，a_0 表示初值，a_1 表示尺度值，x 表示转换数据值。

$$x = \frac{y - a_0}{a_1} \tag{6.5}$$

取 $x=5$，即量表分为 5 级，5 代表最高级，选取指标三个种类的初值及对应的最大幅度值代入公式 $x = \frac{y - a_0}{a_1}$，得到三个种类的世界探明储量累计可开采时间标度转换尺度（如表 6.8 所示）。

表 6.8　探明储量累计可开采时间标度转换

Table 6.8　Proved reserves Cumulative available mining time scale conversion

标度种类	探明储量累计可开采时间转换尺度	标度初值
一	20	0
二	16	0
三	12	0

为了达成标度的可比性，需要建立天然气产业系统行为统一的标度，将所有的标度转化为五级，标度值的范围［0，1］。

标度转换公式：

$$y_1 = a_2 x_1 \tag{6.6}$$

其中，y_1 表示目标标度值，a_2 取 0.2，x_1 表示输入值。通过转换得到现有标度值对应统一标度值的转换表（如表 6.9 所示）。

表 6.9　不同标度之间转换关系

Table 6.9　Conversion between different scales

标度等级	标度值	目标标度值
优	5	1
次优	4	0.8
良	3	0.6
合格	2	0.4
差	1	0.2

将 2014 年的探明储量累计可开采时间输入公式 $x = \frac{y - a_0}{a_1}$，即 $y = 45$，再将求出的 x 值代入公式 $y_1 = a_2 x_1$，即 $x_1 = x$，得出表 6.10 所示的三类探明储量累计可开采时间目标标度值。

表 6.10 探明储量累计可开采时间目标标度

Table 6.10 Accumulated Reserves Accruable Mining Time Target Scales

时间	探明储量累计可开采时间	转换数据（一类）	转换数据（二类）	转换数据（三类）
2014 年	45 年	2.25	2.8125	3.75
目标标度值		0.45	0.5625	0.75

6.2.3 中国天然气产销比标度

依据 BP 统计数据，使用时间系列预测，得到 1970—2030 年中国天然气产销比（如图 6.7、表 6.11 所示）。

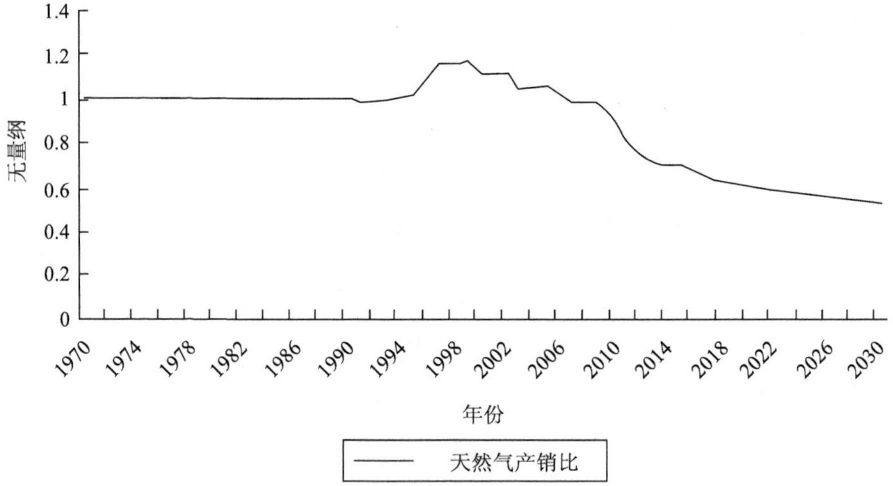

图 6.7 中国天然气产销比

Fig. 6.7 China's natural gas production and sales ratio

表 6.11　中国天然气产销之比前景

Table 6.11　Prospects of the ratio of China's natural gas production and marketing

年份	中国天然气产销比前景一	中国天然气产销比前景二	中国天然气产销比前景三	中国天然气产销比前景四
2015	0.68208	0.666225	0.715760	0.69911
2016	0.67247	0.64569	0.72876	0.69973
2017	0.66668	0.62949	0.74995	0.70812
2018	0.66129	0.614317	0.77095	0.71619
2019	0.65739	0.601157	0.79383	0.72592
2020	0.65413	0.58918	0.81690	0.73579
2021	0.65166	0.57847	0.84045	0.74607
2022	0.64973	0.56876	0.86407	0.75640
2023	0.64829	0.55995	0.88772	0.76676
2024	0.64726	0.55192	0.91130	0.77707
2025	0.64659	0.54457	0.93478	0.78729
2026	0.64621	0.53782	0.95812	0.79740
2027	0.64610	0.53160	0.98130	0.80739
2028	0.64622	0.52585	1.00431	0.81725
2029	0.64654	0.52053	1.02715	0.82696
2030	0.64704	0.51559	1.04981	0.83654

标度转换公式：

$$y = a_0 + a_1 x \tag{6.7}$$

其中，y 表示中国天然气产销比，a_0 表示初值，a_1 表示尺度值，x 表示转换数据值。

$$x = \frac{y - a_0}{a_1} \tag{6.8}$$

取 $x=5$，即量表分为 5 级，5 代表最高级，选取指标三个种类的初值及对应的最大幅度值代入公式 $x = \frac{y - a_0}{a_1}$，得到三个种类的中国天然气产销比标度转换尺度（如表 6. 12 所示）。

表 6. 12 中国天然气产销比标度转换

Table 6. 12 China's natural gas production and sales than the scale conversion

标度种类	中国天然气产销比转换尺度	标度初值
一	0. 15447	0. 4
二	0. 12	0. 4
三	0. 1	0. 5

为了达成标度的可比性，需要建立天然气产业系统行为统一的标度，将所有的标度转化为五级，标度值的范围［0，1］。

标度转换公式：

$$y_1 = a_2 x_1 \tag{6.9}$$

其中，y_1 表示目标标度值，a_2 取 0. 2，x_1 表示输入值。通过转换得到现有标度值对应统一标度值的转换表（如表 6. 13 所示）。

表 6. 13 不同标度之间转换关系

Table 6. 13 Conversion between different scales

标度等级	标度值	目标标度值
优	5	1
次优	4	0. 8
良	3	0. 6
合格	2	0. 4
差	1	0. 2

将 2014 年的中国天然气产销比输入公式 $x = \frac{y - a_0}{a_1}$，即 $y = 0.69853$，再将求出的 x 值代入公式 $y_1 = a_2 x_1$，即 $x_1 = x$，得出表 6. 14 所示的三类中国天然气产销比目标标度。

表 6.14　中国天然气产销比目标标度

Table 6.14　China's natural gas production and sales than the target scale

时间	中国天然气产销比	转换数据（一类）	转换数据（二类）	转换数据（三类）
2014 年	0.69853	1.93265	1.98529	2.48774
目标标度值		0.38653	0.39705	0.49755

6.2.4　中国探明储量累计可开采时间标度

根据最近一轮油气资源评价，预计 2016—2020 年均探明储量为 6960 亿立方米；2021—2030 年均探明储量 7268 亿立方米，累计达到 10.75 万亿立方米（2016—2030 年）。综合中国天然气生产量预测数据，得到中国探明储量累计可开采时间（如表 6.15 所示）。

表 6.15　中国探明储量累计可开采时间

Table 6.15　Total recoverable time of China's proven reserves

2016—2030 年累计产量	2015 年探明储量累计可开采时间	2020 年探明储量累计可开采时间	2030 年探明储量累计可开采时间
产量前景一	23.18268 年	38.47899 年	70.50219 年
产量前景二	16.59711 年	27.54815 年	50.47442 年

标度转换公式：

$$y = a_0 + a_1 x \tag{6.10}$$

其中，y 表示中国探明储量累计可开采时间值，a_0 表示初值，a_1 表示尺度值，x 表示转换数据值。

$$x = \frac{y - a_0}{a_1} \tag{6.11}$$

取 $x=5$，即量表分为 5 级，5 代表最高级，选取指标三个种类的初值及对应的最大幅度值代入公式 $x = \frac{y - a_0}{a_1}$，得到三个种类的中国探明储量累计可开采时间标度转换尺度（如表 6. 16 所示）。

表 6. 16　中国探明储量累计可开采时间标度转换

Table 6. 16　Cumulative recoverable time scale conversion for proven reserves in China

标度种类	中国探明储量累计可开采时间转换尺度	标度初值
一	20	0
二	16	0
三	12	0

为了达成标度的可比性，需要建立天然气产业系统行为统一的标度，将所有的标度转化为五级，标度值的范围［0，1］。

标度转换公式：

$$y_1 = a_2 x_1 \tag{6.12}$$

其中，y_1 表示目标标度值，a_2 取 0. 2，x_1 表示输入值。通过转换得到现有标度值对应统一标度值的转换表（如表 6. 17 所示）。

表 6. 17　不同标度之间转换关系

Table 6. 17　Conversion between different scales

标度等级	标度值	目标标度值
优	5	1
次优	4	0. 8
良	3	0. 6
合格	2	0. 4
差	1	0. 2

将 2015 年的中国探明储量累计可开采时间公式 $x = \dfrac{y - a_0}{a_1}$，即 $y =$ 23. 18268，再将求出的 x 值代入公式 $y_1 = a_2 x_1$，即 $x_1 = x$，得出表 6. 18 所示的三类中国探明储量累计可开采时间目标标度。

表 6. 18 中国探明储量累计可开采时间目标标度

Table 6. 18 Cumulative recoverable time target scale for proven reserves in China

时间	中国探明储量累计可开采时间	转换数据（一类）	转换数据（二类）	转换数据（三类）
2015 年	23. 18268 年	1. 15913	1. 44892	1. 93189
目标标度值		0. 23183	0. 28978	0. 38638

2015 年中国探明储量以 2016—2030 年产量前景一为基数可开采 23 年；以 2016—2030 年产量前景二为基数可开采 17 年。2020 年中国探明储量分别可开采 39 年和 28 年；2030 年中国探明储量分别可开采 71 年和 51 年。以上说明中国天然气开发潜力是可持续的。2015 年中国探明储量以 2016—2030 年产量前景一为基数在［21，40］区间内为合格；以 2016—2030 年产量前景二为基数在［0，20］区间内为差；2020 年中国探明储量在［21，40］区间内为合格；2030 年中国探明储量以 2016—2030 年产量前景一为基数在［61，80］区间内为次优；以 2016—2030 年产量前景二为基数在［41，60］区间内为良，以较大的 2016—2030 年产量前景二为底线。

2015—2030 年中国天然气产销比前景一、二显示中国天然气进口依赖度即对国际贸易的依赖度将逐渐增大到 35. 3%和 48. 5%；中国天然气产销比前景三、四显示中国天然气进口依赖度即对国际贸易的依赖度将逐渐减少到 0 和 16. 4%。2015 年中国天然气产销比前景一、二、三、四在［0. 66，0. 85］区间内为次优；2020 年中国天然气产销比前景一、三、四在［0. 66，0. 85］区间内为次优，前景二在［0. 46，0. 65］区间内为良，以最差前景为底线；2030 年中国天然气产销比前景三、四在［0. 86，1. 05］区间内为优，前景一、二在［0. 46，0. 65］区间内为良，以最差前景为底线。

6. 2. 5 中国天然气资源的探明率标度

根据最近一轮油气资源评价，预计到 2030 年探明率会达到 25. 0%，勘探潜力仍很大（如表6.19所示）。

表6.19　中国天然气资源的探明率预测

Table 6.19　Proven rate prediction of natural gas resource in China

中国天然气资源	2015年探明率	2030年探明率
探明程度	14%	25%
勘探阶段	勘探早期	勘探早中期

标度转换公式：

$$y = a_0 + a_1 x \tag{6.13}$$

其中，y表示中国天然气资源的探明率值，a_0表示初值，a_1表示尺度值，x表示转换数据值。

$$x = \frac{y - a_0}{a_1} \tag{6.14}$$

取$x=5$，即量表分为5级，5代表最高级，选取指标三个种类的初值及对应的最大幅度值代入公式$x = \frac{y - a_0}{a_1}$，得到三个种类的中国天然气资源的探明率标度转换尺度，如表6.20所示：

表6.20　中国天然气资源的探明率标度转换

Table 6.20　China's natural gas resources to determine the rate of conversion

标度种类	中国天然气资源的探明率转换尺度	标度初值
一	0.2	0
二	0.16	0
三	0.12	0

为了达成标度的可比性，需要建立天然气产业系统行为统一的标度，将所有的标度转化为五级，标度值的范围［0，1］。

标度转换公式：

$$y_1 = a'_0 + a_2 x_1 \tag{6.15}$$

其中，y_1表示目标标度值，为了把［0，1］划分为五个等级，a'_0取

1.2，a_2 取-0.2，x_1 表示输入值。通过转换得到现有标度值对应统一标度值的转换表（如表6.21所示）。

表6.21　不同标度之间转换关系

Table 6.21　Conversion between different scales

标度等级	标度值	目标标度值
优	1	1
次优	2	0.8
良	3	0.6
合格	4	0.4
差	5	0.2

将2015年的中国天然气资源的探明率输入公式 $x=\frac{y-a_0}{a_1}$，即 $y=0.14$，再将求出的 x 值代入公式 $y_1=a'_0+a_2x_1$，即 $x_1=x$，得出表6.22所示的三类天然气月不均匀系数目标标度。

表6.22　中国天然气资源的探明率目标标度

Table 6.22　Target rate of proven rate of natural gas resources in China

时间	中国天然气资源的探明率	转换数据（一类）	转换数据（二类）	转换数据（三类）
2015年	0.14	0.7	0.875	1.16667
目标标度值		1.06	1.025	0.96667

6.2.6　天然气管道密度标度

根据2012年世界各国管道统计数据，得到世界各国天然气管道密度（如图6.8所示）。

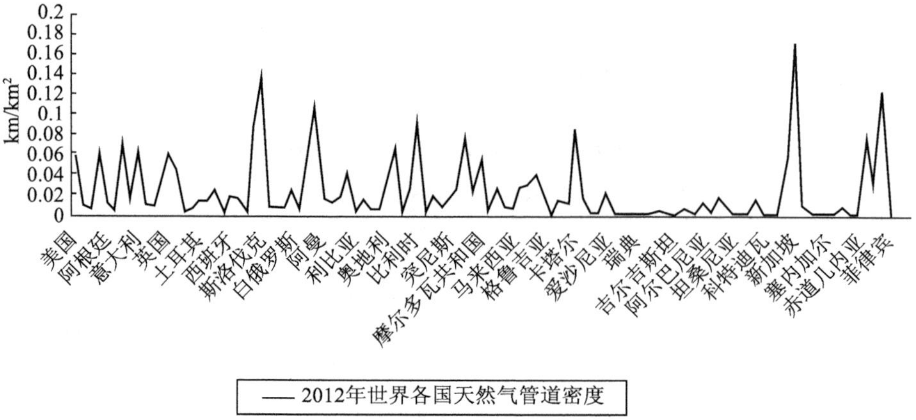

图 6.8 2012 年世界各国天然气管道密度

Fig. 6.8 Natural gas pipelinedensity in 2012

2013 年中国与天然气产业发展成熟的美国、欧盟等发达国家管道密度对比如表 6.23 所示。

表 6.23 中国和西方发达国家管道密度对比

Table 6.23 Contrasting pipe density between China and western developed countries

国家管道	密度（$km \cdot km^{-2}$）	国家管道	密度（$km \cdot km^{-2}$）
中国	0.0083	法国	0.0661
美国	0.0534	奥地利	0.2731
俄罗斯	0.0093	比利时	0.1152
德国	0.1064		

本书分为五级，天然气管道密度在［0.1，0.99］区间内为很完善；天然气管道密度在［0.01，0.099］区间内为完善；天然气管道密度在［0.001，0.0099］区间内为不完善；天然气管道密度在［0.0001，0.00099］区间内为差；天然气管道密度在［0.00001，0.00099］区间内为很差。奥地利、比利时、德国天然气管道密度大于 0.1，管道建设很完善；法国、美国天然气管道密度大于 0.05、小于 0.099，管道建设完善；俄罗斯、中国天然气管道密度大于 0.008、小于 0.0099，管道建设不完善。

标度转换公式：

$$y = a_0 + a_1 x \tag{6.16}$$

其中，y 表示天然气管道密度，a_0 表示初值，a_1 表示尺度值，x 表示转换数据值。

$$x = \frac{y - a_0}{a_1} \tag{6.17}$$

取 $x = 5$，即量表分为 5 级，5 代表最高级，选取指标三个种类的初值及对应的最大幅度值代入公式 $x = \frac{y - a_0}{a_1}$，得到三个种类的天然气管道密度标度转换尺度（如表 6.24 所示）。

表 6.24　天然气管道密度标度转换

Table 6.24　Natural gas pipeline density scale conversion

标度种类	天然气管道密度转换尺度	标度初值
一	0.03451	0.00066
二	0.02740	0.00115
三	0.02722	0.00205

为了达成标度的可比性，需要建立天然气产业系统行为统一的标度，将所有的标度转化为五级，标度值的范围 [0，1]。

标度转换公式：

$$y_1 = a_2 x_1 \tag{6.18}$$

其中，y_1 表示目标标度值，a_2 取 0.2，x_1 表示输入值。通过转换得到现有标度值对应统一标度值的转换表（如表 6.25 所示）。

表 6.25　不同标度之间转换关系

Table 6.25　Conversion between different scales

标度等级	标度值	目标标度值
优	5	1
次优	4	0.8

续表

标度等级	标度值	目标标度值
良	3	0.6
合格	2	0.4
差	1	0.2

将2014年的天然气管道密度输入公式 $x=\frac{y-a_0}{a_1}$，即 $y=0.0083$，再将求出的 x 值代入公式 $y_1=a_2x_1$，即 $x_1=x$，得出表6.26所示的三类天然气管道密度目标标度。

表6.26　天然气管道密度目标标度

Table 6.26　Natural gas pipeline density target scale

时间	天然气管道密度	转换数据（一类）	转换数据（二类）	转换数据（三类）
2014年	0.0083	0.22152	0.26102	0.22954
目标标度值		0.04430	0.05220	0.04591

6.2.7　天然气异地利用系数标度

本文使用天然气异地利用系数作为天然气产业行为标度的指标之一，天然气异地利用系数计算公式为：

$$N'_c=\frac{GED}{r_s} \tag{6.19}$$

其中，GED 表示国家天然气对外依存度，r_s 表示满足天然气储存率。国家天然气对外依存度越大，天然气异地利用系数越大；天然气储存率越大，天然气异地利用系数越小。天然气的存储率计算公式为：

$$r_s=\frac{q_w}{c_n} \tag{6.20}$$

其中，r_s 表示国家天然气储存率，q_w 表示天然气库工作气量，c_n 表示国家天然气消费量。

标度转换公式：

$$y = a_0 + a_1 x \tag{6.21}$$

其中，y 表示天然气异地利用系数值，a_0 表示初值，a_1 表示尺度值，x 表示转换数据值。

$$x = \frac{y - a_0}{a_1} \tag{6.22}$$

取 $x=5$，即量表分为5级，5代表最高级，选取指标三个种类的初值及对应的最大幅度值代入公式 $x = \frac{y - a_0}{a_1}$，得到三个种类的天然气异地利用系数标度转换尺度（如表6.27所示）。

为了达成标度的可比性，需要建立天然气产业系统行为统一的标度，将所有的标度转化为五级，标度值的范围［0，1］。

表6.27　天然气异地利用系数标度转换

Table 6.27　Natural gas off-site utilization coefficient scale conversion

标度种类	天然气异地利用系数转换尺度	标度初值
一	2.07216	0
二	1.88679	0
三	1.69244	0.97175

标度转换公式：

$$y_1 = a'_0 + a_2 x_1 \tag{6.23}$$

其中，y_1 表示目标标度值，a'_0 取1.2，a_2 取 -0.2，x_1 表示输入值。通过转换得到现有标度值对应统一标度值的转换表（如表6.28所示）。

表6.28　不同标度之间转换关系

Table 6.28　Conversion between different scales

标度等级	标度值	目标标度值
优	1	1
次优	2	0.8

续表

标度等级	标度值	目标标度值
良	3	0.6
合格	4	0.4
差	5	0.2

将 2014 年的天然气异地利用系数输入公式 $x = \frac{y - a_0}{a_1}$，即 $y = 10.36081$，再将求出的 x 值代入公式 $y_1 = a'_0 + a_2 x_1$，即 $x_1 = x$，得出表 6.29 所示的三类天然气异地利用系数目标标度。

表 6.29　天然气异地利用系数目标标度

Table 6.29　Natural gas off-site utilization factor target scale

时间	天然气异地利用系数	转换数据（一类）	转换数据（二类）	转换数据（三类）
2014 年	10.36081	5	5.49123	5.54764
目标标度值		0.2	0.10175	0.09047

利用灰色预测法 2015—2030 年中国天然气异地利用系数如图 6.9 所示。

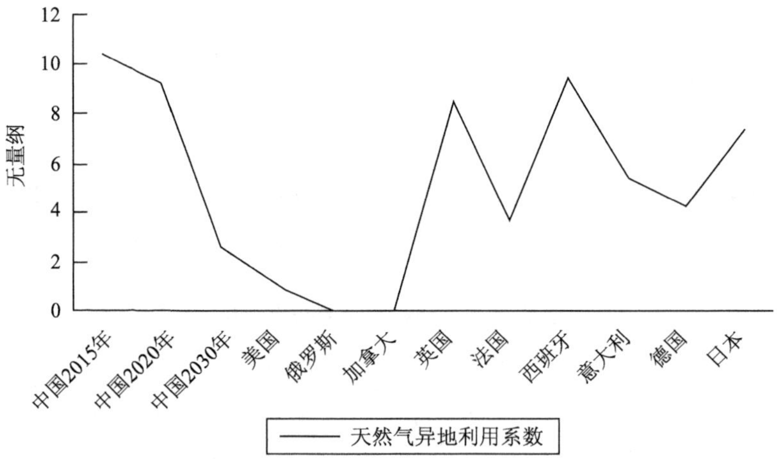

图 6.9　天然气异地利用系数

Fig. 6.9　Natural gas off-site utilizationfactor

6.3　天然气产业系统行为标度

经过优化选择，得到天然气产业系统形态标度的各指标优化后的权重。权重矩阵：

$w = (0.0871,\ 0.0871,\ 0.2021,\ 0.2021,\ 0.2021,\ 0.1326,\ 0.0871)^T$。

天然气产业系统行为测度的每个指标都有三个标度值，这是因为每个指标通过了大、中、小三个尺度的衡量，为了使其在同一个尺度下对比，经过标度转换，每个指标得到转换后的三个标度值如表6.30所示。

表6.30　天然气产业系统行为标度

Table 6.30　Natural gas industry system behavior scale

天然气产业行为指标	权重	标度值（大的标度区间）	标度值（中等标度区间）	标度值（小的标度区间）
世界天然气产销比	0.08706	0.83501	0.80462	0.77075
世界探明储量累计可开采时间	0.08706	0.45000	0.56250	0.75000
中国天然气产销比	0.20206	0.19355	0.16129	0.12903
中国探明储量累计可开采时间	0.20206	0.53333	0.53333	0.33333
中国天然气资源的探明率	0.20206	1.06000	1.02500	0.96667
中国天然气管道密度	0.13264	0.04431	0.05220	0.04591
中国天然气异地利用系数	0.08706	0.20000	0.10175	0.09050

加权后的天然气系统行为测度指标标度值如表6.31所示。

表6.31　加权后的天然气产业系统行为标度

Table 6.31　Weighted natural gas industry system behavior scale

天然气产业发展潜力指标	标度值（大的标度区间）	标度值（中等标度区间）	标度值（小的标度区间）
世界天然气产销比	0.07270	0.07005	0.06710
世界探明储量累计可开采时间	0.03918	0.04900	0.06529

续表

天然气产业发展潜力指标	标度值（大的标度区间）	标度值（中等标度区间）	标度值（小的标度区间）
中国天然气产销比	0. 03911	0. 03259	0. 02607
中国探明储量累计可开采时间	0. 10777	0. 10777	0. 06735
中国天然气资源的探明率	0. 21418	0. 20711	0. 19532
中国天然气管道密度	0. 00588	0. 00692	0. 00609
中国天然气异地利用系数	0. 01741	0. 00889	0. 00788

结合表 6. 30 和表 6. 31 的参数，对中国天然气产业系统行为进行评估（如表 6. 32 所示），得到不同标度区间天然气产业系统行为等级。天然气产业系统行为在三种标度区间都显示为良（如表 6. 33 所示）。

表 6. 32　天然气产业行为分析

Table 6. 32　Analysis of natural gas industry behavior

天然气产业行为指标	标度值（大的标度区间）	标度值（中等标度区间）	标度值（小的标度区间）
世界天然气产销比	0. 07270	0. 070050	0. 06710
世界探明储量累计可开采时间	0. 03918	0. 04897	0. 06530
中国天然气产销比	0. 03911	0. 03259	0. 02607
中国探明储量累计可开采时间	0. 10777	0. 10777	0. 06735
中国天然气资源的探明率	0. 21418	0. 20711	0. 19532
中国天然气管道密度	0. 00588	0. 00693	0. 00609
中国天然气异地利用系数	0. 01741	0. 00886	0. 00788
天然气产业行为	0. 49622	0. 482270	0. 43511

表 6.33　天然气产业行为等级

Table 6.33　Natural gas industry behavior level

标度等级	等级判断	天然气产业行为（大的标度区间）	天然气产业行为（中等标度区间）	天然气产业行为（小的标度区间）
优	$s \geq 0.8$			
次优	$0.6 \leq s < 0.8$			
良	$0.4 \leq s < 0.6$	0.49622	0.48227	0.43511
合格	$0.2 \leq s < 0.4$			
差	$s < 0.2$			

6.4　天然气产业系统行为标度的优化

6.4.1　天然气产业系统形态标度优化及合理性检验

根据规划方法建立的标度优化模型即公式 3.4，采用 matlab 软件进行求解，可以得到我们现实地定义理想标度区间，对被评指标标度值的认识与标度区间群体 G 有最高一致性的标度区间：$b^* = (0.2855,\ 0.2062,\ 0.1339,\ 0.3883,\ 0.8393,\ 0.0257,\ 0.0471)^T$。

根据准则，可以对大、中、小三种标度区间进行合理性分析，分别求出它们与理想标度区间的指标标度值的最大偏差和均方差，令 $\varphi_{kh}^j = \left|\frac{b_k^j}{b_h^j} - \frac{b_k^*}{b_h^*}\right|$ $(k,\ h = 1,\ 2,\ 3,\ 4,\ 5,\ 6,\ 7;\ k \neq h)$，用 φ^j 表示由 φ_{kh}^j 组成的偏差矩阵，即 $\varphi^j = [\varphi_{kh}^j]_{7\times 7}$，故可以得出：

（1）在大的标度区间下，其偏差矩阵为：

$$\varphi^1 = \begin{bmatrix} 0.0000 & 0.4700 & 0.2729 & 0.0609 & 0.0008 & 1.1697 & 1.8963 \\ 0.1830 & 0.0000 & 0.5374 & 0.1674 & 0.0627 & 1.4106 & 2.1344 \\ 0.0688 & 0.3481 & 0.0000 & 0.0179 & 0.0230 & 1.3966 & 0.6018 \\ 0.1227 & 0.8669 & 0.1429 & 0.0000 & 0.0406 & 3.1032 & 2.0663 \\ 0.0066 & 1.3940 & 0.7898 & 0.1745 & 0.0000 & 3.5199 & 5.5471 \\ 0.0085 & 0.0264 & 0.0403 & 0.0112 & 0.0030 & 0.0000 & 0.2056 \\ 0.0747 & 0.2159 & 0.0940 & 0.0404 & 0.0252 & 1.1132 & 0.0000 \end{bmatrix}$$

最大偏差 $s = \max\limits_{kh} \left| \frac{b_k^j}{b_h^j} - \frac{b_k^*}{b_h^*} \right| = 5.5471$，均方差 $\sigma = \frac{1}{7}\sqrt{\sum\limits_{h=1}^{7} \left[\frac{b_k^j}{b_h^j} - \frac{b_k^*}{b_h^*} \right]^2}$ $= 1.2486$。

（2）在中等标度区间下，其偏差矩阵为：

$$\varphi^2 = \begin{bmatrix} 0.0000 & 0.0440 & 0.0150 & 0.0859 & 0.0022 & 1.0074 & 1.7907 \\ 0.0222 & 0.0000 & 0.0369 & 0.0765 & 0.0091 & 0.9533 & 1.1184 \\ 0.0033 & 0.0159 & 0.0000 & 0.0424 & 0.0021 & 0.5059 & 0.8140 \\ 0.1799 & 0.3169 & 0.4068 & 0.0000 & 0.0579 & 0.4552 & 3.8507 \\ 0.0188 & 0.1562 & 0.0847 & 0.2403 & 0.0000 & 2.7707 & 5.4123 \\ 0.0089 & 0.0166 & 0.0205 & 0.0019 & 0.0028 & 0.0000 & 0.2306 \\ 0.0375 & 0.0463 & 0.0780 & 0.0384 & 0.0130 & 0.5460 & 0.0000 \end{bmatrix}$$

最大偏差 $s = \max\limits_{kh} \left| \frac{b_k^j}{b_h^j} - \frac{b_k^*}{b_h^*} \right| = 5.4123$，均方差 $\sigma = \frac{1}{7}\sqrt{\sum\limits_{h=1}^{7} \left[\frac{b_k^j}{b_h^j} - \frac{b_k^*}{b_h^*} \right]^2}$ $= 1.1073$。

（3）在小的标度区间下，其偏差矩阵为：

$$\varphi^3 = \begin{bmatrix} 0.0000 & 0.3570 & 0.4387 & 0.2602 & 0.0034 & 0.1523 & 2.4192 \\ 0.2510 & 0.0000 & 0.9619 & 0.4378 & 0.0887 & 2.6502 & 3.8786 \\ 0.0800 & 0.2497 & 0.0000 & 0.0424 & 0.0259 & 0.9518 & 0.4549 \\ 0.3556 & 0.8509 & 0.3175 & 0.0000 & 0.1175 & 4.1188 & 0.2699 \\ 0.0292 & 1.0795 & 1.2147 & 0.7361 & 0.0000 & 0.7688 & 6.8641 \\ 0.0012 & 0.0308 & 0.0425 & 0.0246 & 0.0007 & 0.0000 & 0.2275 \\ 0.0469 & 0.1069 & 0.0483 & 0.0038 & 0.0155 & 0.5408 & 0.0000 \end{bmatrix}$$

最大偏差 $s=\max_{kh}\left|\frac{b_k^j}{b_h^j}-\frac{b_k^*}{b_h^*}\right|=6.8641$，均方差 $\sigma=\frac{1}{7}\sqrt{\sum_{h=1}^{7}\left[\frac{b_k^j}{b_h^j}-\frac{b_k^*}{b_h^*}\right]^2}$ $=1.4283$。

从以上分析我们知道，中等标度区间的最大偏差 s 与均方差 σ 的取值均为最小，因此它的合理程度最高，用该标度区间得到的天然气产业行为标度也最合理，其它标度区间的合理程度高低排序依次为：大的标度区间，小的标度区间。

6.4.2　天然气产业系统行为标度优化的敏感性检验

根据标度敏感性检验方法，为了解中等标度区间的指标标度值的敏感性，进一步将中等标度区间的天然气产业行为测度与大的标度区间的指标标度值进行对比分析。如表 6.34 所示，与大的标度区间指标标度值相比，在中等标度区间下世界天然气产销比的敏感性正偏差 0.0026，世界探明储量累计可开采时间的敏感性负偏差 0.0098，中国天然气产销比的敏感性正偏差 0.0065，中国探明储量累计可开采时间的敏感性相同，中国天然气资源的探明率的敏感性正偏差 0.0071，中国天然气管道密度的敏感性负偏差 0.0010，中国天然气异地利用系数的敏感性正偏差 0.0086，天然气产业行为的标度值的敏感性正偏差 0.0139。与小的标度区间比较，天然气产业协调性各指标标度值的敏感性偏差更多，天然气产业系统行为的标度值的敏感性正偏差 0.0472。总体说来，在中等标度区间下，天然气产业系统行为标度与其它区间正负偏差大、敏感性强。

表 6.34　天然气产业系统行为标度优化敏感性分析

Table 6.34　Sensitivity analysis of the performance scale optimization of the natural gas industry system

天然气产业行为指标	标度值（中等标度区间）	敏感性偏差（与大的标度区间相比）	敏感性偏差（与小的标度区间相比）
世界天然气产销比	0.07005	0.00265	0.00295
世界探明储量累计可开采时间	0.04897	−0.00979	−0.01632

续表

天然气产业行为指标	标度值（中等标度区间）	敏感性偏差（与大的标度区间相比）	敏感性偏差（与小的标度区间相比）
中国天然气产销比	0. 03259	0. 00651	0. 00652
中国探明储量累计可开采时间	0. 10777	6E-09	0. 04041
中国天然气资源的探明率	0. 20711	0. 00707	0. 01179
中国天然气管道密度	0. 00692	-0. 00105	0. 00084
中国天然气异地利用系数	0. 00886	0. 00855	0. 00099
天然气产业行为测度值	0. 48227	0. 01395	0. 04716

从天然气产业系统行为标度测度评估结果可见，2013—2015 年间天然气产业系统行为标度为 0. 48 处于良的标度级别，天然气产业标度区间的优化能更合理、更敏感的度量天然气产业系统行为标度。

6. 5 本章小结

本章对天然气产业系统行为标度及优化进行研究。中国天然气产业系统行为标度表达系统的动作和反应，并且是外界可见的、可测试的系统活动包括：中国常规和非常规天然气资源潜力及分布，中国天然气储量、产量，中国天然气开发和利用潜力，中国天然气管道运输及储备能力，中国各地区天然气消费与配套基础设施，以及包括在系统环境中的世界天然气的储量和产量、消费潜力。系统环境中的世界天然气的消费潜力、储量和产量可以分别由世界天然气产销比、世界探明储量累计可开采时间指标度量，中国天然气开发和利用潜力可以由中国天然气产销比指标度量，中国天然气储量、产量可以由中国探明储量累计可开采时间指标度量，中国常规和非常规天然气资源潜力及分布可以由中国天然气资源的探明率指标度量，中国天然气管道运输及储备能力，中国各地区天然气消费与配套基础设施，可以分别由天然气管道密度、天然气异地利用系数指标度量。

根据中国天然气产业可持续发展的系统标度及优化的评价方法，确定了指标的变异范围以及变异的两极即标度区间，并进行优化。同时，确定中国天然气产业的系统行为评价的等级。

通过以上步骤，本章得到了优化后的中国天然气产业可持续发展的系统行为标度的测度指标的标度区间：城市应急水平［0.0009，1］，县城应急水平［0.0009，1］，世界天然气产销比［0.9733，1.02069］，世界探明储量累计可开采时间［0，80］，中国天然气产销比［0.4，1］，中国探明储量累计可开采时间［0，80］，中国天然气资源的探明率［0，0.8］，天然气管道密度［0.00115，0.13814］，天然气异地利用系数［0，9.433962265］。从天然气产业系统行为测度评估结果可见，2013—2015年间天然气产业系统行为标度为0.48，处于良的标度。

第7章

基于产业发展效益的天然气产业系统功能标度及优化

本书基于产业发展效益的天然气产业系统功能标度是产业发展效益结合系统的功能标度设计建立起来的。因此，中国天然气产业效益的系统功能是中国天然气产业与外部环境关系的描述：中国天然气利用与其他产业之间的关系描述，是指系统与环境相互联系、作用过程中表现出的能力；中国天然气产业效益的系统功能还包括中国天然气产业与城市经济、社会、人口、环境之间的关系描述以及中国天然气产业与县城经济、社会、人口、环境之间的关系描述。中国天然气产业与外部环境关系的描述可以由中国的能源结构演进状态指标度量，中国天然气利用与其他产业之间的关系描述可以由中国天然气消费结构演进状态指标度量，中国天然气产业与城市经济、社会、人口、环境之间的关系描述可以由中国城市天然气覆盖率指标度量，中国天然气产业与县城经济、社会、人口、环境之间的关系描述可以由中国县城天然气覆盖率指标度量，基于产业发展效益的系统功能的测度由这些指标构成。

根据第 3 章提出的中国天然气产业可持续发展的系统标度及优化的评价方法，为使系统标度拥有更好的可信性和可靠性，需要确定指标的变异范围以及变异的两极即标度区间，并进行优化；为使系统标度拥有更好的可信性和可靠性，需要确定中国天然气产业的系统功能评价等级。

7.1　天然气产业系统功能标度的测度指标

基于产业发展效益的天然气产业系统功能标度就是中国天然气产业与外部环境关系的描述，中国天然气产业与外部环境关系的描述就是中国天然气产业发展效益，中国天然气产业发展效益对应的指标构成了基于产业发展效益的天然气产业系统功能的测度指标。中国天然气产业系统功能包括以下几个方面。

7.1.1 中国天然气产业与外部环境关系的描述

随着中国经济的发展，中国的能源消费量也在不断增长，天然气消费量不断增大是必然的趋势。环境问题、能耗问题给中国带来了很大的压力。低碳、环保、高效就是未来中国能源消费必须的选择。目前可行的方案就是增加低碳、环保、热值高的天然气的使用量，增加天然气在一次能源消费中的比重。

为了探讨国家低碳趋势下天然气发展基本路径选择的可行性，这里提出能源结构演进-天然气消费关联、经济发展规模 GDP-天然气消费关联以及产业结构演进-天然气消费关联三个基本模型[95]。同时揭示国家（地区）能源结构演进、天然气消费总量、产业结构演进、经济发展规模 GDP 的相互关系及作用（如表 7.1 所示）。

表 7.1 国家（地区）能源结构演进、天然气消费总量、产业结构演进、经济发展规模 GDP 的相互关系

Table 7.1 Natural gas consumption of country(region)the relationship between evolution of industrial structure and energy structure evolution, economic development scale of GDP

因素	计算公式	与天然气消费相关度
产业结构演进	$ESD = \sum(P/P,\ S/P,\ T/P)(1 \rightarrow \infty)$ ESD 为地区产业结构多元演化进度（结构演进状态值）；P 为第一产业产出；S 为第二产业产出；T 为第三产业产出[95]	0.8779 <0.0001
能源结构演进	$EUSD = \sum(C/G,\ O/G,\ G/G,\ N/G,\ H/G,\ R/G)(1 \rightarrow \infty)$ EUSD 为地区一次能源消费结构变化状态；C 为煤炭消费；O 为石油消费；G 为天然气消费；N 为核能消费[95]；H 为水电；R 为其他可再生能源（太阳能、风能、地热和生物能等）等电力消费	−0.5298 <0.0001
GDP	GDP	0.9964 <0.0001

天然气消费与产业结构演进、能源结构演进、经济发展规模 GDP 相关度很高。产业结构演进对天然气消费影响不明显，因为我国的天然气消费在能源消费结构中占比太低，产业结构及生产效率应当对整个能源消费影

响明显。能源结构演进预测模型 IAR（3，1），GDP 预测模型 ARIMA（2，1，1），天然气消费回归模型 = 12.10323 − 0.10004 × 能源结构 +（0.0000000000172057）×GDP，“产业结构演进”变量在显著性水平 α = 0.05 下 P = 0.4962 不显著，说明产业结构演进对天然气消费影响不明显，剔除此变量，回归方程拟合优度检验的判定系数 R^2 = 0.9975，拟合程度很高，对应的 P 值（“$Pr > F$”）小于 0.0001，因此在 α = 0.05 条件下非常显著，回归方程整体上是显著的。单位为十亿立方米（如表 7.2 所示）。

同时，本文用天然气消费模型 IAR（1，1）的预测结果对天然气消费回归模型的预测结果进行验证，天然气消费模型 IAR（1，1）中我国 2030 年预测结果为正常值 3192.88 亿立方米和最高值 5819.17 亿立方米，最高值比较接近，天然气消费回归模型的预测结果可信度较强，根据 ACF 图和 PACF 图对天然气消费模型 IAR（1，1）、能源结构演进预测模型 IAR（3，1）、GDP 预测模型 ARIMA（2，1，1）进行识别，同时白噪声检验结果均不显著，判断时间序列具有平稳性，具有可信度。

表 7.2　中国天然气消费前景预测

Table 7.2　China's natural gas consumption outlook

日期	能源结构演进	正常 GDP 预测前景	高 GDP 预测前景	低 GDP 预测前景	正常天然气预测前景	高天然气预测前景	低天然气预测前景
2015-01-01	16.4766	1.15E+13	1.17E+13	1.12E+13	207.5611	212.5035	202.6186
2016-01-01	15.5587	1.25E+13	1.31E+13	1.2E+13	225.9942	235.3720	216.6163
2017-01-01	14.4399	1.36E+13	1.44E+13	1.27E+13	244.2869	258.7173	229.8565
2018-01-01	13.6539	1.46E+13	1.58E+13	1.35E+13	262.3872	282.4510	242.3234
2019-01-01	12.9859	1.57E+13	1.72E+13	1.41E+13	280.3181	306.5418	254.0943
2020-01-01	12.3136	1.67E+13	1.86E+13	1.48E+13	298.0930	330.9557	265.2303
2021-01-01	11.7718	1.77E+13	2E+13	1.54E+13	315.7000	355.6408	275.7591
2022-01-01	11.3088	1.87E+13	2.15E+13	1.6E+13	333.1455	380.5700	285.7209
2023-01-01	10.8802	1.97E+13	2.29E+13	1.65E+13	350.4353	405.7204	295.1502
2024-01-01	10.5163	2.07E+13	2.44E+13	1.7E+13	367.5677	431.0654	304.0700
2025-01-01	10.2025	2.17E+13	2.59E+13	1.75E+13	384.5455	456.5862	312.5048
2026-01-01	9.92216	2.27E+13	2.74E+13	1.8E+13	401.3717	482.2664	320.4769
2027-01-01	9.67958	2.36E+13	2.89E+13	1.84E+13	418.0471	508.0898	328.0044

续表

日期	能源结构演进	正常 GDP 预测前景	高 GDP 预测前景	低 GDP 预测前景	正常天然气预测前景	高天然气预测前景	低天然气预测前景
2028-01-01	9.46918	2.46E+13	3.04E+13	1.88E+13	434.5736	534.0427	335.1045
2029-01-01	9.28378	2.56E+13	3.19E+13	1.92E+13	450.9532	560.113	341.7934
2030-01-01	9.12237	2.65E+13	3.34E+13	1.96E+13	467.1872	586.2892	348.0852

我国天然气生产预测数据来自天然气生产预测模型 IAR（1，2），根据 ACF 图和 PACF 图对模型进行识别，同时白噪声检验结果均不显著，判断时间序列具有平稳性。第三种中国天然气消费预测前景即低中国消费预测前景，2030 年为 3480.85 亿立方米，如果按照我国能源消费结构调整目标，到 2030 年天然气占能源消费总量的比例不低于 10%。来自国家统计局的数据显示，2015 年我国能源消费总量为 430000 万吨标准煤，按照 10%的比例换算成天然气就是 3342.4 亿立方米。根据统计，我国能源消费总量是不断增长的，2030 年天然气占能源消费总量的比例为 15%，因此 2030 年我国天然气消费可能远远超出 3480.85 亿立方米，因此可以不考虑第三种天然气消费预测前景。同样中国天然气消费的政策会鼓励天然气生产不断增长，不会降低产量，可以不考虑第三种天然气生产预测前景，即低中国生产预测前景。所以，我国有四种可能的天然气消费缺口前景（如图 7.1 所示）。

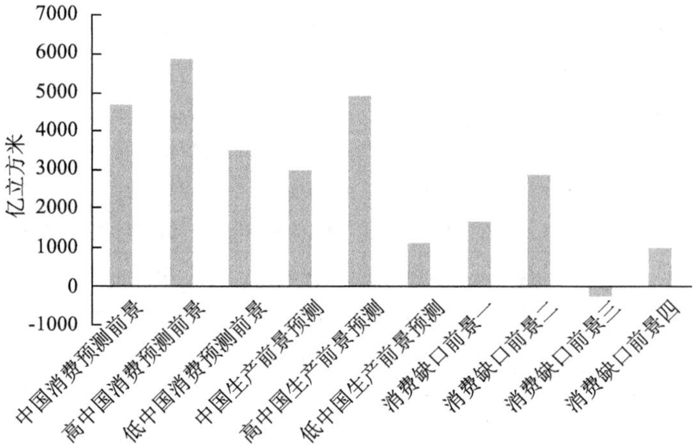

图 7.1　2030 年中国天然气消费与生产预测

Fig. 7.1　China's natural gas consumption and production forecast in 2030

7.1.2　中国天然气利用与其他产业之间的关系描述

2000 年以前，化工和工业的燃料用气占天然气消费的主体，生活燃气和发电用气仅占较少部分。随着天然气需求增加，2000—2014 年中国天然气消费结构也逐步向多元化发展（如图 7.2 所示）。

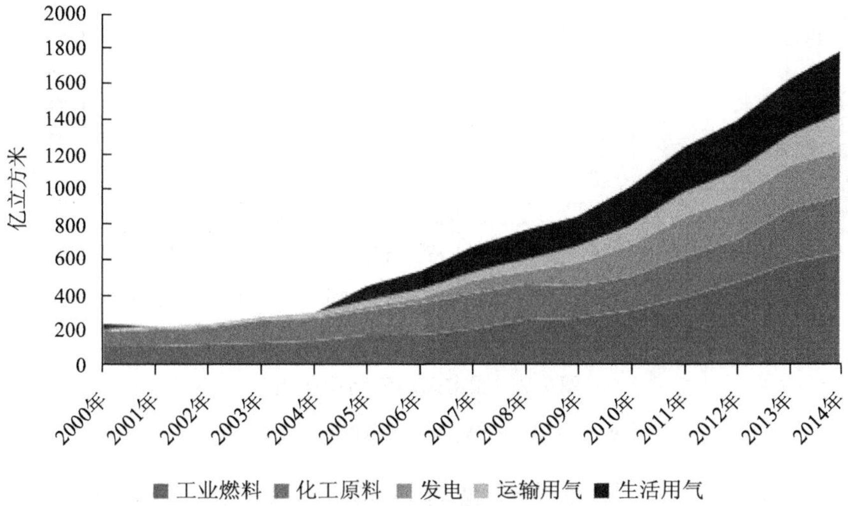

图 7.2　中国天然气消费结构

Fig. 7.2　China's natural gas consumption structure

$GCSD$ 为地区天然气消费结构演进状态。$GCSD$ 的计算公式为：

$$GCSD = \sum (I/C, C/C, P/C, T/C, L/C)(1 \to \infty) \tag{7.1}$$

式中：I 为工业燃料；C 为化工原料；P 为发电用气；T 为交通工具用气；L 为生活用气。化工原料的占比 = $1/GCSD$。

7.1.3　中国天然气产业与城市经济、社会、人口、环境之间的关系

如图 7.3 所示，城市天然气管线输送前景二应是未来天然气基础设施发展的方向。城市天然气的使用程度与经济发展、社会导向、人口增长有着密切的关系。城市覆盖率使用 IAR（2，1）模型预测，城市天然气管线长度使用 IAR（1，2）模型预测，城市天然气供应量使用 ARIMA（2，2，

1）模型预测。根据 ACF 图和 PACF 图对模型进行识别，同时白噪声检验结果均不显著，判断时间序列具有平稳性（如图 7.3 所示）。

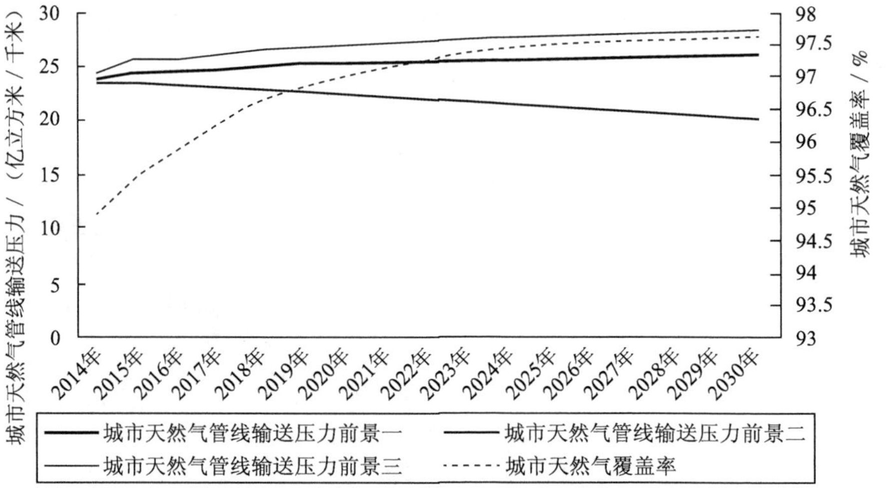

图 7.3 城市天然气利用前景

Figure 7.3 City gas utilization prospect

7.1.4 中国天然气产业与县城经济、社会、人口、环境之间的关系的描述

县城天然气的使用程度与县城经济发展、社会导向、人口增长有着密切的关系。未来中国县城天然气覆盖率将会提高到一定的水平上。使用 GM（1，1）模型预测（如图 7.4 所示）。

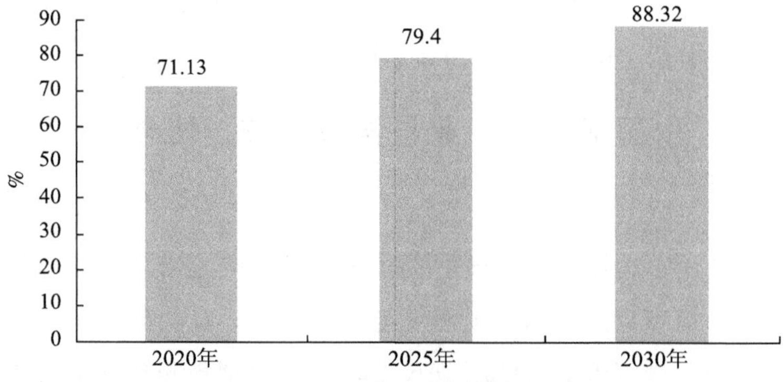

图 7.4 县城天然气覆盖率

Fig. 7.4 County natural gas coveragerate

7.2 天然气产业的系统功能测度指标的标度区间

标度区间或者指标的变异范围是指一定时期内的标度值都会在一定的范围内，标度值在这个范围内是一种常态，是可重复的，这个区间的边界由两个极值构成，就是变异的两极，极端不常见的值可以不在这个区间内。所以，可以不用考虑不属于常态的值。以此为准则，标度的变异区间、维度，以及维度的测度指标的变异范围就可以确定。

中国天然气产业系统功能维度以及维度的测度指标的变异范围的选定，还要根据维度以及维度的测度指标属性分布而定。范围取舍主要根据具体它所代表的研究对象而定，以是否有研究价值而定。如果中国天然气产业系统功能的某些方面是按照发达国家的演进模式发展，则相应的指标的变异范围以某一基本模式或发达国家发展为依据，变异的两极分布在国际和国内两个范围内。中国的经济条件、地理环境、社会环境、自然资源等与其他国家相比都存在很大差异，其他国家天然气产业发展的历史不能简单地、完全地在中国再现，因此在国际范围内选择的极值只能作为对标度区间范围的大致判断[139]。从时间序列的角度，与本国自身相比，实现对标度区间的衡量，可以与国际范围内选择的极值相互补充。此外，如果某一标度区间有相关的国际基准，则标度区间的选择需要参考这一基准[139]。这些方法相互结合，可以确定天然气产业发展效益即系统功能的标度区间。

7.2.1 中国城市天然气覆盖率标度

使用时间序列预测法，根据城乡建设统计数据，得到2014—2030年中国城市天然气覆盖率（如表7.3、7.4所示）。

表 7.3 2014—2022 年中国城市天然气覆盖率预测

Table 7.3 China city natural gas coverage prediction by 2014—2022

时间	2014 年	2015 年	2016 年	2017 年	2018 年	2019 年	2020 年	2021 年	2022 年
城市天然气基础设施投资（万元）	441.786	440.800	440.361	440.167	440.080	440.041	440.024	440.017	440.013
高城市天然气基础设施投资（万元）	487.997	519.543	559.044	595.319	627.358	655.774	681.309	704.574	726.029
低城市天然气基础设施投资（万元）	395.574	362.057	321.679	285.014	252.802	224.309	198.739	175.459	153.997
城市天然气覆盖率（%）	94.8755	95.494	95.9268	96.2997	96.5821	96.8135	96.9941	97.1394	97.2541

表 7.4 2023—2030 年中国城市天然气覆盖率预测

Table 7.4 China city natural gas coverage prediction by 2023—2030

时间	2023 年	2024 年	2025 年	2026 年	2027 年	2028 年	2029 年	2030 年
城市天然气基础设施投资（万元）	440.012	440.011	440.011	440.011	440.010	440.010	440.010	440.010
高城市天然气基础设施投资（万元）	746.015	764.787	782.538	799.415	815.535	830.992	845.861	860.204
低城市天然气基础设施投资（万元）	134.008	115.235	97.484	80.606	64.486	49.029	34.160	19.817
城市天然气覆盖率（%）	97.345	97.418	97.476	97.522	97.558	97.587	97.610	97.629

城市天然气覆盖率是只表示量的大小的指标，将其转化为可排序，可分出等级的标度，标度转换公式：

$$y = a_0 + a_1 x \tag{7.2}$$

其中，y 表示城市天然气覆盖率值，a_0 表示初值，a_1 表示尺度值，x 表示转换数据值。

$$x = \frac{y - a_0}{a_1} \tag{7.3}$$

取 $x=5$，即量表分为 5 级，5 代表最高级，选取指标三个种类的初值及对应的最大幅度值代入公式，得到三个种类的城市天然气覆盖率标度转换尺度（如表 7.5 所示）。

表 7.5　城市天然气覆盖率标度转换

Table 7.5　Urban natural gas coverage scale conversion

标度种类	城市天然气覆盖率转换尺度	标度初值
一	17.68	11.6
二	17.4	13
三	17.12	14.4

为了达成标度的可比性，需要建立天然气产业系统功能统一的标度，需将所有的标度在转化为五级，标度值的范围［0，1］。

标度转换公式：

$$y_1 = a_2 x_1 \tag{7.4}$$

其中，y_1 表示目标标度值，a_2 表示 0.2，x_1 表示输入值。通过转换得到表 7.6，现有标度值对应统一标度值的转换表。

表 7.6　不同标度之间转换关系

Table 7.6　Conversion between different scales

标度等级	标度值	目标标度值
优	5	1
次优	4	0.8
良	3	0.6
合格	2	0.4
差	1	0.2

将 2014 年的城市天然气覆盖率输入公式 $x = \frac{y - a_0}{a_1}$，即 $y = 94.876$，再将求出的 x 值代入公式 $y_1 = a_2 x_1$，即 $x_1 = x$，得出表 7.7 所示的三类城市天然气覆盖率目标标度。

表 7.7　城市天然气覆盖率目标标度

Table 7.7　Urban natural gas coverage targets scale

时间	城市天然气覆盖率	转换数据（一类）	转换数据（二类）	转换数据（三类）
2014 年	94.876	4.71018	4.70552	4.70070
目标标度值		0.94204	0.94110	0.94014

7.2.2　中国县城天然气覆盖率标度

使用时间序列预测法，根据城乡建设统计数据，得到 2014—2030 年中国县城天然气覆盖率（如表 7.8 所示）。

表 7.8　中国县城天然气覆盖率预测

Table 7.8　China national county natural gas coverage prediction

时间	2013 年	2020 年	2025 年	2030 年
县城天然气覆盖率（%）	71.1	71.13	79.4	88.32

标度转换公式：

$$y = a_0 + a_1 x \tag{7.5}$$

其中，y 表示县城天然气覆盖率值，a_0 表示初值，a_1 表示尺度值，x 表示转换数据值。

$$x = \frac{y - a_0}{a_1} \tag{7.6}$$

取 $x = 5$，即量表分为 5 级，5 代表最高级，选取指标三个种类的初值及对应的最大幅度值代入公式 $x = \frac{y - a_0}{a_1}$，得到三个种类的县城天然气覆盖率标度转换尺度（如表 7.9 所示）。

表 7.9　县城天然气覆盖率标度转换

Table 7.9　Natural Gas Coverage Scale Conversion in County Cities

标度种类	县城天然气覆盖率转换尺度	标度初值
一	17.68	11.6
二	17.4	13
三	17.12	14.4

为了达成标度的可比性，需要建立天然气产业发展效益统一的标度，需将所有的标度在转化为五级，标度值的范围［0，1］。

标度转换公式：

$$y_1 = a'_0 - a_2 x_1 \tag{7.7}$$

其中，y_1 表示目标标度值，a'_0 表示 1.2，a_2 表示 0.2，x_1 表示输入值。通过转换得到现有标度值对应统一标度值的转换表（如表 7.10 所示）。

表 7.10　不同标度之间转换关系

Table 7.10　Conversion between different scales

标度等级	标度值	目标标度值
优	5	1
次优	4	0.8
良	3	0.6
合格	2	0.4
差	1	0.2

将 2014 年的县城天然气覆盖率输入公式 $x = \frac{y - a_0}{a_1}$，即 $y = 71.1$，再将求出的 x 值代入公式 $y_1 = a'_0 - a_2 x_1$，即 $x_1 = x$，得出所示的三类县城天然气覆盖率目标标度（如表 7.11）。

表 7.11　县城天然气覆盖率目标标度

Table 7.11　Targets for natural gas coverage in county cities

时间	县城天然气覆盖率	转换数据（一类）	转换数据（二类）	转换数据（三类）
2014 年	71.1	3.36538	3.33908	3.31192
目标标度值		0.67308	0.66782	0.66238

7.2.3　中国能源消费结构标度

2016 年 1 月 17 日，国家发改委和国家能源局印发《能源发展“十三五”规划》，提出“十三五”期间非化石能源消费及天然气消费比重分别达到 15%和 10%。与以往的目标将煤炭消费比重降低到 58%以下不同，这是建立在天然气消费比重增加到 10%的基础上。中国目前面临大量的环境问题，特别是雾霾等引起社会普遍关注的重大环境问题。推进能源结构调整，加快发展天然气等清洁能源的利用，就是解决环境问题的重要举措之一，能源结构的调整将对环境和社会产生非常大的贡献。

EUSD 为中国能源消费结构演进状态。*EUSD* 的计算公式为：

$$EUSD = \sum (C/G,\ O/G,\ G/G,\ N/G,\ H/G,\ R/G)(1 \rightarrow \infty) \quad (7.8)$$

式中：*EUSD* 为地区一次能源消费结构变化状态，*C* 为煤炭消费；*O* 为石油消费；*G* 为天然气消费；*N* 为核能消费；*H* 为水电消费；*R* 为其他可再生能源（太阳能、风能、地热和生物能等）等电力消费。使用时间系列预测法对中国能源消费结构进行预测如表 7.12 所示。

表 7.12　中国能源消费结构演进预测

Table 7.12　China's energy consumption structure evolution prediction

时间	2015 年	2016 年	2017 年	2018 年	2019 年	2020 年	2021 年	2022 年
能源结构演进	16.4766	15.5587	14.4399	13.6539	12.9859	12.3136	11.7717	11.3088
时间	2023 年	2024 年	2025 年	2026 年	2027 年	2028 年	2029 年	2030 年
能源结构演进	10.8802	10.5162	10.2025	9.9221	9.6795	9.4691	9.2837	9.1223

中国希望2020年天然气在一次能源消费结构中的占比约为10%，2030年天然气在一次能源消费结构中的占比有望达到15%，2017年中国天然气在一次能源消费结构中的占比为7%，以6%～15%为范围，可以覆盖2017—2030年中国天然气的变化区间，对应6%和15%的能源消费结构演进值为16.6和6.6。

标度转换公式：

$$y = a_0 + a_1 x \tag{7.9}$$

其中，y 表示中国能源消费结构值，a_0 表示初值，a_1 表示尺度值，x 表示转换数据值。

$$x = \frac{y - a_0}{a_1} \tag{7.10}$$

取 $x=5$，即量表分为5级，5代表最高级，选取指标三个种类的初值及对应的最大幅度值代入公式 $x = \frac{y - a_0}{a_1}$，得到三个种类的中国能源消费结构标度转换尺度（如表7.13所示）。

表7.13　中国能源消费结构演进标度转换

Table 7.13　Scale transformation of energy consumption structure in china

标度种类	中国天然气能源消费结构转换尺度	标度初值
一	2.50354	5
二	2.18354	6.6
三	1.67907	9.122

为了达成标度的可比性，需要建立天然气产业发展效益统一的标度，需将所有的标度再转化为五级，标度值的范围［0，1］。

标度转换公式：

$$y_1 = a'_0 - a_2 x_1 \tag{7.11}$$

其中，y_1 表示目标标度值，a'_0 表示1.2，a_2 表示0.2，x_1 表示输入值。通过转换得到现有标度值对应统一标度值的转换表（如表7.14所示）。

表 7.14 不同标度之间转换关系

Table 7.14 Change the relationship between different scales

标度等级	标度值	目标标度值
优	1	1
次优	2	0.8
良	3	0.6
合格	4	0.4
差	5	0.2

将2014年的中国能源消费结构演进输入公式 $x = \frac{y - a_0}{a_1}$，即 y = 17.51771，再将求出的 x 值代入公式 $y_1 = a'_0 - a_2 x_1$，即 $x_1 = x$，得出表7.15所示的三类中国能源消费结构演进目标标度。

表 7.15 中国能源消费结构演进目标标度

Table 7.15 China's energy consumption structure evolution goal scale

时间	中国天然气能源消费结构	转换数据（一类）	转换数据（二类）	转换数据（三类）
2014年	17.51771	5	5	5
目标标度值		0.2	0.2	0.2

7.2.4 中国天然气消费结构标度

2000年以前，中国天然气消费主要是化工用气和工业燃料用气，生活燃气和发电用气仅占较少部分。随着天然气需求不断增加，中国天然气消费结构也逐步向多元化发展（如表7.16所示）。

表 7.16　中国天然气消费结构演进

Table 7.16　China's energy consumption structure evolution

日期	工业燃料	化工原料	发电	运输用气	生活用气	天然气消费结构演进
2000 年	103.83	88.73	6.44	8.81	32.32	2.7063
2001 年	113.55	93.97	7.29	10.96	32.32	2.74651
2002 年	116.17	99.44	6.92	16.37	32.32	2.72747
2003 年	125.15	128.13	7.54	18.82	32.32	2.43471
2004 年	142.99	122.9	12.74	26.16	32.32	2.74296
2005 年	168.57	141.44	18.78	38.01	79.43	3.15490
2006 年	177.06	177.42	29.49	47.24	102.62	3.00884
2007 年	201.88	207.05	70.74	46.88	143.39	3.23564
2008 年	257.65	200.03	73.92	71.55	170.1	3.86567
2009 年	273.15	176.84	127.91	91.07	177.7	4.78777
2010 年	312.84	187.28	180.8	106.7	226.9	5.41712
2011 年	390.57	233.48	215.9	138.35	264.38	5.32242
2012 年	471.39	250.34	225.02	154.51	288.27	5.55057
2013 年	579.17	305.42	244.47	175.78	322.93	5.32961
2014 年	638.45	320.28	262.6	214.42	342.58	5.55242

使用灰色预测法对中国天然气消费结构演进进行预测，得到如表 7.17。

表 7.17　中国天然气消费结构演进预测

Table 7.17　China's energy consumption structure evolution prediction

日期	天然气消费结构演进
2015 年	6.3719
2020 年	8.9164
2025 年	12.4759
2030 年	17.458

GCSD 为地区天然气消费结构演进状态。*GCSD* 的计算公式为：

$$GCSD = \sum (I/C,\ C/C,\ P/C,\ T/C,\ L/C)(1 \rightarrow \infty) \qquad (7.12)$$

式中：I 为工业燃料；C 为化工原料；P 为发电用气；T 为交通工具用气；L 为生活用气。化工原料的占比＝$1/GCSD$。

标度转换公式：

$$y = a_0 + a_1 x \tag{7.13}$$

其中，y 表示中国天然气消费结构值，a_0 表示初值，a_1 表示尺度值，x 表示转换数据值。

$$x = \frac{y - a_0}{a_1} \tag{7.14}$$

取 $x=5$，即量表分为 5 级，5 代表最高级，选取指标三个种类的初值及对应的最大幅度值代入公式 $x = \frac{y - a_0}{a_1}$，得到三个种类的中国天然气消费结构标度转换尺度（如表 7.18 所示）。

表 7.18 天然气消费结构标度转换

Table 7.18 Natural gas consumption structure scale conversion

标度种类	中国天然气消费结构区间	中国天然气消费结构转换尺度	标度初值
一	0.030921	4.01306	2.4347
二	0.026112	3.95874	2.7063
三	0.022260	3.89822	3.0089

为了达成标度的可比性，需要建立天然气产业发展效益统一的标度，需将所有的标度在转化为五级，标度值的范围［0，1］。

标度转换公式：

$$y_1 = a_2 x_1 \tag{7.15}$$

其中，y_1 表示目标标度值，a_2 表示 0.2，x_1 表示输入值。通过转换得到现有标度值对应统一标度值的转换表（如表 7.19 所示）。

表 7.19　不同标度之间转换关系

Table 7.19　Change the relationship between different scales

标度等级	标度值	目标标度值
优	5	1
次优	4	0.8
良	3	0.6
合格	2	0.4
差	1	0.2

将 2014 年的天然气消费结构输入公式 $x = \frac{y - a_0}{a_1}$，即 $y = 5.55242$，再将求出的 x 值代入公式 $y_1 = a_2 x_1$，即 $x_1 = x$，得出表 7.20 所示的三类天然气消费结构目标标度。

表 7.20　天然气消费结构目标标度

Table 7.20　Natural gas consumption structure target scale

时间	天然气消费结构	转换数据（一类）	转换数据（二类）	转换数据（三类）
2015 年	5.55242	0.77689	0.71894	0.63381
目标标度值		0.15537	0.14378	0.12676

7.3　天然气产业系统功能标度

根据优化选择，得到天然气产业系统功能标度的各指标优化后的权重。权重矩阵 $w = (0.2222, 0.0891, 0.3444, 0.3444)^T$。

基于产业发展效益的天然气产业系统功能测度的每个指标都有三个标度值，这是因为每个指标通过了大、中、小三个尺度的衡量，得到三个标度值，为了使在同一个尺度下对比，经过标度转换，每个指标得到转换后的三个标度值（如表 7.21 所示）。

表 7.21 天然气产业系统功能标度

Table 7.21 Natural gas industry system function scale

天然气产业系统功能指标	权重	标度值（大的标度区间）	标度值（中等标度区间）	标度值（小的标度区间）
城市天然气覆盖率	0.2222	0.94204	0.94110	0.94014
县城天然气覆盖率	0.0891	0.67308	0.66782	0.66238
中国能源消费结构演进	0.3444	0.2	0.2	0.2
天然气消费结构	0.3444	0.15538	0.14379	0.12676

加权后的天然气发展效益测度指标标度值如表 7.22 所示。

表 7.22 加权后的天然气产业系统功能标度

Table 7.22 Weighed natural gas industry system function scale

天然气产业效益指标	标度值（大的标度区间）	标度值（中等标度区间）	标度值（小的标度区间）
城市天然气覆盖率	0.20932	0.20911	0.20890
县城天然气覆盖率	0.05997	0.05954	0.05902
中国能源消费结构演进	0.06888	0.06888	0.06888
天然气消费结构	0.05351	0.04952	0.04366

结合表 7.21 和表 7.22，对中国天然气产业效益进行了评估，得到了不同标度区间天然气产业效益水平等级（如表 7.23 所示）。天然气产业效益水平在三种标度区间都显示为合格（如表 7.24 所示）。

表 7.23 天然气产业系统功能标度分析

Table7.23 Scale analysis of natural gas industry system function

天然气产业发展效益指标	标度值（大的标度区间）	标度值（中等标度区间）	标度值（小的标度区间）
城市天然气覆盖率	0.20932	0.20911	0.20890
县城天然气覆盖率	0.05997	0.05950	0.05902

续表

天然气产业发展效益指标	标度值（大的标度区间）	标度值（中等标度区间）	标度值（小的标度区间）
中国能源消费结构演进	0.06888	0.06888	0.06888
天然气消费结构	0.05351	0.04952	0.04366
天然气产业系统功能标度值	0.39168	0.38702	0.38045

表 7.24 天然气产业系统功能标度等级

Table 7.24 Natural gas industry system function scale grade

标度等级	等级判断	天然气产业系统功能（大的标度区间）	天然气产业系统功能（中等标度区间）	天然气产业系统功能（小的标度区间）
优	$s \geqslant 0.8$			
次优	$0.6 \leqslant s < 0.8$			
良	$0.4 \leqslant s < 0.6$			
合格	$0.2 \leqslant s < 0.4$	0.39168	0.38702	0.38045
差	$s < 0.2$			

7.4 天然气产业系统功能标度的优化

7.4.1 天然气产业系统功能标度优化及合理性检验

使用规划方法建立的标度优化模型即公式 3.4，采用 matlab 软件进行求解，可以得到我们现实地定义理想标度区间，对被评指标标度值的认识与标度区间群体 G 有最高一致性的标度区间：$b^* = (0.8964, 0.2552, 0.2954, 0.2098)^T$。

根据准则，可以对大、中、小三种标度区间进行合理性分析，分别求他们与理想标度区间的指标标度值的最大偏差和均方差，令 $\varphi^j_{kh} = \left|\frac{b^j_k}{b^j_h} - \frac{b^*_k}{b^*_h}\right|$ $(k, h = 1, 2, 3, 4; k \neq h)$，用 φ^j 表示由 φ^j_{kh} 组成的偏差矩

阵，即 $\varphi^j=[\varphi^j_{kh}]_{4\times4}$，故可以得出：

（1）在大的标度区间下，其偏差矩阵为：

$$\varphi^1=\begin{bmatrix}0.0000 & 0.0242 & 0.0032 & 0.3605\\ 0.0020 & 0.0000 & 0.0069 & 0.0949\\ 0.0003 & 0.0092 & 0.0000 & 0.1202\\ 0.0216 & 0.0696 & 0.0663 & 0.0000\end{bmatrix}$$

最大偏差 $s=\max\limits_{kh}\left|\frac{b^j_k}{b^j_h}-\frac{b^*_k}{b^*_h}\right|=0.3605$，均方差 $\sigma=\frac{1}{4}\sqrt{\sum\limits_{h=1}^{4}\left[\frac{b^j_k}{b^j_h}-\frac{b^*_k}{b^*_h}\right]^2}$ $=0.1012$。

（2）在中等标度区间下，其偏差矩阵为：

$$\varphi^2=\begin{bmatrix}0.0000 & 0.0017 & 0.0003 & 0.0484\\ 0.0001 & 0.0000 & 0.0003 & 0.0144\\ 0.0000 & 0.0005 & 0.0000 & 0.0161\\ 0.0027 & 0.0098 & 0.0082 & 0.0000\end{bmatrix}$$

最大偏差 $s=\max\limits_{kh}\left|\frac{bj_k}{bj_h}-\frac{b^*_k}{b^*_h}\right|=0.0484$，均方差 $\sigma=\frac{1}{4}\sqrt{\sum\limits_{h=1}^{4}\left[\frac{bj_k}{bj_h}-\frac{b^*_k}{b^*_h}\right]^2}$ $=0.0137$。

（3）在小的标度区间下，其偏差矩阵为：

$$\varphi^3=\begin{bmatrix}0.0000 & 0.0281 & 0.0026 & 0.5077\\ 0.0023 & 0.0000 & 0.0076 & 0.1337\\ 0.0003 & 0.0103 & 0.0000 & 0.1687\\ 0.0249 & 0.0814 & 0.0760 & 0.0000\end{bmatrix}$$

最大偏差 $s=\max\limits_{kh}\left|\frac{b^j_k}{b^j_h}-\frac{b^*_k}{b^*_h}\right|=0.5077$，均方差 $\sigma=\frac{1}{4}\sqrt{\sum\limits_{h=1}^{4}\left[\frac{b^j_k}{b^j_h}-\frac{b^*_k}{b^*_h}\right]^2}$ $=0.141$。

基于以上分析可知，中等标度区间的最大偏差 s 与均方差 σ 的取值均为最小，合理程度最高，天然气产业协调性标度也最合理，此外，大的标度区间合理程度高于小的标度区间。

7.4.2　天然气产业系统功能标度优化的敏感性检验

为了解中等标度区间的指标标度值的敏感性，进一步将中等标度区间的天然气产业效益测度与大的标度区间的指标标度值进行对比分析（表7.25）。与大的标度区间指标标度值相比，在中等标度区间下城市天然气覆盖率的敏感性增加0.0002，县城天然气覆盖率的敏感性增加0.0005，中国能源消费结构演进的敏感性没有增加，天然气消费结构演进的敏感性增加0.0039，天然气产业属性的标度值的敏感性增加0.0047。与小的标度区间比较，天然气产业效益多个指标标度值的敏感性增加，城市天然气覆盖率的敏感性增加0.0002，县城天然气覆盖率的敏感性增加0.0005，中国能源消费结构演进的敏感性没有增加，天然气消费结构演进的敏感性增加0.0059，天然气产业效益的标度值的敏感性增加0.0066。总体说来，在中等标度区间下，天然气产业效益标度最敏感。

从天然气产业系统功能测度评估结果可见，2013—2015年间天然气产业系统功能水平为0.387处于合格的标度级别，天然气产业系统功能标度区间的优化能更合理、更敏感的度量天然气产业系统功能。

表7.25　天然气产业系统功能标度优化敏感性分析

Table 7.25　Natural gas industry development functional scale optimization sensitivity analysis

天然气产业效益指标	标度值（中等标度区间）	敏感性（与大的标度区间相比）	敏感性（与小的标度区间相比）
城市天然气覆盖率	0.20911	0.00021	0.00021
县城天然气覆盖率	0.05950	0.00047	0.00048
中国能源消费结构演进	0.06888	0	0
天然气消费结构演进	0.04952	0.0040	0.00586
天然气产业系统功能测度值	0.38701	0.00467	0.00667

7.5 本章小结

本章对天然气产业系统功能标度及优化进行研究。中国天然气产业的系统功能就是中国天然气产业与外部环境关系的描述，是指系统与环境相互联系和作用过程的能力。中国天然气产业的系统功能包括：中国的能源结构演进状态、中国天然气消费结构演进状态、中国城市天然气覆盖率、中国县城天然气覆盖率。

本章根据中国天然气产业可持续发展的系统标度及优化的评价方法，确定指标的变异范围以及变异的两极即标度区间，并进行优化；确定中国天然气产业的系统功能评价的等级。通过以上步骤，本章得到了优化后的中国天然气产业可持续发展的系统功能标度的测度指标的标度区间：中国城市天然气覆盖率［13，100］，中国县城天然气覆盖率［13，100］，中国能源消费结构演进［6.6，17.5177］，中国天然气消费结构［2.7063，22.5］。从天然气产业系统功能测度评估结果可见，2013—2015 年间基于产业发展效益的天然气产业系统功能为 0.387，处于合格的标度级别。

第8章

中国天然气产业可持续发展的系统标度组合分析及优化

依据中国天然气产业可持续发展理论，在研究中国天然气产业可持续发展的过程中，中国天然气产业可持续发展是中国可持续发展系统中的一个子系统，应该把它当作一个有机整体和复杂系统来研究。关注系统的平衡状态，研究供给和需求各要素之间的关系，以及系统内各要素之间的关系，包括系统平衡状态和各要素之间的关系的演化，要遵循或顺应世界资源生态环境、社会、经济发展的规律，系统内部的演化遵循或顺应了规律，中国天然气产业可持续发展就是可实现的。

根据中国天然气产业可持续发展的系统标度及优化的评价方法，为了使系统标度拥有更好的可信性和可靠性，可以通过建立系统动力学模型模拟中国天然气产业可持续发展系统演化过程，对已经优化的多维天然气供给国家实力、天然气供给的全球合作程度、天然气变异系数、月不均匀系数、城市应急水平、县城应急水平、世界天然气产销比、世界探明储量累计可开采时间、中国天然气产销比、中国探明储量累计可开采时间、中国天然气资源的探明率、天然气管道密度、天然气异地利用系数、中国城市天然气覆盖率、中国县城天然气覆盖率、中国能源消费结构演进、中国天然气消费结构 17 个指标进行历时的组合优化即系统优化。为了使系统标度拥有更好的可信性和可靠性，通过建立动态规划模型，对中国天然气产业可持续发展的系统标度等级之间的距离、各维度标度等级之间的距离、各指标等级之间的距离进行整体优化，寻找整个中国天然气产业可持续发展的系统标度刻度的最优标度刻度组合，并且需要对标度的合理性和敏感性进行检验。同时，通过使用优化后的标度对中国天然气产业可持续发展状态和趋势做出评价和预测，对中国天然气产业可持续发展理论以及中国天然气产业可持续发展的系统标度概念进行验证，并做补充。

8.1 中国天然气产业可持续发展系统演化模拟

中国天然气产业可持续发展系统演化模拟步骤包括：首先确定建立系统

动力学模型的基础条件，其次建立模型收集数据，最后将模型实施运行。

8.1.1 系统动力学模型基础条件的确定

系统动力学模型要解决的问题就是系统的目标，即分析和优化中国天然气产业的可持续发展系统发展的标度组合，模拟国际形势、国家经济形势、国家政策、市场环境、地方政策及结构等因素对天然气产业发展的影响，为了使系统标度拥有更好的可信性和可靠性，需要对标度的合理性和敏感性进行检验[141]。

根据中国天然气产业可持续发展理论以及中国的具体发展经验，政府和市场都应发挥合适的或顺其自然的作用，政府和市场的作用大小应遵循或顺应规律，根据规律的需要来定。对通货膨胀率的影响，预测期内利率、通货膨胀率、汇率等货币因素的变化，政府会发挥相应的作用，会在政策上予以调整，因此不单独考虑[141]；中国天然气需求对国际贸易依赖程度较大，因此，天然气价格采用 Heren NBP index 国际天然气价格，而且依附于 Brent 国际原油价格的发展变化，受政治、经济、市场环境的影响，天然气价格与外部环境结合；国家大力支持清洁能源的应用，同时国家天然气产业的支持政策受政府和市场两方面的影响，因此政治、经济、市场环境的变化，天然气产业自身的发展状态以及天然气产业对环境的贡献都影响国家天然气产业的支持政策的规划和执行；根据中国天然气产业可持续发展理论，中国天然气产业可持续发展的路径上可能与美国、欧洲、日本等国家不同，但在天然气产业发展过程上具备与美国、欧洲、日本等天然气行业相似的发展规律。

中国天然气产业的系统环境是指在中国天然气产业系统周围与系统相关的因素的集合，包括资源环境、社会经济、政策和市场等因素。这些因素的属性或状态及其变化都会对中国天然气产业系统具有影响，会使系统发生变化。上述因素构成了中国天然气产业系统动力学模型的边界，研究范围锁定为以下几个子系统：天然气产业子系统、国家战略实力子系统、区域子系统、政策子系统和资源环境子系统。时间界限以 2000—2030 年为模型运行时间，仿真步长为 1 年[141]。

8.1.2 系统动力学模型的建立和数据收集

系统动力学模型用以处理行为随时间变化的系统问题。因此，需要建立联立数学模型和建立系统中的反馈回路和系统流图。

（1）天然气产业系统动力学重要的联立数学模型。

（001）天然气总需求=(12.1032-0.10004×能源结构演进标度优化×(能源结构演进(Time))+(1.72057e-011)×(GDP(Time)))×10×(1+国家能源以及天然气消费结构、应急综合政策和规划调整)-世界政治经济市场环境对天然气总需求调整量。

（002）政治、经济、市场环境影响因子=RANDOM NORMAL(0.5,政治经济市场环境变化幅度,1,1,0.8)。

（003）中国日平均月调峰需求量=(中国天然气月高峰系数标度优化×中国天然气月高峰系数(Time)-1.1×天然气管道密度及输气能力影响因子)×天然气总需求×7/365。

（004）天然气变异系数=IF THEN ELSE（天然气变异系数标度优化×天然气变异系数调整(Time)≤83.55:AND:天然气变异系数标度优化×天然气变异系数调整(Time)>39.03,0.01,IF THEN ELSE(天然气变异系数标度优化×天然气变异系数调整(Time)≤128.07:AND:天然气变异系数标度优化×天然气变异系数调整(Time)>83.55,0.02,IF THEN ELSE(天然气变异系数标度优化×天然气变异系数调整(Time)≤172.59:AND:天然气变异系数标度优化×天然气变异系数调整(Time)>128.07,0.03,IF THEN ELSE(天然气变异系数标度优化×天然气变异系数调整(Time)≤217.11:AND:天然气变异系数标度优化×天然气变异系数调整(Time)>172.59,0.04,IF THEN ELSE(天然气变异系数标度优化×天然气变异系数调整(Time)≤261.63:AND:天然气变异系数标度优化*天然气变异系数调整(Time)>217.11,0.05,0.1)))))。

（2）天然气产业产业系统中的反馈回路和系统流图。

用 VENSIM 软件包开发的系统动力学模型系统流图见图 8.1。

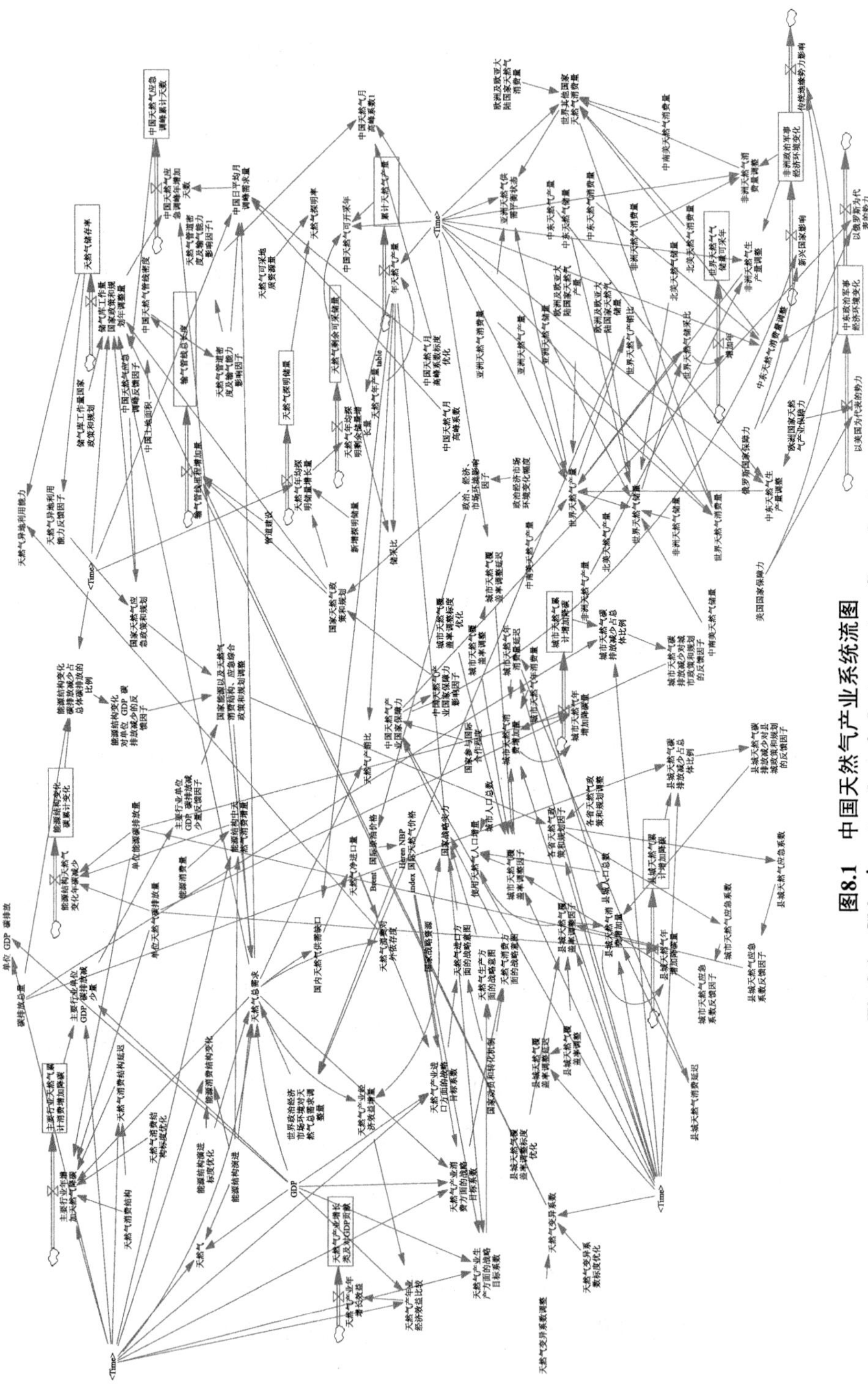

图8.1 中国天然气产业系统流图

Fig.8.1 China's natural gas industry system flow chart

系统中主要包含几个反馈回路。①主要正反馈回路：天然气总需求→主要行业年增加天然气降碳→主要行业天然气累计消费增加降碳→主要行业单位 GDP 碳排放减少量→主要行业单位 GDP 碳排放减少量反馈因子→国家能源以及天然气消费结构、应急综合政策和规划调整→天然气总需求；天然气总需求→天然气产业消费方面的战略目标系数→天然气消费方面的战略意图→国家战略实力→中国天然气供给国家战略实力→新兴国家影响→非洲政治军事经济环境变化→非洲天然气生产量调整→世界天然气产量→世界天然气产销比→世界政治经济市场环境对天然气总需求调整量→天然气总需求；国家天然气应急政策和规划→储气库工作量国家政策和规划年调整量→天然气储存率→天然气异地利用能力反馈因子→国家天然气应急政策和规划；国家天然气应急政策和规划→储气库工作量国家政策和规划年调整量→中国天然气应急调峰年增加天数→中国天然气应急调峰累计天数→中国天然气应急调峰反馈因子→国家天然气应急政策和规划；城市天然气消费增加量→城市天然气年增加降碳量→城市天然气累计增加降碳→城市天然气碳排放减少占总体比例→城市天然气碳排放减少对城市政策和规划的反馈因子→城市天然气消费增加量等。②主要负反馈回路：天然气总需求→中国天然气应急调峰年增加天数→中国天然气应急调峰累计天数→中国天然气应急调峰反馈因子→国家天然气应急政策和规划→国家能源以及天然气消费结构、应急综合政策和规划调整→天然气总需求；天然气总需求→储气库工作量国家政策和规划年调整量→天然气储存率→天然气异地利用能力反馈因子→国家天然气应急政策和规划→国家能源以及天然气消费结构、应急综合政策和规划调整→天然气总需求；天然气总需求→储气库工作量国家政策和规划年调整量→中国天然气应急调峰年增加天数→中国天然气应急调峰累计天数→中国天然气应急调峰反馈因子→国家天然气应急政策和规划→国家能源以及天然气消费结构、应急综合政策和规划调整→天然气总需求；天然气总需求→中国日平均调峰需求量→中国天然气应急调峰年增加天数→中国天然气应急调峰累计天数→中国天然气应急调峰反馈因子→国家天然气应急政策和规划→国家能源以及天然气消费结构、应急综合政策和规划调整→天然气总需求；天然气总需求→

中国日平均调峰需求量→中国天然气应急调峰年增加天数→中国天然气应急调峰累计天数→中国天然气应急调峰反馈因子→国家天然气应急政策和规划→国家能源以及天然气消费结构、应急综合政策和规划调整→天然气总需求。系统回路流图如图 8.2，系统因果图如图 8.3。

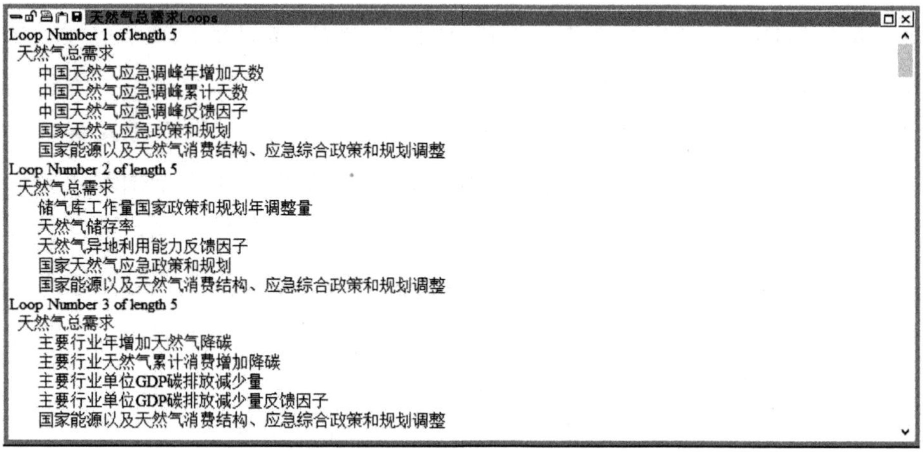

图 8.2　中国天然气产业系统回路流图

Fig. 8.2　China's natural gas industry system flow chart

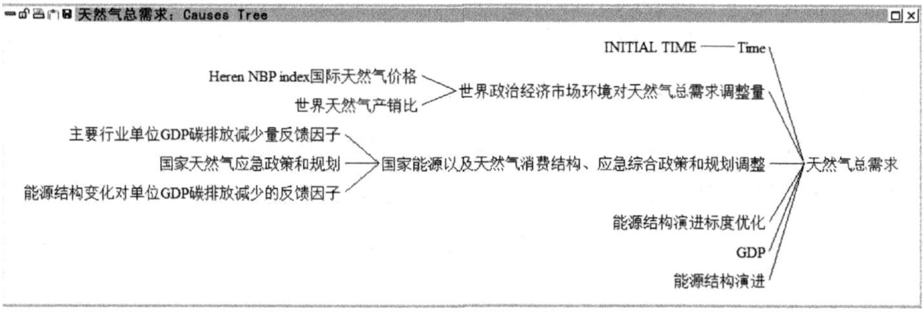

图 8.3　中国天然气产业系统因果图

Fig. 8.3　China's natural gas industry system flow chart

8.1.3　系统动力学模型的运行

中国天然气产业的可持续发展系统动力学模型运行，时间界限为2000—2030年，即为模型运行时间，仿真步长为1年，得到17个指标的变异范围：多维天然气供给国家实力［2.73824E-06，0.00721］、天然气供给的全球合作程度［0.2，0.86］、天然气变异系数［50.1344，261.678］、月不均匀系数［1，6.49］、城市应急水平［0.06824，0.74351］、县城应急水平［0.45695，1.01059］、世界天然气产销比［0.97277，1.02415］、世界探明储量累计可开采时间［0，30］、中国天然气产销比［0.54948，0.94382］、中国探明储量累计可开采时间［61.7895，168.935］、中国天然气资源的探明率［0.02819，0.24154］、天然气管道密度［0.00145，0.02189］、天然气异地利用系数［0.61045，56.1734］、中国城市天然气覆盖率［0.454，0.97629］、中国县城天然气覆盖率［0.5441，0.8832］、中国能源消费结构演进［9.12238，44.4517］、中国天然气消费结构［2.43472，17.458］。

8.2　中国天然气产业可持续发展系统测度指标的组合优化

中国天然气产业系统动力学模型的边界由中国天然气产业的系统环境构成，中国天然气产业的系统环境是指存在于中国天然气产业系统周围与系统有关的各种因素的集合，包括资源环境、社会经济、政策和市场等因素。分析17个指标在改变中国天然气产业的系统环境时的变异范围变化及两极，并进行优化。为了使系统标度拥有更好的可信性和可靠性，需要对标度的合理性和敏感性进行检验。

8.2.1　模拟不同政治、经济、市场环境下17个指标的变异区间

近年来，因市场不景气，天然气价格与原油价格处于低位，由于气候环境变化的压力，部分能源专家、经济学家认为天然气的价格波动会与原

油价格减少相关，但根据历史形成的长期关系，大部分专家、学者认为未来世界天然气的价格波动，依然与原油价格密不可分，因为原油价格与经济危机、地区政治、军事、经济环境变化有密切的关系。大部分专家学者预测未来几十年原油价格会在 40~100 美元之间波动。因此，世界天然气价格会与此挂钩在相应的价格范围内波动。

中国天然气产业的进口依赖度很大，国际天然气贸易是中国天然气产业发展的保障，因此，经济危机、地区政治、军事、经济环境这些系统环境的变化对中国天然气产业可持续发展有重要影响。调整中国天然气产业系统动力学模型中的政治、经济、市场环境变量，在不同的情境下分析各指标的变异区间。政治、经济、市场环境变量影响因子是一个随机变量，表明系统环境变化的状态；政治、经济、市场环境变量是随机变量的变化幅度，政治、经济、市场环境变量设置为 3 种情境即 3 种变化幅度：第一，设置为 0. 8 表示政治、经济、市场环境处于低迷状态，相应的油价在 40 美元左右波动；第二，设置为 1 表示政治、经济、市场环境处于普通状态即中等波动程度，相应的油价在 70~80 美元左右波动；第三，设置为 1. 4 表示政治、经济、市场环境处于过热状态即高等波动程度，相应的油价在 100 美元左右波动。

通过不同情境下的系统动态模拟，中国天然气产业可持续发展系统 17 个指标中，中国天然气产业产销比、中国天然气管道密度、中国天然气探明剩余储量可开采时间、中国天然气异地利用能力、中国天然气资源探明率 5 个指标的变异区间发生了变化，其余指标的变异区间未发生变化。

（1）不同的政治、经济、市场环境情境下中国天然气产业产销比指标的变异区间。

如图 8. 4，在不同的政治、经济、市场环境情境下，在预测周期内中国天然气产业产销比的标度区间为［0. 51573，1. 1449］。

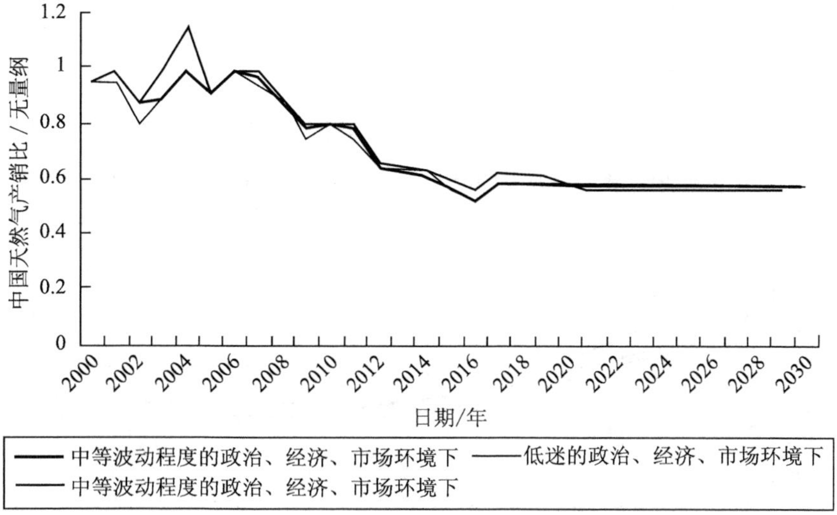

图 8.4　中国天然气产业产销比标度区间

Fig. 8.4　China's natural gas industry production and marketing than the standard range

（2）不同的政治、经济、市场环境情境下中国天然气管道密度指标的变异区间。

如图 8.5，在不同的政治、经济、市场环境情境下，在预测周期内中国天然气管道密度的标度区间为［0.00145，0.03134］。

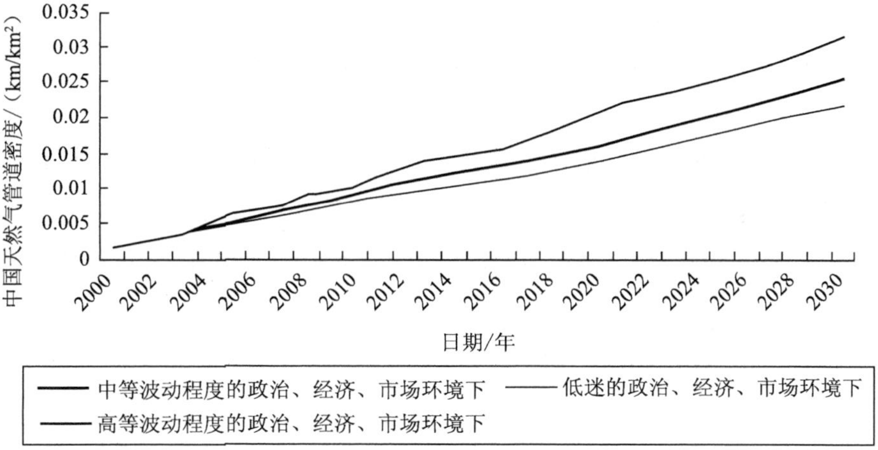

图 8.5　中国天然气管道密度标度区间

Fig. 8.5　China's natural gas pipeline density scale interval

（3）不同的政治、经济、市场环境情境下中国天然气探明剩余储量可开采时间指标的变异区间。

如图 8.6，在不同的政治、经济、市场环境情境下，在预测周期内中国天然气探明剩余储量可开采时间的标度区间为［64.0755，168.935］。

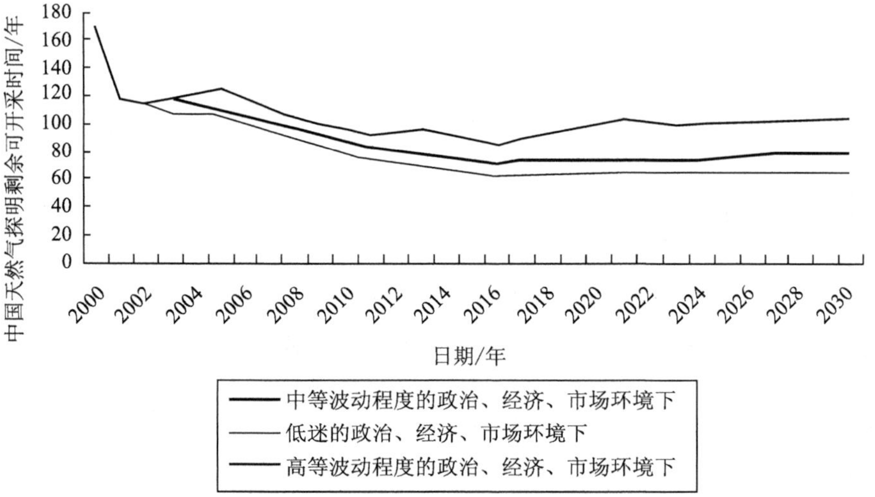

图 8.6 中国天然气探明剩余储量可开采时间标度区间

Fig. 8.6 China's natural gas proven residual reserves can be mining time scale interval

（4）不同的政治、经济、市场环境情境下中国天然气异地利用能力指标的变异区间。

如图 8.7，在不同的政治、经济、市场环境情境下，在预测周期内中国天然气异地利用能力的标度区间为［0.40757，56.1734］。

（5）不同的政治、经济、市场环境情境下中国天然气资源探明率指标的变异区间。

如图 8.8，在不同的政治、经济、市场环境情境下，在预测周期内中国天然气资源探明率标度区间的标度区间为［0.02818，0.34835］。

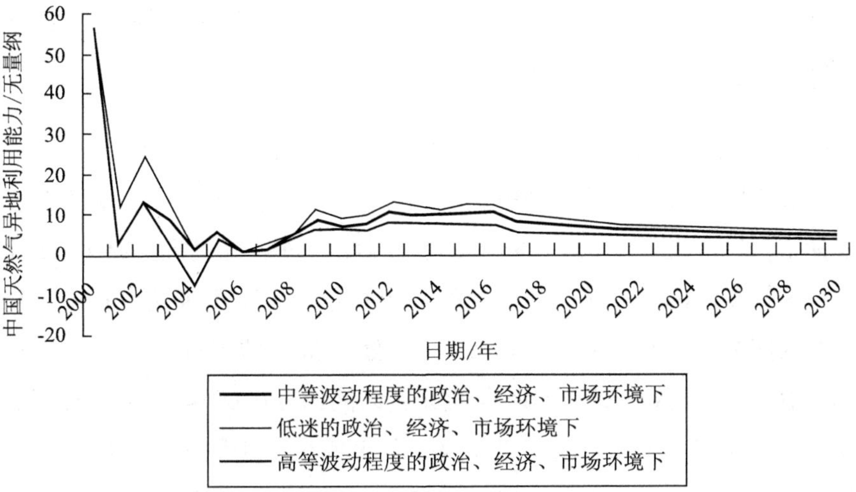

图 8.7　中国天然气异地利用能力标度区间

Fig. 8.7　China's natural gas utilization capacity of different scales range

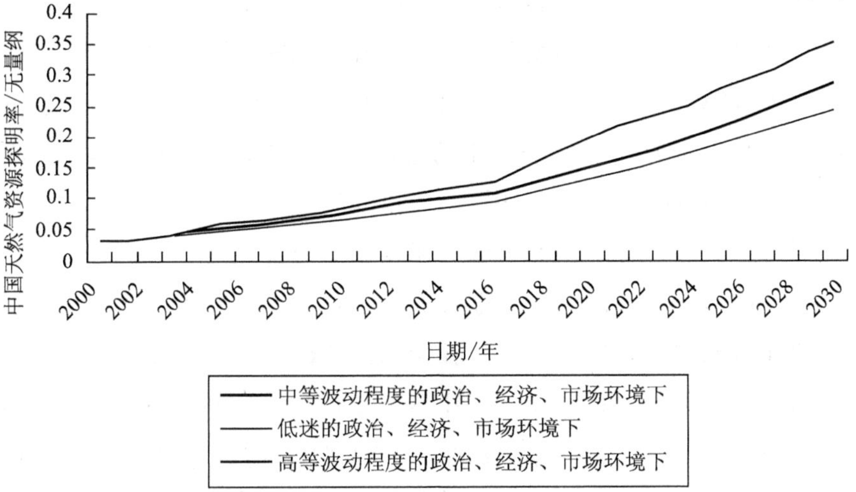

图 8.8　中国天然气资源探明率标度区间

Fig. 8.8　China's natural gas resources proved rate scale interval

8.2.2 中国天然气产业可持续发展系统测度指标变异区间的优化及检验

（1）中国天然气产业系统测度指标变异区间的优化。

通过不同情境下的系统动态模拟，中国天然气产业可持续发展系统 17 个指标中，11 个指标变异区间未改变，因此经过系统模拟保持着 11 个指标各自的标度区间。标度区间变化的 6 个指标中，中国天然气产业产销比的标度区间为［0.515733，1.1449］，但处于常态的标度区间仍在［0.4，1］区间内；中国天然气管道密度的标度区间为［0.00146，0.03135］，但标度区间仍属于［0.00115，0.13814］的区间内；中国天然气探明剩余储量可开采时间的标度区间为［64.0755，168.935］，中国天然气探明剩余储量可开采时间的常态是 60 年左右，因此，处于常态的标度区间仍在［0，80］区间内；中国天然气异地利用能力的标度区间为［0.40758，56.1734］，现在和未来处于常态的标度区间仍为［0，9.4340］的区间，因此，优化后的中国天然气异地利用能力的标度区间为［0，12.844］，标度尺度为 2.56888；中国天然气资源探明率标度区间的标度区间为［0.02819，0.348352］，但标度区间仍属于［0，0.8］的区间内；世界天然气产销比［0.97331，1.02069］，标度尺度为 0.00948。

由此，经不同情境下的系统动力学模型组合优化后，中国天然气产业可持续发展系统标度 17 个指标的标度区间为：多维天然气供给国家实力［2.73824E-06，0.00721］、天然气供给的全球合作程度［0，0.8］、天然气变异系数［39.03，261.678］、月不均匀系数［1.087，6.49］、城市应急水平［0.0009，1］、县城应急水平［0.0009，1］、世界天然气产销比［0.97331，1.02069、世界探明储量累计可开采时间［0，80］、中国天然气产销比［0.4，1］、中国探明储量累计可开采时间［0，80］、中国天然气资源的探明率［0，0.8］、天然气管道密度［0.00115，0.13814］、天然气异地利用系数［0，9.4340］、中国城市天然气覆盖率［13，100］、中国县城天然气覆盖率［13，100］、中国能源消费结构演进［6.6，17.5177］、中国天然气消费结构［2.7，22.5］。

（2）中国天然气产业可持续发展系统标度优化的可信性和准确性。

首先，中国天然气产业可持续发展系统标度优化符合信度的原则。中国天然气产业可持续发展系统标度17个指标的标度区间，通过不同情境下的系统动态模拟，时间界限设定2000—2030年为模型运行时间，仿真步长为1年，因此经过了重复测量，而且确认了标度区间的优化，经过了检验，是符合信度原则的，是可信的；所以，经过优化的中国天然气产业可持续发展系统标度是可信的。

其次，中国天然气产业可持续发展系统标度优化符合效度的原则。中国天然气产业的可持续发展系统动力学模型是在历史数据、历史经验分析的基础上建立的，是建立在对术语和概念具有共识的基础上的，反映了概念的真实含义，而且也是与中国天然气产业可持续发展理论吻合的，因此可以实现合理测量，具有表面效度。同时，中国天然气产业的可持续发展系统动力学模型是与中国天然气产业可持续发展理论所建立的标准高度相关的，具有标准关联效度。而且，中国天然气产业的可持续发展系统动力学模型的变量，彼此之间是以逻辑关系为基础，通过数学联立方程连接的，在中国天然气产业可持续发展理论体系内，因此具有建构效度。并且，中国天然气产业可持续发展系统的17个指标是由中国天然气产业可持续发展指标体系确定的，具有内容效度。所以，通过系统动力学模型优化的中国天然气产业可持续发展系统标度是准确的。

8.3　中国天然气产业可持续发展状态和趋势的评价和预测

通过使用优化后的标度对中国天然气产业可持续发展状态和趋势做出评价和预测，对中国天然气产业可持续发展理论以及中国天然气产业可持续发展的系统标度概念进行验证，并做有益的补充。

8.3.1 中国天然气产业可持续发展状态和趋势的评价

（1）中国天然气产业系统17个指标的评价。

根据优化后的中国天然气产业可持续发展系统17个指标的标度区间，利用第4、5、6、7章的标度转化公式，转化为统一标度（目标标度）。

标度等级距离发生变化，17个指标的变异区间所显示的强弱程度也会发生变化，本书统一设置5级标度等级。为了等级之间做到合理，如表8.1所示，选择4种有代表性的标度刻度1-5、10/10～18/2、指数标度 a^{k-1} 、比例标度进行评价和对比。

表8.1 几种数字标度刻度数值在［0，1］区间的对应转化刻度值

Table 8.1 The corresponding transformation scale values of several digital scale scales in the range of [0, 1]

等级	1-5 *	10/10～18/2 *	a^{k-1} *（a = 1.14）	比例标度 *
差	0.2	0.111111111	0.350140056	0.555555556
合格	0.4	0.166666667	0.455182073	0.666666667
良	0.6	0.258888889	0.591736695	0.777777778
次优	0.8	0.444444444	0.769257703	0.888888889
优	1	1	1	1

注：*代表转化后的标度刻度。

①中国天然气产业系统形态标度的测度指标的评价。

在1-5*标度刻度下，如图8.9所示，中国参与国际合作程度2000—2008年处于合格状态，2009—2015年处于良的状态，2016—2026年处于次优的状态；2027—2030年处于优的状态；基于天然气产业的国家战略实力2000—2030年处于合格的状态；中国天然气产业系统形态标度2000—2015年处于合格的状态，2016—2030年处于良的状态。

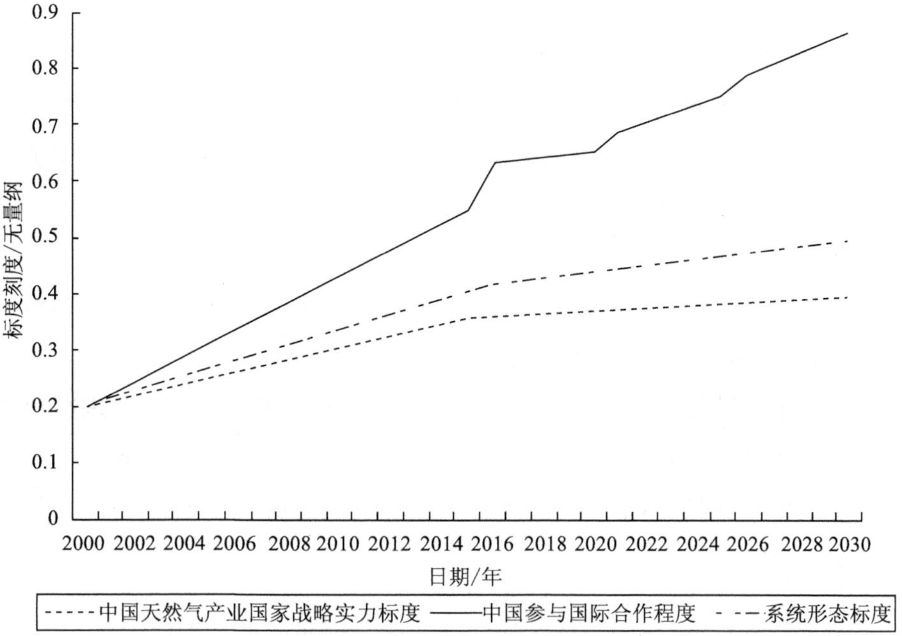

图 8.9　中国天然气产业系统形态标度的测度指标评价

Fig. 8.9　Evaluation index of the morphological scale of China's natural gas industry system

在 10/10~18/2 * 标度刻度下，如图 8.9 所示，中国参与国际合作程度 2000—2002 年处于良的状态，2003—2010 年处于次优的状态，2011—2030 年处于优的状态；基于天然气产业的国家战略实力 2000—2005 年处于良的状态，2006—2030 年处于次优的状态；中国天然气产业系统形态标度 2000—2004 年处于良的状态；2005—2022 年处于次优的状态，2023—2030 年处于优的状态。

在指数标度 a^{k-1} * 标度刻度下，如图 8.9 所示，中国参与国际合作程度 2000—2006 年处于差的状态，2007—2011 年处于合格的状态，2012—2015 年处于良的状态，2016—2025 年处于次优的状态，2026—2030 年处于优的状态；基于天然气产业的国家战略实力 2000—2014 年处于差的状态，2015—2010 年处于合格的状态；中国天然气产业系统形态标度 2000—2011 年处于差的状态，2012—2024 年处于合格的状态，2025—2030 年处于良的状态。

在比例标度＊刻度下，如图 8.9 所示，中国参与国际合作程度 2000—2015 年处于差的状态，2015—2020 年处于合格的状态，2021—2025 年处于良的状态，2026—2030 年处于次优的状态；基于天然气产业的国家战略实力 2000—2030 年处于差的状态；中国天然气产业系统形态标度 2000—2030 年处于差的状态。

在对中国天然气产业系统形态的测度指标进行的评价中，用 4 种数字标度刻度分别进行评价。为了判断适合中国天然气产业系统形态的测度指标的最优标度刻度，本书通过对测度指标打分的方式对标度刻度进行评价（如表 8.2 所示）。同一测度指标在不同标度刻度下有不同的结果，通过相互比较，对测度指标的描述越精确，拟合现状、历史状态越好，预测越好，得分会越高。

表 8.2 中国天然气产业系统形态测度指标的标度刻度得分对比

Table 8.2 Comparison of scale score of China's natural gas industry system morphological measure index

标度刻度	中国参与国际合作程度	基于天然气产业的国家战略实力	合计
1-5＊	0.4	0.4	0.8
10/10~18/2＊	0.3	0.5	0.8
a^{k-1}＊	0.5	0.4	0.9
比例标度＊	0.3	0.1	0.4

注：中国天然气产业系统形态的测度指标满分为 1 分，每个测度指标的满分为 1 除以指标个数，现在是两个指标，因此，每个测度指标的满分为 0.5，把每个测度指标得分分为 5 个级别，就是 0.5、0.4、0.3、0.2、0.1，由强到弱，在一个标度刻度下指标描述的变量越精确得分越高。

在对中国天然气产业系统形态进行的评价中，用 4 种数字标度刻度分别进行评价。为了发现适合中国天然气产业系统形态的最优标度刻度，本书通过对产业系统形态打分的方式对标度刻度进行评价（如表 8.3 所示）。产业系统形态在不同标度刻度下有不同的结果，通过相互比较，对产业系统形态的描述越精确，拟合现状、历史状态越好，预测越好，得分会越高。

表 8.3　中国天然气产业系统形态的标度刻度得分对比

Table 8.3　Comparison of scale scale of China's natural gas industry system morphological characteristics

标度刻度	中国天然气产业系统形态
1-5 *	1
10/10~18/2 *	0.6
a^{k-1} *	0.8
比例标度 *	0.2

注：中国天然气产业系统形态满分为 1 分，把中国天然气产业系统形态得分分为 5 个级别，就是 1、0.8、0.6、0.4、0.2，由强到弱，描述越精确得分越高。

②中国天然气产业系统结构标度的测度指标的评价。

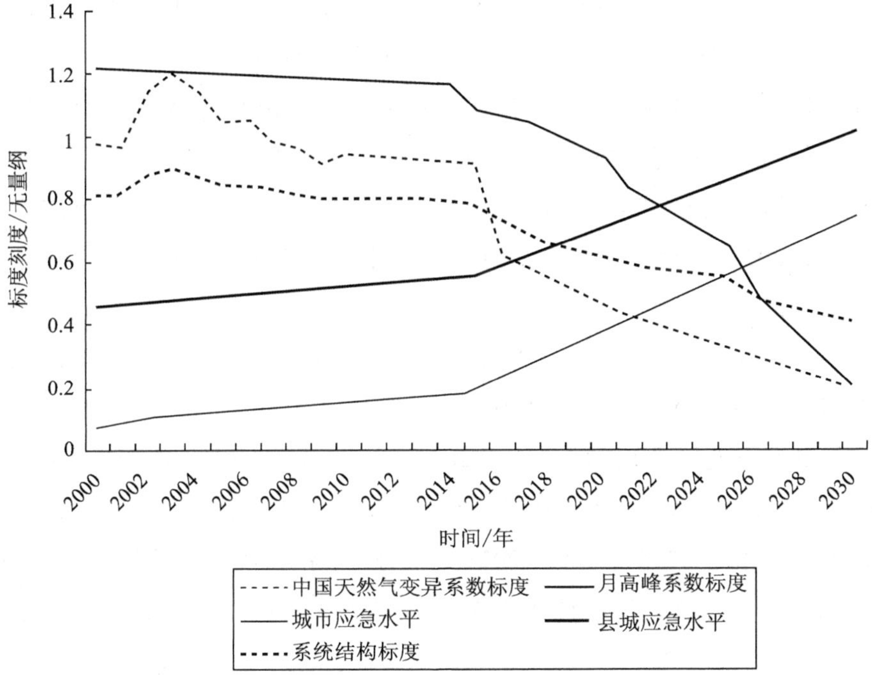

图 8.10　中国天然气产业系统结构标度的测度指标评价

Fig. 8.10　Evaluation of the scale of China's natural gas industry system structure

在 1-5 * 标度刻度下，如图 8.10 所示，月高峰系数 2000—2021 年处于优的状态，2022—2025 年处于次优的状态，2026—2027 年处于良的状态，2028—2030 年处于合格的状态；中国天然气变异系数 2000—2015 年处于优的状态，2016 年处于次优状态，2017—2021 年处于良的状态，2022—2029 年处于合格的状态，2030 年处于差的状态；县城应急水平 2000—2016 年处于良的状态，2017—2023 年处于次优的状态，2024—2030 年处于优的状态；城市应急水平 2000—2015 年处于差的状态，2016—2020 年处于合格的状态，2021—2026 年处于良的状态，2027—2030 年处于次优的状态；中国天然气产业系统结构标度 2000—2013 年处于优的状态，2014—2020 年处于次优的状态，2021—2029 年处于良的状态，2030 年处于合格的状态。

在 10/10 ~ 18/2 * 标度刻度下，如图 8.10 所示，月高峰系数 2000—2026 年处于优的状态，2027—2029 年处于次优的状态，2030 年处于良的状态；中国天然气变异系数 2000—2020 年处于优的状态，2021—2027 年处于次优状态，2028—2030 年处于良的状态；县城应急水平 2000—2030 年处于优的状态；城市应急水平 2000—2004 年处于差的状态，2005—2013 年处于合格的状态，2014—2016 年处于良的状态，2017—2021 年处于次优的状态，2022—2030 年处于优的状态；中国天然气产业系统结构标度 2000—2027 年处于优的状态，2028—2030 年处于次优的状态。

在指数标度 a^{k-1} * 标度刻度下，如图 8.10 所示，月高峰系数 2000—2022 年处于优的状态，2023—2025 年处于次优的状态，2026 年处于良的状态，2027 年处于合格的状态，2028—2030 年处于差的状态；中国天然气变异系数 2000—2015 年处于优的状态，2016 年处于次优的状态，2017—2020 年处于良的状态，2021—2023 年处于合格的状态，2024—2030 年处于差的状态；县城应急水平 2000—2016 年处于良的状态，2017—2022 年处于次优的状态，2023—2030 年处于优的状态；城市应急水平 2000—2019 年处于差的状态，2019—2022 年处于合格的状态，2023—2025 年处于良的状态，2026—2030 年处于次优的状态；中国天然气产业系统结构标度 2000—2015 年处于优的状态，2016—2020 年处于次优的状态，2021—2027 年处于良的状态，2028—2030 年处于合格的状态。

在比例标度 * 刻度下，如图 8.10 所示，月高峰系数 2000—2020 年处于优的状态，2021—2022 年处于次优的状态，2023—2024 年处于良的状态，2025 年处于合格的状态，2026—2030 年处于差的状态；中国天然气变异系数 2000—2015 处于优的状态，2016—2017 年处于合格的状态，2018—2030 年处于差的状态；县城应急水平 2000—2015 年处于差的状态，2016—2018 年处于合格的状态，2019—2022 年处于良的状态，2023—2026 年处于次优的状态，2027—2030 年处于优的状态；城市应急水平 2000—2024 年处于差的状态，2025—2027 年处于合格的状态，2028—2030 年处于良的状态；中国天然气产业系统结构标度 2000—2014 年处于次优的状态，2015—2016 年处于良的状态，2017—2023 年处于合格的状态，2024—2030 年处于差的状态。

在对中国天然气产业系统结构的测度指标进行的评价中，用 4 种数字标度刻度分别进行了评价。为了发现适合中国天然气产业系统结构的测度指标的最优标度刻度，本书通过对测度指标打分的方式对标度刻度进行评价（如表 8.4 所示）。同一测度指标在不同标度刻度下有不同的结果，通过相互比较，对测度指标的描述越精确，拟合现状、历史状态越好，以及预测越好，得分会越高。

表 8.4　中国天然气产业系统结构测度指标的标度刻度得分对比

Table 8.4　Comparison of scale score of China's natural gas industry system structure measure index

标度刻度	月高峰系数	中国天然气变异系数	县城应急水平	城市应急水平	合计
1-5 *	0.2	0.15	0.2	0.25	0.8
10/10~18/2 *	0.15	0.05	0.05	0.15	0.4
a^{k-1} *	0.05	0.2	0.2	0.2	0.65
比例标度 *	0.25	0.25	0.25	0.05	0.8

注：中国天然气产业系统结构的测度指标满分为 1 分，每个测度指标的满分为 1 除以指标个数，现在是 4 个指标，因此，每个测度指标的满分为 0.25，把每个测度指标得分分为 5 个级别，就是 0.25、0.2、0.15、0.1、0.05，由强到弱，描述越精确得分越高。

在对中国天然气产业系统结构进行的评价中，用 4 种数字标度刻度分别进行了评价。为了发现适合中国天然气产业系统结构的最优标度刻度，本书通过对产业系统结构打分的方式对标度刻度进行评价（如表 8.5 所示）。产业系统结构在不同标度刻度下有不同的结果，通过相互比较，对产业系统结构的描述越精确，拟合现状、历史状态越好，以及预测越好，得分会越高。

表 8.5 中国天然气产业系统结构的标度刻度得分对比

Table 8.5 Comparison of scale scale of China's natural gas industry system structure

标度刻度	中国天然气产业系统结构
1~5 *	0.8
10/10~18/2 *	0.2
a^{k-1} *	1
比例标度 *	0.8

注：中国天然气产业系统结构满分为 1 分，把中国天然气产业系统结构得分分为 5 个级别，就是 1、0.8、0.6、0.4、0.2，由强到弱，描述越精确得分越高。

③中国天然气产业系统行为标度的测度指标的评价。

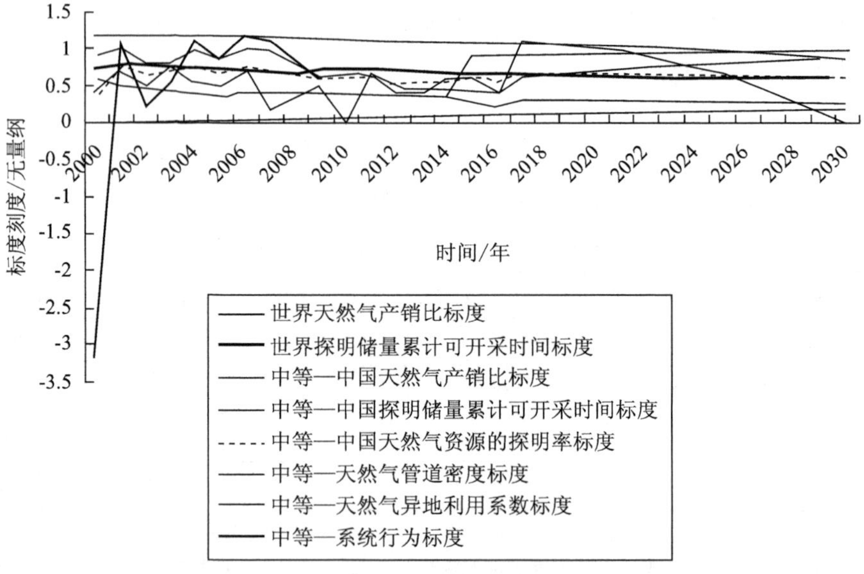

图 8.11 中国天然气产业系统行为标度的测度指标评价

Fig. 8.11 Evaluation indexes of the behavior scale of China's natural gas industry system

在 1-5＊标度刻度下，如图 8.11 所示，中等—中国天然气资源的探明率 2000—2030 年处于优的状态；中等—中国天然气产销比 2000—2001、2003—2007 年处于优的状态，2002、2008—2011 年处于次优状态，2012—2030 年处于合格的状态；世界探明储量累计可开采时间 2000—2021 年处于次优的状态，2022—2030 年处于良的状态；世界天然气产销比 2000、2002、2004—2005、2009、2011—2012、2014、2026 年处于良的状态，2001、2003、2006、2015、2024—2025 年处于次优的状态，2017—2023 年处于优的状态；2008、2013、2016、2027—2028 年处于合格的状态，2007、2010、2029—2030 年处于差的状态；中等—中国探明储量累计可开采时间 2000—2003、2006—2008 年处于良的状态，2004—2005、2009—2014 年处于合格的状态，2015—2030 年处于优的状态；中等—天然气管道密度 2000—2030 年处于差的状态；中等—天然气异地利用系数 2000 年处于差的状态，2002、2016 年处于合格的状态，2003、2009、2012—2015、2017 年处于良的状态，2010—2011、2018—2024 年处于次优的状态，2001、2004—2008、2025—2030 年处于优的状态。中国天然气产业系统行为标度主要处于次优和良的状态区间中。

在 10/10～18/2＊标度刻度下，如图 8.11 所示，中等—中国天然气资源的探明率 2000—2030 年处于优的状态；中等—中国天然气产销比 2000—2011 年处于优的状态，2012—2015、2017—2027 年处于次优状态，2016、2028—2030 年处于良的状态；世界探明储量累计可开采时间 2000—2030 年处于优的状态；世界天然气产销比 2000、2013、2016、2027—2028 年处于次优的状态，2001—2006、2009、2011—2012、2014—2015、2017—2026 年处于优的状态，2029 年处于合格的状态；2010、2030 年处于差的状态；中等—中国探明储量累计可开采时间 2000—2002、2015—2030 年处于优的状态，2003—2014 年处于次优的状态；中等—天然气管道密度 2000—2020 年处于差的状态，2021—2028 年处于合格的状态，2029—2030 年处于良的状态；中等—天然气异地利用系数 2000 年处于差的状态，2002 年处于良的状态，2012、2015—2016 年处于次优的状态，2001、2003—2011、2013—2014、2017—2030 年处于优的状态。中国天然气产业系统行为标度主要处于优的状态区间中。

在指数标度 a^{k-1} ＊ 标度刻度下，如图 8. 11 所示，中等—中国天然气资源的探明率 2000—2030 年处于优的状态；中等—中国天然气产销比 2000—2008 年处于优的状态，2009—2011 年处于次优状态，2012—2013 年处于合格的状态，2014—2030 年处于差的状态；世界探明储量累计可开采时间 2001 年处于优的状态，2000、2002—2023 年处于次优的状态，2024—2030 年处于良的状态；世界天然气产销比 2000、2013、2016、2027 年处于合格的状态，2002、2004—2005、2009、2011—2012、2014、2026 年处于良的状态，2001、2003、2006、2015、2024—2025 年处于次优的状态，2017—2023 年处于优的状态；2007、2010 年，2028—2030 年处于差的状态；中等—中国探明储量累计可开采时间 2000—2002 年处于良的状态，2003—2009、2011—2012、2027 年处于合格的状态，2010、2013—2014 年处于差的状态，2015—2030 年处于优的状态；中等—天然气管道密度 2000—2030 年 处于差的状态；中等—天然气异地利用系数 2000、2002 年处于差的状态，2012、2014—2016 年处于合格的状态，2003、2009、2017 年处于良的状态，2010—2011、2018—2023 年处于次优的状态，2001、2004—2008、2024—2030 年处于优的状态。中国天然气产业系统行为标度主要处于次优和良的状态区间中。

在比例标度＊刻度下，如图 8. 11 所示，中等—中国天然气资源的探明率 2000—2027 年处于优的状态，2028—2030 年处于次优的状态；中等—中国天然气产销比 2000—2001 年、2004、2006—2007 年处于优的状态，2002—2003、2005、2008 年处于次优状态，2009—2011 年处于合格的状态，2012—2030 年处于差的状态；世界探明储量累计可开采时间 2000—2014 年处于良的状态，2015—2030 年处于合格的状态；世界天然气产销比 2000、2002、2004—2005、2009、2012—2013、2016、2026—2030 年处于差的状态，2001、2011、2014—2015、2025 年处于合格的状态，2003、2006、2024 年处于良的状态，2023 年处于次优的状态，2017—2022 年处于优的状态；中等—中国探明储量累计可开采时间 2000 年处于合格的状态，2001—2014 年处于差的状态，2015—2030 年处于优的状态；中等—天然气管道密度 2000—2030 年处于差的状态；中等—天然气异地利用系数 2000、2002—2003、2009、2012—2016 年处于差的状态，2010—2011、2017—2019 年处于合格的状态，2020—2023 年处于良的状态，2005、2008、2024—2030 年处于次优的状态，2001、2004、2006—2007 年处于优的状态。中国天然气产业系统行为标度主要处于良和合格的状态区间中。

在对中国天然气产业系统行为的测度指标进行的评价中，用 4 种数字标度刻度分别进行了评价。为了发现适合中国天然气产业系统行为的测度指标的最优的标度刻度，本书通过对测度指标打分的方式对标度刻度进行评价（如表 8.6 所示）。同一测度指标在不同标度刻度下有不同的结果，通过相互比较，对测度指标的描述越精确，拟合现状、历史状态越好，以及预测越好，得分会越高。

表 8.6　中国天然气产业系统行为测度指标的标度刻度得分对比

Table 8.6　Comparison of scale score of China's natural gas industry system's behavioral measure index

测度指标	1-5*	10/10~18/2*	a^{k-1} *	比例标度*
中等—中国天然气资源的探明率	0.12	0.12	0.12	0.15
中等—中国天然气产销比	0.15	0.09	0.12	0.03
世界探明储量累计可开采时间	0.12	0.03	0.09	0.15
世界天然气产销比	0.15	0.09	0.12	0.06
中等—中国探明储量累计可开采时间	0.12	0.15	0.03	0.03
中等—天然气管道密度	0.15	0.15	0.15	0.15
中等—天然气异地利用系数	0.15	0.03	0.15	0.03
合　　计	0.96	0.66	0.78	0.6

注：中国天然气产业系统行为的测度指标满分为 1 分，每个测度指标的满分为 1 除以指标个数，现在是 7 个指标，每个测度指标的满分为 0.15，把每个测度指标得分分为 5 个级别，就是 0.15、0.12、0.09、0.06、0.03，由强到弱，描述越精确得分越高。

在对中国天然气产业系统行为进行的评价中，用 4 种数字标度刻度分别进行了评价。为了发现适合中国天然气产业系统行为的最优标度刻度，本书通过对产业系统行为打分的方式对标度刻度进行评价（如表 8.7 所示）。产业系统行为在不同标度刻度下有不同的结果，通过相互比较，对产业系统行为的描述越精确，拟合历史状态，现状越好，以及预测越好，得分会越高。

表 8.7 中国天然气产业系统行为的标度刻度得分对比

Table 8.7 Comparison of scale score of China's natural gas industry system behavior

标度刻度	中国天然气产业系统行为
1-5*	1
10/10~18/2*	0.2
a^{k-1} *	1
比例标度*	0.8

注：中国天然气产业系统行为满分为 1 分，把中国天然气产业系统行为得分分为 5 个级别，就是 1、0.8、0.6、0.4、0.2，由强到弱，描述越精确得分越高。

④中国天然气产业系统功能标度的测度指标的评价。

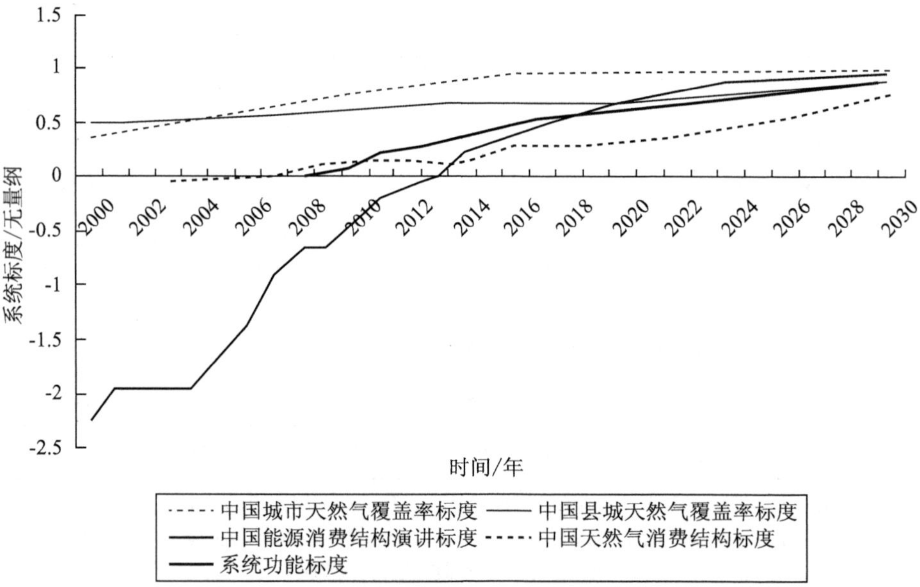

图 8.12 中国天然气产业系统功能标度的测度指标评价

Fig. 8.12 Evaluation indexes of the functional scale of China's natural gas industry system

在 1-5＊标度刻度下，如图 8.12 所示，中国城市天然气覆盖率 2000 年处于合格的状态，2001—2005 年处于良的状态，2006—2011 年处于次优的状态，2012—2030 年处于优的状态；中国县城天然气覆盖率 2000—2008 处于良的状态，2009—2026 年处于次优状态，2027—2030 年处于优的状态；中国天然气消费结构 2000—2015 年处于差的状态，2016—2022 年处于合格的状态，2023—2027 年处于良的状态，2028—2030 年处于次优的状态；中国能源消费结构 2000—2013 年处于差的状态，2014—2016 年处于合格的状态，2017—2018 年处于良的状态，2019—2022 年处于次优的状态，2023—2030 年处于优的状态；中国天然气产业系统功能标度 2000—2010 年处于差的状态，2011—2014 年处于合格的状态，2015—2019 年处于良的状态，2020—2026 年处于次优的状态，2027—2030 年处于优的状态。

在 10/10～18/2＊标度刻度下，如图 8.12 所示，中国城市天然气覆盖率 2000—2001 年处于次优的状态，2002—2030 年处于优的状态；中国县城天然气覆盖率 2000—2030 年处于优的状态；中国天然气消费结构 2000—2009 年处于差的状态，2010—2014 年处于合格的状态，2015 年处于良的状态，2016—2023 年处于次优的状态，2024—2030 年处于优的状态；中国能源消费结构 2000—2013 年处于差的状态，2014 年处于合格的状态，2015—2016 年处于次优的状态，2017—2030 年处于优的状态；中国天然气产业系统功能标度 2000—2009 年处于差的状态，2010 年处于合格的状态，2011 年处于良的状态，2012—2015 年处于次优的状态，2016—2030 年处于优的状态。

在指数标度 a^{k-1}＊标度刻度下，如图 8.12 所示，中国城市天然气覆盖率 2000—2002 年处于合格的状态，2003—2005 年处于良的状态，2006—2010 年处于次优的状态，2011—2030 年处于优的状态；中国县城天然气覆盖率 2000—2007 年处于良的状态，2007—2025 年处于次优的状态，2026—2030 年处于优的状态；中国天然气消费结构 2000—2021 年处于差的状态，2022—2023 年处于合格的状态，2024—2026 年处于良的状态，2027—2030 年处于次优的状态；中国能源消费结构 2000—2015 年处于差的状态，2016 年处于合格的状态，2017—2018 年处于良的状态，2019—

2022 年处于次优的状态，2023—2030 年处于优的状态；中国天然气产业系统功能标度 2000—2013 年处于差的状态，2014—2015 年处于合格的状态，2016—2019 年处于良的状态，2020—2025 年处于次优的状态，2026—2030 年处于优的状态。

在比例标度 * 刻度下，如图 8.12 所示，中国城市天然气覆盖率 2000—2004 年处于差的状态，2005—2007 年处于合格的状态，2008—2010 年处于良的状态，2011—2013 年处于次优的状态，2014—2030 年处于优的状态；中国县城天然气覆盖率 2000—2005 年处于差的状态，2006—2012 年处于合格的状态，2013—2025 年处于良的状态，2026—2030 年处于次优的状态；中国天然气消费结构 2000—2026 年处于差的状态，2027—2028 年处于合格的状态，2029—2030 年处于良的状态；中国能源消费结构 2000—2018 年处于差的状态，2019 年处于合格的状态，2020—2022 年处于良的状态，2023—2025 年处于次优的状态，2026—2030 年处于优的状态；中国天然气产业系统功能标度 2000—2017 年处于差的状态，2018—2021 年处于合格的状态，2022—2025 年处于良的状态，2026—2030 年处于次优的状态。

在对中国天然气产业系统功能的测度指标进行的评价中，用 4 种数字标度刻度分别进行了评价。为了发现适合中国天然气产业系统功能的测度指标的最优标度刻度，本书通过对测度指标打分的方式对标度刻度进行评价（如表 8.8 所示）。同一测度指标在不同标度刻度下有不同的结果，通过相互比较，对测度指标的描述越精确，拟合现状，历史状态越好，以及预测越好，得分会越高。

表 8.8 中国天然气产业系统功能测度指标的标度刻度得分对比

Table 8.8 comparison of scale score of China natural gas industry system functional measure index

标度刻度	中国城市天然气覆盖率	中国县城天然气覆盖率	中国天然气消费结构	中国能源消费结构	合计
1-5 *	0.2	0.2	0.25	0.2	0.85

续表

标度刻度	中国城市天然气覆盖率	中国县城天然气覆盖率	中国天然气消费结构	中国能源消费结构	合计
10/10~18/2 *	0.05	0.05	0.2	0.05	0.35
a^{k-1} *	0.2	0.15	0.15	0.2	0.7
比例标度 *	0.25	0.25	0.05	0.25	0.8

注：中国天然气产业系统功能的测度指标满分为 1 分，每个测度指标的满分为 1 除以指标个数，现在是 4 个指标，因此，每个测度指标的满分为 0.25，把每个测度指标得分分为 5 个级别，就是 0.25、0.2、0.15、0.1、0.05，由强到弱，描述越精确得分越高。

在对中国天然气产业系统功能进行的评价中，用 4 种数字标度刻度分别进行了评价。为了发现适合中国天然气产业系统功能的最优标度刻度，本书通过对产业系统功能打分的方式对标度刻度进行评价（如表 8.9 所示）。产业系统功能在不同标度刻度下有不同的结果，通过相互比较，对产业系统功能的描述越精确，拟合现状、历史状态越好，以及预测越好，得分会越高。

表 8.9　中国天然气产业系统功能的标度刻度得分对比

Table 8.9　Comparison of scale scale of China's natural gas industry system function

标度刻度	中国天然气产业系统功能
1-5*	0.8
10/10~18/2*	1
a^{k-1} *	0.6
比例标度 *	0.4

备注：中国天然气产业系统功能满分为 1 分，把中国天然气产业系统功能得分分为 5 个级别，就是 1、0.8、0.6、0.4、0.2，由强到弱，描述越精确得分越高。

⑤评价中国天然气产业系统 17 个指标的最优标度刻度。

在对中国天然气产业系统 4 个维度的测度指标进行的评价中，每一个维度都用 4 种数字标度刻度分别进行了评价。为了发现适合中国天然气产业可持续发展系统测度指标的最优标度刻度，本书通过对测度指标打分的方式对标度刻度进行评价（如表 8.10 所示）。同一测度指标在不同标度刻度下有不同的结果，通过相互比较，对测度指标的描述越精确，拟合现状、历史状态越好，以及预测越好，得分会越高。

表 8.10　中国天然气产业可持续发展系统的测度指标的标度刻度得分对比

Table 8.10　Comparison of scale score of China's natural gas industry sustainable development system Measure indicators

测度指标的标度刻度	1-5 *	10/10~18/2 *	a^{k-1} * ($a = 1.14$)	比例标度 *
系统形态测度指标	0.8	0.8	0.9	0.4
系统结构测度指标	0.8	0.4	0.65	0.8
系统行为测度指标	0.96	0.66	0.78	0.6
系统功能测度指标	0.85	0.35	0.7	0.8

中国天然气产业系统 17 个测度指标的最优标度刻度的决策问题是属于不确定性决策。

根据乐观（max-max）准则，决策方法是：首先从每个标度刻度中选出一个最大的效益值，再从各个标度刻度的最大效益值中，选出一个最大值，表 8.11 显示标度刻度 1-5 * 为中国天然气产业系统 17 个测度指标的最优标度刻度。

表 8.11　17 个测度指标的标度刻度的乐观准则决策

Table 8.11　Index scale of 17 measures based on optimistic criteria

标度刻度	系统形态测度指标	系统结构测度指标	系统行为测度指标	系统功能测度指标	Max
1-5 *	0.8	0.8	0.96	0.85	0.96（max）
10/10~18/2 *	0.8	0.4	0.66	0.35	0.8
a^{k-1} * ($a = 1.14$)	0.9	0.65	0.78	0.7	0.9
比例标度 *	0.4	0.8	0.6	0.8	0.8

根据悲观（max-min）准则，决策方法是：首先从每个标度刻度中选出一个最差的效益值，再从各个标度刻度的最差效益值中，选出一个最好的结果，表 8. 12 显示标度刻度 1-5 * 为中国天然气产业系统 17 个测度指标的最优标度刻度。

表 8. 12　17 个测度指标的标度刻度的悲观准则决策

Table 8. 12　Index scale of 17 measures based on pessimistic criteria

标度刻度	系统形态测度指标	系统结构测度指标	系统行为测度指标	系统功能测度指标	Min
1-5 *	0. 8	0. 8	0. 96	0. 85	0. 8（max）
10/10~18/2 *	0. 8	0. 4	0. 66	0. 35	0. 4
a^{k-1} *（a = 1. 14）	0. 9	0. 65	0. 78	0. 7	0. 65
比例标度 *	0. 4	0. 8	0. 6	0. 8	0. 4

根据最小机会损失（savage）准则，决策方法是：把每个系统维度测度指标的最大效益值视为理想目标，把它与该系统维度下的其他效益值之差作为未达到理想目标的后悔值，这样得到了 17 个测度指标的标度刻度的机会损失矩阵，把矩阵中每行的最大值求出来，这些最大值中的最小值对应的是标度刻度 1-5 *，即为中国天然气产业系统 17 个测度指标的最优标度刻度（如表 8. 13 所示）。

表 8. 13　17 个测度指标的标度刻度的最小机会损失准则决策

Table 8. 13　Scale calibration of 17 measures based on minimum opportunity loss criteria

标度刻度	系统形态测度指标	系统结构测度指标	系统行为测度指标	系统功能测度指标	Max
1-5 *	0. 1	0	0	0	0. 1（min）
10/10~18/2 *	0. 1	0. 4	0. 3	0. 5	0. 5
a^{k-1} *（a = 1. 14）	0	0. 15	0. 18	0. 15	0. 18
比例标度 *	0. 5	0	0. 36	0. 05	0. 5

在上面三个准则下，得出的中国天然气产业系统 17 个测度指标的最优标度刻度都是标度刻度 1-5 * ，因此，标度刻度 1-5 * 是适合中国天然气产业系统 17 个测度指标的最优标度刻度。

⑥评价中国天然气产业系统 4 个维度的最优标度刻度。

在对中国天然气产业系统 4 个维度进行的评价中，每一个维度都用 4 种数字标度刻度分别进行了评价。为了发现适合中国天然气产业可持续发展系统 4 个维度的最优标度刻度，本书通过对产业系统维度打分的方式对标度刻度进行评价（如表 8. 14 所示）。产业系统维度在不同标度刻度下有不同的结果，通过相互比较，对系统维度的描述越精确，拟合现状、历史状态越好，以及预测越好，得分会越高。

表 8. 14　中国天然气产业系统 4 个维度的几种标度刻度得分对比

Table 8. 14　Comparison of scale scores of four dimensions of China's natural gas industry system

测度指标的标度刻度	1-5 *	10/10～18/2 *	a^{k-1} * （a = 1. 14）	比例标度 *
系统形态	1	0. 6	0. 8	0. 2
系统结构	0. 8	0. 2	1	0. 8
系统行为	1	0. 2	1	0. 8
系统功能	0. 8	1	0. 6	0. 4

中国天然气产业系统的 4 个维度的最优标度刻度的决策问题属于不确定性决策。

根据乐观（max-max）准则，决策方法是：首先从每个标度刻度中选出一个最大的效益值，再从各个标度刻度的最大效益值中，选出一个最大值，表 8. 15 显示标度刻度 1-5 * 、指数标度 a^{k-1} * 、比例标度 * 都是中国天然气产业系统 4 个维度的最优标度刻度（如表 8. 15 所示）。

表 8.15　4个维度的标度刻度的乐观准则决策

Table 8.15　Optimistic guidelines for scale calibration of 4 dimensions

标度刻度	系统形态	系统结构	系统行为	系统功能	Max
1-5 *	1	0.8	1	0.8	0.8（max）
10/10~18/2 *	0.6	0.2	0.2	1	0.6
a^{k-1} *（a = 1.14）	0.8	1	1	0.6	0.8（max）
比例标度 *	0.2	0.8	0.8	0.4	0.8（max）

根据悲观（max-min）准则，决策方法是：首先从每个标度刻度中选出一个最差的效益值，再从各个标度刻度的最差效益值中，选出一个最好的结果，表 8.16 显示标度刻度 1-5 * 为中国天然气产业系统 4 个维度的最优标度刻度。

表 8.16　4个维度的标度刻度的悲观准则决策

Table 8.16　Pessimistic criteria for scale calibration of 4 dimensions

标度刻度	系统形态	系统结构	系统行为	系统功能	Min
1-5 *	1	0.8	1	0.8	0.8（max）
10/10~18/2 *	0.6	0.2	0.2	1	0.2
a^{k-1} *（a = 1.14）	0.8	1	1	0.6	0.6
比例标度 *	0.2	0.8	0.8	0.4	0.1

根据最小机会损失（savage）准则，决策方法是：把每个系统维度的最大效益值视为理想目标，把它与该系统维度下的其他效益值之差作为未达到理想目标的后悔值，这样得到了 4 个维度的标度刻度的机会损失矩阵，把矩阵中每行的最大值求出来，这些最大值中的最小值对应的是标度刻度 1-5 *、10/10~18/2 *、指数标度 a^{k-1} *，都为中国天然气产业系统 4 个维度的最优标度刻度（如表 8.17 所示）。

表 8.17　4 个维度的标度刻度的最小机会损失准则决策

Table 8.17　Minimum chance loss criteria for scale calibration of 4 dimensions

标度刻度	系统形态	系统结构	系统行为	系统功能	Max
1-5 *	0	0.2	0	0.2	0（min）
10/10~18/2 *	0.4	0.8	0.8	0	0（min）
a^{k-1} *（a = 1.14）	0.2	0	0	0.4	0（min）
比例标度 *	0.8	0.2	0.2	0.6	0.2

在上面三个准则下，得出的中国天然气产业系统 4 个维度的最优标度刻度中都有同一个标度刻度 1-5 *，因此，标度刻度 1-5 * 是适合中国天然气产业系统 4 个维度的最优标度刻度。

（2）中国天然气产业可持续发展系统状态和趋势的评价。

标度等级距离发生变化，中国天然气产业可持续发展的系统标度变异区间所显示的强弱程度也会发生变化，本书统一设置 5 级标度等级。为了做到等级之间合理，选择 4 种有代表性的标度刻度 1-5 *、10/10~18/2 *、指数标度 a^{k-1} * 、比例标度 * 进行评价和对比。

在 1-5 * 标度刻度下，如图 8.13 中显示，中国天然气产业可持续发展系统复合标度在［0.3322，0.5326］区间内，2000 年中国天然气产业可持续发展状态为 0.3322，在［0.2，0.4］区间内，根据标度的等级及标度转换，2000 年中国天然气产业可持续发展状态为弱不可持续发展状态；2017 年中国天然气产业可持续发展状态为 0.5326，在［0.4，0.6］区间内，根据标度的等级及标度转换，2017 年中国天然气产业可持续发展状态为较弱可持续发展状态；2020 年中国天然气产业可持续发展状态为 0.5379，在［0.4，0.6］区间内，根据标度的等级及标度转换，2020 年中国天然气产业可持续发展状态为较弱可持续发展状态；2030 年中国天然气产业可持续发展状态为 0.5326，在［0.4，0.6］区间内，根据标度的等级及标度转换，2030 年中国天然气产业可持续发展状态为较弱可持续发展状态。

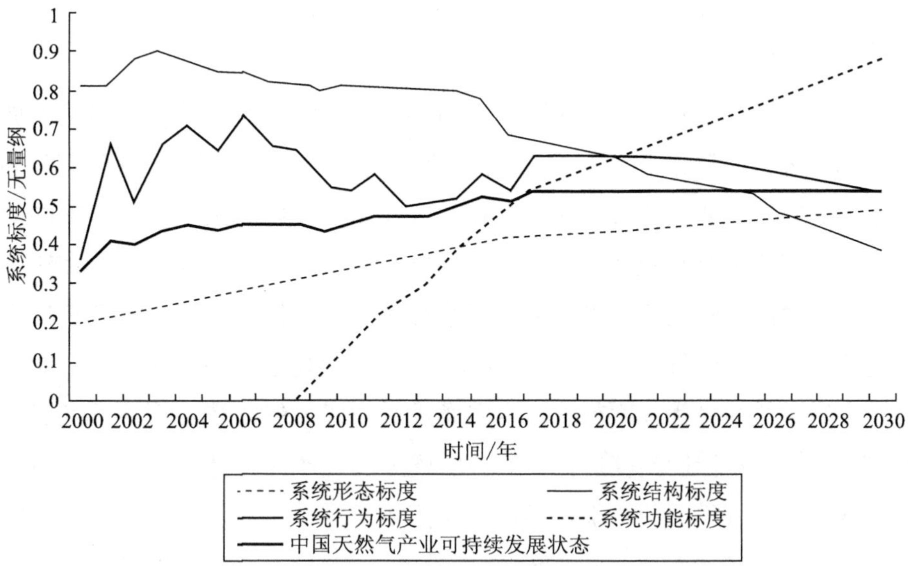

图 8.13　中国天然气产业可持续发展系统状态和趋势

Fig. 8.13　China's natural gas industry sustainable development system status and trend

在 10/10~18/2 * 标度刻度下，图 8.13 中显示，中国天然气产业可持续发展系统复合标度在［0.3322，0.5326］区间内，2000—2003 年中国天然气产业可持续发展状态在［0.258，0.444］区间内，根据标度的等级，2000—2003 年中国天然气产业可持续发展状态为弱可持续发展状态；2004—2030 年中国天然气产业可持续发展状态在［0.444，1］区间内，根据标度的等级，2004—2030 年中国天然气产业可持续发展状态为可持续发展状态。

在指数标度 a^{k-1} * 标度刻度下，如图 8.13 中显示，中国天然气产业可持续发展系统复合标度在［0.3322，0.5326］区间内，2000 年中国天然气产业可持续发展状态在［0，0.350］区间内，根据标度的等级，2000 年中国天然气产业可持续发展状态为不可持续发展状态；2001—2010 年中国天然气产业可持续发展状态在［0.350，0.455］区间内，根据标度的等级，2001—2010 年中国天然气产业可持续发展状态为弱不可持续发展状态；2011—2030 年中国天然气产业可持续发展状态在［0.455，0.591］区间内，根据标度的等级，2011—2030 年中国天然气产业可持续发展状态为较弱可持续发展状态。

在比例标度＊刻度下，如图 8. 13 中显示，中国天然气产业可持续发展系统标度区间这里指复合标度在［0. 3322，0. 5326］区间内，2000—2030 年中国天然气产业可持续发展状态在［0，0. 555］区间内，根据标度的等级，2000—2030 年中国天然气产业可持续发展状态为不可持续发展状态。

在对中国天然气产业可持续发展系统进行的评价中，用 4 种数字标度刻度分别进行了评价（如表 8. 18 所示）。为了发现适合中国天然气产业可持续发展系统的最优标度刻度，本书通过对中国天然气产业可持续发展系统打分的方式对标度刻度进行评价，中国天然气产业可持续发展系统在不同标度刻度下有不同的结果，通过相互比较，对中国天然气产业可持续发展系统状态的描述越精确，拟合历史状态、现状以及预测越好，得分越高。表中显示指数标度 a^{k-1} ＊ 标度刻度得分最高，因此，指数标度 a^{k-1} ＊标度刻度是中国天然气产业可持续发展系统的最优标度刻度。

表 8. 18　中国天然气产业可持续发展状态的标度刻度得分对比

Table 8. 18　Scale score of China's natural gas industry sustainable development status

标度刻度	中国天然气产业可持续发展系统状态
1-5＊	0. 8
10/10～18/2＊	0. 2
a^{k-1} ＊	1
比例标度＊	0. 2

注：中国天然气产业可持续发展系统状态满分为 1 分，中国天然气产业可持续发展系统状态得分分为 5 个级别，就是 1、0. 8、0. 6、0. 4、0. 2，由强到弱，描述越精确得分越高。

如图 8. 13 中显示，在 1-5＊标度刻度下，中国天然气产业可持续发展系统 4 个维度的变化，系统形态标度显示的是持续增长的趋势；系统结构标度显示的是持续波动的情况下，总体呈下降的趋势；系统行为标度显示的是持续波动的情况下，趋于向中间状态接近的趋势；系统功能标度显示的是加速增长的趋势；在指数标度 a^{k-1} ＊ 标度刻度下，中国天然气产业可持续发展系统状态显示的是有时发展，有时停滞，甚至略微后退，但是处于波动很小的状态即平稳状态，总的趋势是进步的。因此，根据中国天然气产业可持续发展理论，系统的这种状态的持续趋势也是一种可持续发展状态。

8.3.2　不同情景下的中国天然气产业可持续发展状态和趋势的评价

根据上面小节的结论，标度刻度 1-5 * 是适合中国天然气产业系统 4 个维度评价的最优标度刻度；指数标度 a^{k-1} * 标度刻度是适合中国天然气产业可持续发展系统状态评价的最优标度刻度。经济危机、地区政治、军事、经济环境这些系统环境的变化对中国天然气产业可持续发展有重要影响。调整中国天然气产业系统动力学模型中的政治、经济、市场环境变量，使用标度刻度 1-5 *、指数标度 a^{k-1} * 分别对不同情境下的系统行为维度，以及中国天然气产业可持续发展状态和趋势进行评价。

在标度刻度 1-5 * 下，如图 8.14 中显示，在不同情景下，去除个别的极端状态，系统行为标度在［0.5162，0.7488］区间内变化，根据标度的等级及标度转换，是在良和次优两个等级内波动，趋于向于两个等级中间的状态的趋势。

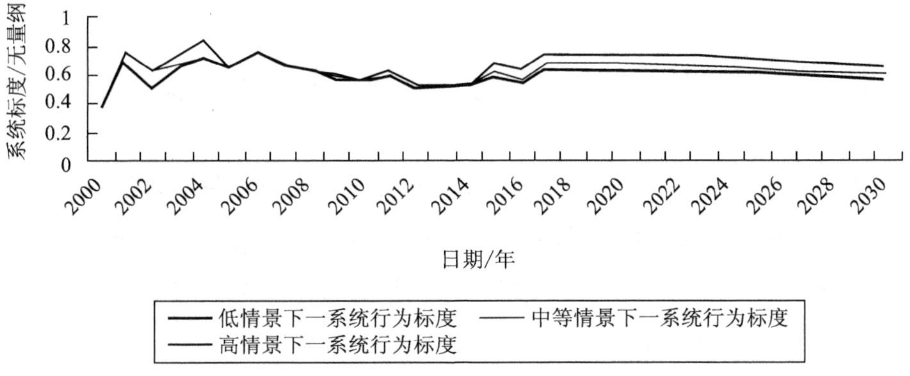

图 8.14　不同情境下系统行为标度的波动

Fig. 8.14　Fluctuation of system behavior scales in different situations

如图 8.15 中显示，在不同情景下，去除个别的极端状态，中国天然气产业可持续发展系统标度在［0.4178，0.5650］区间内变化，根据中国天然气产业可持续发展程度的划分标准，在标度刻度 $a^{k-1}*$ 下，中国天然气产业是处于从弱不可持续发展状态逐步演化为较弱可持续发展状态变化的过程中，总体是平稳发展的状态和趋势，因此，根据中国天然气产业可持续发展理论，系统的这种状态的持续趋势也是一种可持续发展状态。

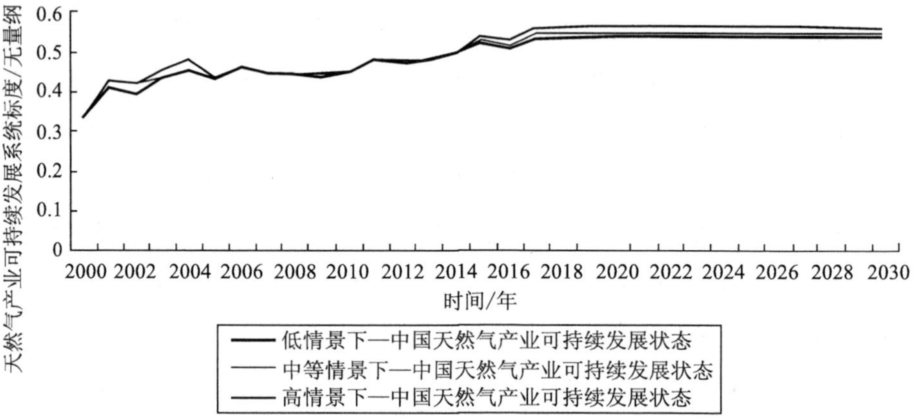

图 8.15 不同情境下中国天然气产业可持续发展状态和趋势

Fig. 8.15 Status and trend of sustainable development of china's natural gas industry in different situations

8.4 中国天然气产业可持续发展系统标度的总体优化

中国天然气产业可持续发展的系统标度等级之间的距离和各维度标度等级之间的距离、各指标等级之间的距离的确定，也就是标度刻度的选择问题。根据上面小节的分析，中国天然气产业可持续发展的系统会有一个最适合的标度刻度；系统维度也会有一个最适合的标度刻度；17 个指标也会有一个最适合的标度刻度。那么，对于整个中国天然气产业可持续发展的系统标度，是否有一组最优的标度刻度组合，就是本节研究的主要问题。解决这一问题的过程可以当作是多阶段决策过程，动态规划可以解决多阶段决策过程的总体最优化问题。

8.4.1　中国天然气产业可持续发展系统标度刻度的最优组合

从图 8.16 中可以看出，中国天然气产业可持续发展系统的标度刻度有多种组合，是多阶段决策问题，我们可以把这一问题转化成动态规划的最短路径问题，从出发点到指标标度刻度 1-5 ∗ 、10/10～18/2 ∗ 、指数标度 a^{k-1} ∗ 、比例标度 ∗ 之间的路程分别是上小节给指标标度刻度的打分。

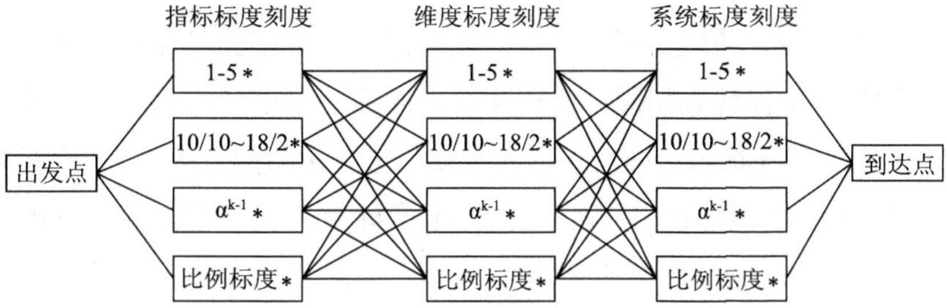

图 8.16　中国天然气产业可持续发展系统的整体标度刻度组合

Fig. 8.16　The overall scale scale of China's natural gas industry sustainable development system

本书寻找的是最短路径，因此需要将上小节的打分进行转换。表中的得分就代表路径的长短，测度指标的标度刻度得分转换如表 8.19 所示，系统维度的标度刻度得分转换如表 8.20 所示，系统状态的标度刻度得分转换如表 8.21 所示。

表 8.19　中国天然气产业可持续发展系统的测度指标的标度刻度得分转换

Table 8.19　The scale index score of China's natural gas industry sustainable development system is converted

标度刻度	系统形态测度指标	系统结构测度指标	系统行为测度指标	系统功能测度指标	平均值
1-5 ∗	0.2	0.2	0.04	0.15	0.1475
10/10～18/2 ∗	0.2	0.6	0.34	0.65	0.4475
a^{k-1} ∗ (a = 1.14)	0.1	0.35	0.22	0.3	0.2425

续表

标度刻度	系统形态测度指标	系统结构测度指标	系统行为测度指标	系统功能测度指标	平均值
比例标度 *	0.6	0.2	0.4	0.2	0.35

注：中国天然气产业系统的测度指标满分为 1 分，标度刻度得分转换是通过 1 减去原来每个系统维度测度指标的得分得到，每个标度刻度的算术平均值代表总的指标标度刻度的得分，分数越小越好。

对于中国天然气产业可持续发展的系统标度，如果能使用同一种标度刻度，应该是最方便的，因此，本书在指标标度刻度到维度标度刻度的路程中，增加一个值代表相同标度刻度和不同标度刻度状态之间的效益变化量。4 个标度刻度状态之间转移的效益变化量总值的和设为 1，相同标度刻度状态之间转移的效益变化量为 0.1，不同标度刻度状态之间转移的效益变化量为 0.3，效益变化量差值为 0.2，会对整个路程的长短产生影响，同时不会产生极端效果，属于合适的范围。这样，指标标度刻度到维度标度刻度的路程由维度标度刻度值、标度刻度状态之间转移的效益变化量 2 个值组成，即 2 个值的和。同样，维度标度刻度到系统标度刻度的路程也可以求出。

表 8.20 中国天然气产业可持续发展系统维度的标度刻度得分转换

Table 8.20 the scale scale score of China's natural gas industry sustainable development system dimension is converted

标度刻度	系统形态	系统结构	系统行为	系统功能	平均值
1-5 *	0	0.2	0	0.2	0.4
10/10~18/2 *	0.4	0.8	0.8	0	2
a^{k-1} * ($a = 1.14$)	0.2	0	0	0.4	0.6
比例标度 *	0.8	0.2	0.2	0.6	1.8

注：中国天然气产业系统维度的标度刻度得分满分为 1 分，标度刻度得分转换是通过 1 减去原来每个系统维度的得分得到，每个标度刻度的算术平均值代表总的维度标度刻度的得分，分数越小越好。

表 8.21 中国天然气产业可持续发展状态的标度刻度得分转换

Table 8.21 Scale score of China's natural gas industry sustainable development status is converted

标度刻度	中国天然气产业可持续发展系统状态
1-5 *	0.2
10/10~18/2 *	0.8
a^{k-1} *	0
比例标度 *	0.8

注：每个标度刻度满分为 1 分，标度刻度得分转换是通过 1 减去原来每个系统维度的得分得到，每个标度刻度的算术平均值代表总的维度标度刻度的得分，分数越小越好。

如图 8.17 所示，这一问题转化成动态规划的最短路径问题，共 14 个节点，使用 WINQSB 软件中动态规划中的最短路径，输入数据，得出最短路径是 1-2-6-12-14（如表 8.22 所示）。因此，整个中国天然气产业可持续发展的系统标度刻度的最优标度刻度组合为 1-5 *，1-5 *，a^{k-1} * 组合，即指标标度刻度采用 1-5 *，维度标度刻度采用 1-5 *，系统状态标度刻度采用 a^{k-1} *。可以看出，整个中国天然气产业可持续发展的系统标度刻度的最优标度刻度组合与上小节求出的各阶段最优标度刻度重合，显示最优标度刻度组合的优化效果水平很高，所以，最优标度刻度组合具有可行性和准确性。

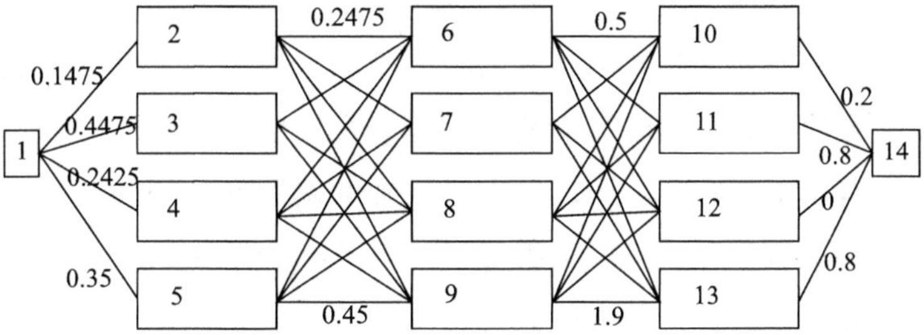

图 8.17 最短路线问题

Fig. 8.17 Shortest route problem

表 8.22 最优路径方案——动态规划的最短路径问题

Table 8.22 Solution for route: stagecoach-shortest route problem

2008-10-09	From	To	Distance	Cumulative	Distance to
Stage	Input State	Output State		Distance	Node14
1	Node1	Node2	0.15	0.15	1.1
2	Node2	Node6	0.25	0.39	0.95
3	Node6	Node12	0.7	1.1	0.7
4	Node12	Node14	0	1.1	0
	From Node1	To Node14	Min. Distance	1.1	CPU=0

8.4.2 系统标度刻度的最优组合的验证

根据上面小节的结论，中国天然气产业可持续发展的系统标度刻度的最优标度刻度组合为指标标度刻度采用 1-5 *，维度标度刻度采用 1-5 *，系统状态标度刻度采用 a^{k-1} * 。

中国天然气产业系统 17 个测度指标，与中国天然气产业可持续发展系统状态比较，测度指标是真实的物理量，容易感知，因此，属于中等强度的物理刺激量。人感觉到的差别的区间随着物理刺激量区间的变化而大小呈比例变化，采用等距的，并且随着物理刺激量区间的变化而大小呈比例变化的标度刻度采用 1-5 *，符合韦伯定律。

中国天然气产业系统 4 个维度的状态变量，与中国天然气产业可持续发展系统状态比较，也是较真实的物理量，可以感知，属于中等强度的物理刺激量，符合韦伯定律。因此，人感觉到的差别的区间随着物理刺激量区间的变化呈比例变化，可以采用等距的 1-5 * 标度刻度。

中国天然气产业可持续发展系统状态是一个宏观的变量，既可能产生弱的，也可能产生强的物理刺激量，感知的强度变化幅度会很大。标度刻度 a^{k-1} * 可以表示出强度幅度的变化，标度刻度 a^{k-1} * 的等级距离，可持续性从弱到强为 0.350、0.455、0.591、0.769、1，从不可持续发展等级向可持续发展演化过程中，等级之间的距离越来越大。处于安全的状态下，人类对好的事物的感知弱，心理量慢于物理刺激量，心理感觉到的刺激量强度过弱，心理感觉的强度随着物理刺激强度的几何级增加而呈现出算数级增加，符合费希纳定律；但由可持续发展等级向不可持续发展演化过程中，则方向相反变为 1、0.769、0.591、0.455、0.350，等级之间的距离越来越小。这是受人类防卫心理的影响，对不利的事物心理感觉到的刺激量强度过强，心理量超过了物理刺激量，心理量是随物理刺激量的乘方函数（或幂函数）而变化的，符合斯蒂文斯定律。

最优标度刻度组合是有理论依据的，同时满足中国天然气产业可持续发展的系统标度的优化的两个原则：系统标度优化与中国天然气产业可持续发展的系统演化相适应；系统标度优化与中国天然气产业可持续发展的起点和实际情况以及发展阶段相适应。所以，可以实现标度的合理性和准确性，完成标度优化的目标。

8.5　中国天然气产业可持续发展系统标度的验证及补充

中国天然气产业可持续发展系统标度是以中国天然气产业可持续发展理论为基础建立的，因此，中国天然气产业可持续发展系统标度的验证及补充，就是对中国天然气产业可持续发展理论以及中国天然气产业可持续发展的系统标度进行验证，并做有益的补充。

8.5.1　中国天然气产业可持续发展理论的验证及补充

（1）中国天然气产业可持续发展理论的验证。

通过中国天然气产业可持续发展系统模拟，以及系统模拟的运行可以发现，国家天然气的政策和规划、国家天然气各种应急政策和规划、省级政府天然气的政策和规划以及市、县级政府天然气的政策和规划，推动着中国天然气产业可持续发展系统各环节向发展目标演化。政府发挥对市场的替代作用，建立平衡发展战略，通过规划和计划安排，使资源环境、社会发展、经济发展在不同部门或不同地区同时平衡发展，这是中国天然气产业可持续发展的系统形态，符合中国天然气产业可持续发展理论。这种系统形态隐含在政府天然气的政策和规划中，应该包含市场的信息，所包含的市场信息的准确度、完整性、敏感度，影响政府天然气的政策和规划实施的效果，即决定能否合理激励整个系统的各要素在保持总体平衡的状态下向前发展演化，如若不然政策和规划执行的越彻底、越完整，就越可能会在系统内部产生其他的问题。经过评价，中国天然气产业可持续发展的系统形态标度显示的是持续增长的趋势，说明国家以及各级地方政府的天然气的政策和规划、天然气各种应急政策和规划执行能力越来越强，因此需要更加关注政府和市场之间的关系，即产业政策的问题。

通过中国天然气产业可持续发展系统模拟以及系统模拟的运行可以发现，随着天然气产业的发展，区域自然禀赋与天然气需求之间的关系，以及季节、气候、消费习惯等原因引起的消费灵活性与天然气供应的稳定性之间的关系更加不平衡，即表现为天然气变异系数和月高峰系数指标加速增长。但城市、县城天然气基础设施与天然气供应的配套水平也在提高，即城市、县城的应急水平在提升，这反映的是中国天然气产业可持续发展协调性水平的提升即系统结构正在完善之中。根据评价结果，系统结构显示为处于持续波动的状态下，有下降的趋势，说明需要重视天然气变异系数和月高峰系数指标加速增长的问题，天然气变异系数较大的地区可以考虑其他清洁能源的替代问题。在面对月高峰系数增大的问题上，为了实现灵活的供需平衡，可以在需求和供应两端综合考虑，处理好储气库的建设在经济效益、社会效益之间的平衡问题，看不见的手和看得见的手合理配合，激励天然气基础设施的合理发展。

通过中国天然气产业可持续发展系统模拟以及系统模拟的运行可以发现，随着天然气产业的发展，中国天然气产业发展潜力即系统行为标度逐步趋于稳定状态。根据评价结果，系统行为标度显示为处于持续波动的状态，并趋于向中间状态接近的趋势。系统是有生命周期的，系统的发展演化也会遵循系统生命周期规律，为了使中国天然气产业发展潜力能在更长时间保持稳定和持续，除了在应对气候环境问题上，鼓励天然气消费，增加天然气在能源结构中的比例，还应该提高天然气利用效率，减少无效的消费，即对无效的需求进行约束，利用市场对资源禀赋的稀缺做出反应，使供需保持在平衡状态，并在平衡中发展。

通过系统模拟的运行可以发现，随着天然气产业的发展，中国天然气产业发展效益即系统功能加速增长，说明中国天然气产业能够满足经济、社会、环境方面的需求，并且它的贡献会加速增长。根据评价结果，系统功能显示为处于加速增长的趋势，中国天然气产业的发展能够满足人民在经济、社会、环境方面的更多需求。同时，当系统功能标度增长到相当高的程度后，根据系统的生命周期规律，随着系统的演化，系统可能会发生异化现象，需要提前考虑某些子系统独立问题，使其成为一个独立的系统。可以与其他产业组合，如天然气基础设施的通用的问题，上下游资产多样化利用问题，需要在中国天然气产业可持续发展中予以考虑。根据评价结果，中国天然气产业可持续发展系统的持续趋势也是一种可持续发展状态。

中国天然气产业可持续发展系统模拟，以 2000—2030 年为模型运行时间，仿真步长为 1 年，经过重复测量，并通过以上的验证分析，是符合信度原则的，是可信的。同时，中国天然气产业可持续发展系统模拟是在历史数据、历史经验分析的基础上建立的，是建立在对术语和概念共识的基础上的，反映了概念的真实含义，并通过以上的验证分析，是符合效度原则的，是准确的。所以，中国天然气产业可持续发展理论是可信的、准确的。

（2）中国天然气产业可持续发展理论的补充。

首先，中国天然气产业可持续发展理论需要更加关注政府和市场之间的关系，即产业政策的问题。政府的产业政策如何准确地、完整地、敏感地反映市场的信息，即有些学者提出的由选择性的产业政策向功能性的产业政策过渡的问题；其次，根据区域的自然禀赋，因地制宜，对于不适宜发展的区域可以更多地考虑其他清洁能源的替代，及提前考虑某些子系统独立成为一个系统，可以与其他产业组合的可能，如天然气基础设施的通用的问题、上下游资产多样化利用问题，需要在中国天然气产业可持续发展中予以考虑；最后，供需平衡的灵活性问题，需要在天然气需求和供应两端综合考虑。同时，必须遵循规律，发挥市场作用。

8.5.2 中国天然气产业可持续发展的系统标度的验证及补充

（1）中国天然气产业可持续发展的系统标度的验证。

中国天然气产业可持续发展是一个宏观变量，心理感觉到的刺激量强度不可能到非常精细的程度，因此，设置为 5 级标度等级，测量层次为定距测量。为了等级之间做到合理、准确，确定了整个中国天然气产业可持续发展的系统标度刻度的最优标度刻度组合，即指标标度刻度采用 1-5 *，维度标度刻度采用 1-5 *，系统状态标度刻度采用 a^{k-1} * ，中国天然气产业可持续发展的系统标度主要用于测量的标度区间确定在［0，1］内。中国天然气产业可持续发展系统标度根据 8.3.2 小节，在不同情景下，去除个别的极端状态，中国天然气产业可持续发展系统标度在［0.4178，0.5650］区间内变化，系统标度在［0，1］区间范围内，系统标度区间是合理的。

对照中国天然气产业可持续发展程度的划分的标准，在 a^{k-1} * 标度刻度下，根据上面小节显示，中国天然气产业可持续发展状态由弱不可持续发展状态向较弱可持续发展状态演化；弱不可持续发展状态对应的标准是“资源耗竭和生态受到破坏，也有可能通过国际贸易实现可持续发展，但有不确定性”，以及根据表 3.6 中较弱可持续发展状态对应的标准；这些状态都与相应的标准吻合，都显示了中国天然气产业不同阶段的真实发展状况，因此，标度的等级是准确的。同时，指标标度刻度采用 1-5 *，维度标度刻度采用 1-5 *，也都显示是合理的、准确的。

根据 8.3.1 小节，依据系统 4 个维度的变化，测度中国天然气产业可持续发展的系统标度，把中国天然气产业可持续发展看成是一个有机整体，一个复杂巨系统来研究，同时，确定中国天然气产业可持续发展系统标度区间，这里指复合标度在［0.3322，0.5326］区间内。根据标度的等级及标度转换，评价得出 2000 年中国天然气产业可持续发展状态为弱不可持续发展状态；2017 年中国天然气产业可持续发展状态为较弱可持续发展状态；2020 年中国天然气产业可持续发展状态为较弱可持续发展状态；

2030年中国天然气产业可持续发展状态为较弱可持续发展状态，并且衡量了这个系统演化时所呈现的可持续状态强弱的程度。根据评价结果，中国天然气产业可持续发展系统显示的是有时发展，有时停滞，甚至略微后退，但是处于波动很小的状态即平稳状态，总的趋势是进步的，系统的这种状态的持续趋势也是一种可持续发展状态。这些符合中国天然气产业可持续发展理论，说明标度区间是合理的、准确的。

以上这些都说明中国天然气产业可持续发展的系统标度是合理的、准确的。

（2）中国天然气产业可持续发展的系统标度的补充。

中国天然气产业可持续发展的系统标度概念需要以中国天然气产业可持续发展理论为基础，依据系统的特征及量表的逻辑来建构。8.5.1小节中，对中国天然气产业可持续发展理论已做补充：针对关注政府和市场之间的关系，即产业政策的问题，关于政府的产业政策如何准确地、完整地、敏感地反映市场的信息，也就是有些学者提出的由选择性的产业政策向功能性的产业政策过渡的问题，可以在系统形态标度中予以反映；针对根据区域的自然禀赋，因地制宜，对于不适宜发展的区域考虑其他清洁能源的替代的问题，可以在系统结构和系统行为中予以反映。

8.6　本章小结

本章对中国天然气产业可持续发展的系统标度组合分析及优化进行研究。基于中国天然气产业可持续发展理论，根据中国天然气产业可持续发展的系统标度及优化的评价方法，通过建立系统动力学模型模拟中国天然气产业可持续发展系统演化过程，对已经优化的17个指标进行历时的组合优化即系统优化；对标度进行合理性和敏感性检验；通过建立动态规划模型，确定了整个中国天然气产业可持续发展的系统标度刻度的最优标度刻度组合。同时，通过使用优化后的标度对中国天然气产业可持续发展状态和趋势做出评价和预测，对中国天然气产业可持续发展理论以及中国天然气产业可持续发展的系统标度概念进行验证，并做了补充。

通过以上步骤，本章得到了通过系统动力学模型优化的中国天然气产业可持续发展系统标度 17 个指标的标度区间，以及中国天然气产业可持续发展系统标度区间。同时，评价结果认为：2000 年中国天然气产业可持续发展状态为弱不可持续发展状态；2017 年中国天然气产业可持续发展状态为较弱可持续发展状态；2020 年中国天然气产业可持续发展状态为较弱可持续发展状态；2030 年中国天然气产业可持续发展状态为较弱可持续发展状态。并且根据中国天然气产业可持续发展理论，系统的这种状态的持续趋势也是一种可持续发展状态。本章经过验证得出：中国天然气产业可持续发展理论是可信的、准确的，并对理论进行了补充；同时经过验证，中国天然气产业可持续发展的系统标度概念是合理的、准确的，并对概念进行了补充。

第9章

结　论

本书中国天然气产业可持续发展的系统标度及优化研究，建立标度方法论体系，创建了标度优化的方法体系。同时，使用优化后的标度对中国天然气产业可持续发展做出评价，实现了理想的效果，达到了研究目的，得到相关重要的研究结论和进一步研究的方向，并基于研究结论提出了相应的政策建议。

9.1 中国天然气产业可持续发展的系统标度及优化研究结论

首先，建立了中国天然气产业可持续发展理论范式；其次，根据中国天然气产业可持续发展理论范式、系统特征、标度理论，界定了中国天然气产业可持续发展的系统标度；再次，明确了如何建立中国天然气产业可持续发展的系统标度，以及优化方法；最后，确定方法对中国天然气产业可持续发展的系统标度及优化做出评价，验证效果。主要结论如下：

（1）本书建构的中国天然气产业可持续发展理论，由发展观和发展方式、实现可持续发展的路径、可持续发展的状态与过程和系统性研究视角4个方面组成。

（2）本书中国天然气产业可持续发展的系统标度以中国天然气产业可持续发展理论为基础，依据系统的特征，根据量表的逻辑来建构。

（3）中国天然气产业可持续发展的系统标度方法是根据中国天然气产业发展的实际情况，提出中国天然气产业可持续发展系统标度的构建原则、标度强弱程度等级的确立方法、标度指标的筛选方法、指标权重的确定方法、标度变异范围优化方法等，完成对中国天然气产业可持续发展的系统标度的构建。

（4）在前面几个方面的基础上，确立中国天然气产业可持续发展的系统标度的优化的原则、目标、路径，本书根据层次分析法，使用群决策特征根法，综合专家的研究结论，经过优化选择，确定使用 10/10～18/2 标度建立判断矩阵为最优，经过一致性检验，得出的指标体系的权重为最优权重；采用非线性规划方法对指标的变异范围及两极进行优化，使用最大偏差与均方差对得到变异范围进行合理性分析；将优化后的标度区间运用在中国天然气产业可持续发展系统 4 个维度的评价中，作敏感性分析；采用动态规划方法，确定整个中国天然气产业可持续发展的系统标度刻度的最优标度刻度组合，即为指标标度刻度采用 1-5 *，维度标度刻度采用 1-5 *，系统状态标度刻度采用 a^{k-1} *，经过验证，系统标度的优化方法是合理的、敏感的。

（5）对中国天然气产业可持续发展的系统标度及优化方法进行合理性和敏感性检验，在不同情景下，去除个别的极端状态，中国天然气产业可持续发展系统标度在［0.4178，0.5650］区间内变化，系统标度在［0，1］区间范围内，因此，系统标度区间是合理的。

对照中国天然气产业可持续发展程度的划分标准，中国天然气产业可持续发展状态由弱不可持续发展状态向较弱可持续发展状态演化；弱不可持续发展状态对应的标准是资源耗竭和生态受到破坏，虽然也有可能通过国际贸易实现可持续发展，但有不确定性；明确较弱可持续发展状态对应的标准；这些状态都与相应的标准吻合，显示了中国天然气产业不同阶段的真实发展状况，因此，标度的等级是准确的。

依据系统 4 个维度的变化，测度中国天然气产业可持续发展的系统标度，就是把中国天然气产业可持续发展看成是一个有机整体，一个复杂巨系统来研究。同时，确定中国天然气产业可持续发展系统标度区间这里指复合标度在［0.3322，0.5326］区间内，而且根据标度的等级及标度转换，评价得出 2000 年中国天然气产业可持续发展状态为弱不可持续发展状态；2017 年中国天然气产业可持续发展状态为较弱可持续发展状态；2020 年中国天然气产业可持续发展状态为较弱可持续发展状态；2030 年中国天然气产业可持续发展状态为较弱可持续发展状态。衡量了这个系统演化时所呈现的可持续状态强弱的程度，中国天然气产业可持续发展系统显示的是有时发展，有时停滞，甚至略微后退，但是处于波动很小的状态即平稳状态，总的趋势是进步的，根据中国天然气产业可持续发展理论，系统的这种状态的持续趋势也是一种可持续发展状态。进过验证，中国天然气产业可持续发展的系统标度及优化的方法是合理的、准确的。

（6）根据本书确定整个中国天然气产业可持续发展的系统标度刻度的最优标度刻度组合，得出结论：对宏观变量的测量时，适合采用指数标度刻度 $a^{k-1}*$ 。中国天然气产业可持续发展系统状态是一个宏观的概念，不容易感知，因此，包含了大、中等、小的多种强度的物理刺激量。根据标度刻度 $a^{k-1}*$ 的等级距离，从弱到强为，0.350、0.455、0.591、0.769、1，从可持续发展等级向不可持续发展演化过程中，越接近不可持续发展状态，等级之间的距离越小。这是受人类防卫心理的影响，对不利的事物心理感觉到的刺激量强度过强，心理量超过了物理刺激量，心理量是随物理刺激量的乘方函数（或幂函数）的变化而变化的，符合幂指数 b 大于 1 时的斯蒂文斯定律。从不可持续发展等级向可持续发展演化过程中，越接近可持续发展状态，等级之间的距离越大。这说明处于安全的状态下，人类对好的事物的感知弱，心理感觉到的刺激量强度过弱，心理量慢于物理刺激量，心理感觉的强度随着物理刺激强度的几何级增加而呈现出算数级增加，符合费希纳定律。

9.2 中国天然气产业可持续发展系统标度及优化研究未来的方向

通过对中国天然气产业可持续发展系统标度及优化的研究，得到了一些重要结论，也发现了一些需要进一步深入研究的问题，以及与本书研究相关的其他问题，这也是可以作为未来进一步研究的方向。

（1）中国天然气产业可持续发展理论在原有内容的基础上，需要更加关注政府和市场之间的关系，即产业政策的研究。政府的产业政策如何准确、完整、敏感地反映市场的信息，也就是有些学者提出的如何由选择性的产业政策向功能性的产业政策过渡的问题。其中包括遵循规律，合理发挥市场作用，解决供需平衡的灵活性等问题。

（2）对于不适宜发展的区域如何更多地考虑其他清洁能源的替代，根据区域的自然禀赋，如何因地制宜以及依据其他清洁能源与天然气之间的成本与效益的优势，建立最优替代模式或模型，以及如何在系统结构和系统行为中予以反映。

（3）未来需要研究某些子系统独立成为一个独立系统的前景，以及与其他产业组合的可能性，如天然气基础设施的通用问题，上下游资产多样化利用问题，需要在中国天然气产业可持续发展中进一步予以考虑。

（4）未来需要考虑如何在系统形态标度中反映政府的产业政策的准确度、成熟度、敏感度，以及如何在系统形态标度中反映政府和市场之间的关系，也就是有些学者提出的由选择性的产业政策向功能性的产业政策过渡的问题。

9.3 政策建议

通过对中国天然气产业可持续发展系统标度及优化的研究，得到了一些重要结论，发现了天然气产业发展过程中的相关问题，针对这些结论和问题采取相关政策，会有益于解决在天然气产业发展中遇到的问题以及对社会有重大影响的其他问题。

（1）为了实现灵活的供需平衡，可以在需求和供应两端综合考虑，需求端通过高峰期和低谷期的价格机制以及分级累进制等市场手段和监管手段结合；处理好储气库的建设在经济效益、社会效益之间的平衡问题，看不见的手和看得见的手合理配合，激励天然气基础设施的合理发展；增加 LNG 现货合同、增加 LNG 运输船的拥有量，有利于用气高峰季船期的安排。

（2）面对天然气变异系数较大、月高峰系数增大的问题，根据区域自然禀赋的不同，可以考虑有区域成本优势的其他清洁能源的替代，如风能、太阳能、光伏的使用等，或清洁煤电的使用；为了实现灵活的供需平衡，应考虑原有人工煤气管道的利用，偏远地区LPG的利用，由于近些年来对天然气产业的重视各地对天然气管道等基础设施投入较大，但人工煤气管道却呈净下降趋势，要实现灵活的供需平衡，还需要对清洁煤气能源及基础设施的大力投入，结合LPG的使用，多策并举进行，降低高峰期天然气的波动幅度。

（3）在确定评价雾霾等环境与社会、经济问题强度等级时，对这些攸关人类健康和生存安全的变量的测量，宜采用指数标度刻度 $a^{k-1}*$ 。这样在制定相关政策以及对政策效果进行评价时，能做到更加合理、客观、准确。例如雾霾由弱到强的演化过程中，受人类防卫心理的影响，对不利的事物心理感觉到的刺激量强度过强，心理量超过了物理刺激量，心理量是随物理刺激量的乘方函数（或幂函数）而变化的。尤其越接近不利的临界状态，这时指数标度刻度 $a^{k-1}*$ 等级之间的距离越来越小，能更准确地反映人们对雾霾影响的心理感受。在制定相关政策以及对政策效果进行评价时，保持客观、适度的原则，不过于受社会舆论的制约，同时，利用宣传工具疏导人们的焦虑心理，与社会进行更好的沟通。当空气质量由差向好的演化过程中，人们处于安全的状态下，人类对好的事物的感知弱，心理量慢于物理刺激量，心理感觉到的刺激量强度过弱，心理感觉的强度随着物理刺激强度的几何级增加而呈现出算数级增加。尤其越接近好的状态，这时指数标度刻度 $a^{k-1}*$ 等级之间的距离越来越大，能更准确地反映人们对空气质量的心理感受。同理，在制定相关政策以及对政策效果进行评价时，保持客观、适度的原则，考虑到人们的感知规律，不过于受社会舆论的制约，合理、准确地衡量政策的成本与社会感受之间的边际效益，合理优化相关政策。同时，利用宣传工具增加人们的心理感受，与社会进行良好的沟通。

参考文献

[1] 冯·贝塔朗菲．一般系统论：基础、发展和应用［M］．北京：清华大学出版社，1987.

[2] 陈国卫，金家善，耿俊豹，等．系统动力学应用研究综述［J］．控制工程，2012-11-20，921-928.

[3] 王伟亮，王丹，贾宏杰，陈沼宇，等．能源互联网背景下的典型区域综合能源系统稳态分析研究综述［J］．中国电机工程学报，2016-06-27，3292-3306.

[4] 马钊，周孝信，尚宇炜，盛万兴，等．能源互联网概念、关键技术及发展模式探索［J］．电网技术，2015-11-05，3014-3022.

[5] 邵成成，王锡凡，王秀丽，王碧阳，等．多能源系统分析规划初探［J］．中国电机工程学报，2016-07-20，3817-3829.

[6] 弗朗索瓦·魁奈．魁奈《经济表》及著作选［M］．北京：华夏出版社，2017.

[7] 亚当·斯密．国民财富的性质和原因的研究［M］．北京：商务印书馆，1972.

[8] 方福前．可持续发展理论在西方经济学中的演进［J］．当代经济研究，2000，(10)：14-23.

[9] 冯华．怎样实现可持续发展-中国可持续发展思想和实现机制［D］．上海：复旦大学，2004：1-18.

[10] 大卫·李嘉图．政治经济学及赋税原理［M］．北京：光明日报出版社，2009.

[11] 马尔萨斯．人口论［M］．北京：北京大学出版社，2008.

［12］穆勒. 政治经济学原理［M］. 北京：华夏出版社，2009.

［13］阿尔弗雷德. 马歇尔. 经济学原理［M］. 长沙：湖南文艺出版社，2012.

［14］约翰·梅纳德·凯恩斯. 就业、利息和货币通论［M］. 北京：商务印书馆，2005.

［15］阿瑟·刘易斯. 经济增长理论［M］. 北京：机械工业出版社，2015.

［16］罗森斯坦·罗丹. 东欧和东南欧国家工业化的若干问题［J］. 北京：经济研究，1998，(5)：36-41.

［17］霍利斯·钱纳里. 结构变化与发展政策［M］. 北京：经济科学出版社，1991.

［18］Kerk G V D, Manuel A R. A comprehensive index for a sustainable society: The SSI — the Sustainable Society Index［J］. Ecological Economics, 2008, 66 (2): 228-242.

［19］Baumgärtner S, Quaas M. What is sustainability economics?［J］. Ecological Economics, 2010, 69 (3): 445-450.

［20］Hak T, Moldan B, Dalh A L. Sustainability Indicators: A Scientific Assessment［M］. SCOPE, Island Press, Washington, DC. 2007.

［21］Hak T, Kovanda J, Weinzettel J. A method to assess the relevance of sustainability indicators: Application to the indicator set of the Czech Republic′s Sustainable Development Strategy［J］. Ecological Indicators, 2012, 17 (1): 46-57.

［22］Ramos T B, Caeiro S. Meta-performance evaluation of sustainability indicators［J］. Ecological Indicators, 2010, 10 (2): 157-166.

［23］Bauler T, WāKtare M, Bonifazi A. Exploring the Feasibility of Sustainability Impact Assessment Procedures for Federal Policies in Belgium［J］. Impact Assessment & Sustainable Development, 2006.

［24］Garnåsjordet P A, Aslaksen I, Giampietro M, et al. Sustainable Development Indicators: From Statistics to Policy［J］. Environmental Policy &

Governance, 2012, 22 (5): 322-336.

[25] Placet M, Anderson R, Fowler K M. Strategies for Sustainability [J]. Research Technology Management, 2005, 48 (5): 32-41.

[26] Lacey R, Kennetthensel P A. Longitudinal Effects of Corporate Social Responsibility on Customer Relationships [J]. Journal of Business Ethics, 2010, 97 (4): 581-597.

[27] Schlegelmilch B B, Bohlen G M, Diamantopoulos A. The link between green purchasing decisions and measures of environmental consciousness [J]. European Journal of Marketing, 1996, volume 30 (5): 35-55 (21).

[28] Porter M E, Kramer M R. The Big Idea: Creating Shared Value. How to Reinvent Capitalism and Unleash a Wave of Innovation and Growth [J]. Harvard Business Review, 2011, 89 (1-2): 62-77.

[29] World Commission on Environment and Development. Our Common Future [M]. Oxford University Press, Oxford. 1987.

[30] Baumgartner R J, Ebner D. Corporate sustainability strategies: sustainability profiles and maturity levels [J]. Sustainable Development, 2010, 18 (2): 76-89.

[31] Devuyst D. How Green is the City? Sustainability Assessment and the Management of Urban Environments [M]. Columbia University Press, New York. 2001, p. 457.

[32] Verheem R. Recommendations for sustainability assessment in the Netherlands. In commission for EIA. Environmental impact assessment in the Netherlands. Views Fromthe Commission for EIA in 2002. The Netherlands. 2002.

[33] Papanek V. Design for the Real World: Human Ecology and Social Change [M]. Pantheon Books, New York. 1971.

[34] Meixell M J, Gargeya V B. Global supply chain design: A literature review and critique [J]. Transportation Research Part E, 2005, 41 (6): 531-550.

[35] Goetschalckx M, Fleischmann B. In: Stadtler, H., Kilger, C. (Eds.), Strategic Network Planning. Supply Chain Management and Advanced

Planning, fourth ed. Springer, Berlin, pp. 2008, 117-132. et al.

[36] Corominas A, Mateo M, Ribas I, et al. Methodological elements of supply chain design [J]. International Journal of Production Research, 2015, 53 (16): 5017-5030.

[37] Fahimnia B, Sarkis J, Davarzani H. Green supply chain management: A review and bibliometric analysis [J]. International Journal of Production Economics, 2015, 162: 101-114.

[38] 冯云鹓. 圣门十六子书 [M]. 北京: 北京图书馆出版社, 1997.

[39] 子思. 中庸 [M].《礼记》第三十一篇, 春秋.

[40] 子思及其门徒. 子思 [M]. 汉书·艺文志, 汉朝.

[41] 老子 (李耳). 道德经 [M]. 春秋.

[42] 赵镭, 刘文, 高永梅, 等. 感官分析标准中的标度技术进步 [J]. 中国食品学报, 2011, 11: 173-176.

[43] 陈启高, 马贯中, 丁小中, 等. 广义的韦伯-费普勒定律 [J]. 重庆建筑工程学院学报, 1991, (4): 17-22.

[44] 刘武, 斐登峰. 费希纳的心理物理学与现代定量心理学的测量方法论评述 [J]. 东北大学学报 (社会科学版), 2004, 3 (6): 168-171.

[45] 朱滢. 实验心理学 [M]. 北京: 北京大学出版社, 2011: 55-79.

[46] 张学民. 实验心理学 [M]. 北京: 北京师范大学出版社, 2011: 67-73.

[47] 方方, 段齐骏, 李明珠, 等. 基于 WSR 系统方法论的产品设计研究 [J]. 机械设计, 2013 (8): 113 -116.

[48] 熊立, 梁樑, 王国华. 层次分析法中数字标度的选择与评价方法研究 [J]. 系统工程理论与实践, 2005, 3: 72-79.

[49] 钱学森. 社会主义现代化建设的科学和系统工程 [M]. 北京: 中共中央党校出版社, 1987: 6-271.

[50] 张宝生. 运筹学 [M]. 北京: 石油工业出版社, 2005: 8-280.

[51] 刘豹. 能源模型与系统分析 [M]. 北京: 能源出版社, 1984:

6-30.

[52] 刘豹，寇纪淞．能源系统工程 [M]．北京：机械工业出版社，1991：5-80.

[53] 牟瑞芳．系统安全工程 [M]．成都：西南交通大学出版社，2014：2-189.

[54] 邬建国，郭晓川，等．什么是可持续性科学？[J]．应用生态学报，2014，25 (1)：1-11.

[55] 谢高地，甄霖，鲁春霞，等．中国发展的可持续性状态与趋势 [J]．资源科学，2008，30 (9)：1349-1355.

[56] 牛文元．可持续发展理论的基本认知 [J]．地理科学进展，2008，(3)：1-6.

[57] 牛文元．中国可持续发展的理论与实践 [J]．中国科学院院刊，2012，27 (3)：280-289.

[58] 徐中民，张志强．可持续发展定量研究的几种新方法评介 [J]．中国人口·资源与环境，2000，10 (2)：60-64.

[59] 张宝生，彭贤强．中国煤层气产业可持续发展系统标度及动态分析 [J]．运筹与管理，2009，18 (2)：85-88.

[60] Matsuda M, Ichinomiya T, Muraoka Y, et al. Is environmental degradation an inevitable consequence of economic growth: Tunneling through the environmental Kuznets curve [J]. Ecological Economics, 1999, 29 (1): 89-109.

[61] FAO, Expert Consultation on Global Forest Resources Assessment (FRA): Towards FRA 2010 [EB]. Kotka, Finland e Rome, Italy, 2006 [cited 2012Feb 1]. Available from: http: //www. fao. org/forestry/11187-0bff440555e4a92a0e3fd6ac8a488952a. pdf.

[62] Bossel H. Indicators for Sustainable Developme nt: Theory, Method, Applications [J]. 1999.

[63] Govindan K, Rajendran S, Sarkis J, et al. Multi criteria decision making approaches for green supplier evaluation and selection: a literature review [J]. Journal of Cleaner Production, 2015, 98: 66-83.

[64] Frame B, O′Connor M. Integrating valuation and deliberation: the purposes of sustainability assessment [J]. Environmental Science & Policy, 2011, 14 (1): 1-10.

[65] 沈镭，刘立涛．中国能源政策可持续性评价与发展路径选择[J]. 资源科学，2009，31 (8)：1264-1271.

[66] 钱宇，杨思宇，贾小平，等．能源和化工系统的全生命周期评价和可持续性研究 [J]. 化工学报，2009，31 (8)：1264-1271.

[67] 杨宇，张小雷，雷军．基于资源开发利用的区域可持续发展研究 [J]. 地理科学，2010，30 (3)：363-368.

[68] 丹尼尔·耶金．能源重塑世界 [M]. 北京：石油工业出版社，2012：2-269.

[69] 丹尼尔·耶金．全球能源安全 [J]. 国际经济评论，2003，05：45-49.

[70] 管清友，何帆．中国的能源安全与国际能源合作 [J]. 世界经济与政治，2007，11：45-53.

[71] 张雷．中国科学院地理科学与资源研究所 [J]. 国际石油经济，2001，9 (3)：10-14.

[72] 刘毅军，吴娟，钱铮．天然气产业链风险量化描述探讨 [J]. 工业技术经济，2007，26 (3)：99-102.

[73] 郑玉华，罗东坤，胡奥林．我国天然气产业链价格形成机制研究 [J]. 天然气工业，2007，27 (6)：139-141.

[74] 董秀成，佟金辉，李君臣．我国天然气价格改革浅析 [J]. 中外能源，2010，15 (9)：6-9.

[75] 刘毅军，姜海超．开发利用天然气要重视产业链风险 [J]. 天然气工业，2003，23 (6)：150-154.

[76] 刘松林，郑言．我国天然气安全评价与预警系统研究 [M]. 北京：经济管理出版社，2014，12：1-170.

[77] Sergey Paltsev、Francis O′Sullivan、Qudsia Ejaz. Shale Gas in China: Can We Expect a "Revolution"? [J]. Massachusetts Institute of Technology,

Cambridge, USA, 2013, 12: 1-18.

[78] 贾承造，张永峰，赵霞．中国天然气工业发展前景与挑战 [J]. 天然气工业，2014，02：8-18.

[79] 周总瑛，张抗，周庆凡．近年来中国天然气储量、产量变化特点与发展趋势分析 [J]. 天然气地球科学，2001，12 (3)：1-3.

[80] 邱中建，邓松涛．中国非常规天然气的战略地位 [J]. 天然气工业，2012，32 (1)：1-5.

[81] 唐旭，张宝生，邓红梅，冯连勇．基于系统动力学的石油产量分析 [J]. 系统工程理论与实践，2010，30 (2)：107-111.

[82] 李建忠，等．中国常规与非常规天然气资源潜力及发展前景 [J]. 石油学报，2012，33 (1)：89-97.

[83] 汉斯·摩根索．国家间政治权力斗争与和平 [M]. 北京：北京大学出版社，2006.

[84] K. J. 霍尔斯蒂．和平与战争：1648—1989 年的武装冲突与国际秩序 [M]. 北京：北京大学出版社，2005.

[85] 赵宏图．全球能源安全对话与合作——能源相互依赖时代的战略选择 [J]. 现代国际关系，2006，5：38-44.

[86] 管清友，何帆．中国的能源安全与国际能源合作 [J]. 世界经济与政治，2007，11：45-53.

[87] 崔守军．中国能源国际合作模式的选择 [J]. 现代国际关系，2010，11：33-38.

[88] Edmond Baranes, François Mirabel, Jean - Christophe Poudou. Access to natural gas storage facilities: Strategic and regulation issues [J]. Energy Economics, 2014, 41: 19-32.

[89] 董秀成，张琼，张守华. 天然气储备体系建设和管理 [M]. 北京：学苑出版社，2014，4.

[90] 苏欣，张琳，李岳．国内外地下储气库现状及发展趋势 [J]. 天然气与石油，2007，25 (4)：1-4.

[91] 吴建发，钟兵，罗涛．国内外储气库技术研究现状与发展方向

[J]. 油气储运，2007，26（4）：1-3.

[92] 丁国生，谢萍．中国地下储气库现状与发展展望［J]. 天然气工业，2006，26（6）：111-113.

[93] 康永尚，徐宝华，徐显生，杨帆．中国天然气战略储备的需求和对策［J]. 天然气工业，2006，26（10）：133-136.

[94] AN INTERDISCIPLINARY MIT STUDY. The Future of Natural Gas [J]. Massachusetts Institute of Technology, Cambridge, USA, 2013，12：1-168.

[95] 张雷，李艳梅．结构节能：中国低碳经济发展的基本路径选择［C］// 中国环境科学学会 . 2010 中国环境科学学会学术年会论文集：第 1 卷．北京：中国环境出版社，2010：166-173.

[96] 孙仁金，邱坤，马杰．我国城市燃气市场的竞争格局与对策［J]. 天然气工业，2009，29（7）：116-118.

[97] 董秀成，等．拓展天然气在中国的利用-中美联合研究报告［R]. 2002，1：1-66.

[98] Chesbrough H. Open innovation：the new impeerative for creating and profiting for technology [J]. Harvard Business School Press, Cambridge, MA，2003.

[99] Etzkowita H. The triple helix：university - industry - government innovation in action [J]. London and New York：Routledge, 2008.

[100] 克里斯多夫·弗里曼. 技术政策与经济绩效：日本国家创新系统的经验［M]. 南京：东南大学出版社，2008.

[101] 曾国屏，苟尤钊，刘磊. 从“创新系统”到“创新生态系统”［J]. 科学学研究，2013，（31）：4-12.

[102] 理查德·R. 尼尔森. 国家（地区）创新体系：比较分析［M]. 北京：知识产权出版社，2012.

[103] 迈克尔·波特. 什么是战略［M]. 北京：机械工业出版社，2011.

[104] 梅亮，陈劲，刘洋．创新生态系统：源起、知识演进和理论框架［J]. 科学学研究，2014，32（12）：1771-1780.

［105］洪银兴．关于创新驱动和协同创新的若干重要概念［J］．经济理论与经济管理，2013，5：5-12.

［106］任保平，郭晗．经济发展方式转变的创新驱动机制［J］．学术研究，2013，2：69-75.

［107］洪银兴．论创新驱动经济发展战略［J］．经济学家，2013，1：5-11.

［108］余泳泽，刘大勇．我国区域创新效率的空间外溢效应与价值链外溢效应［J］．管理世界，2013，7：6-19.

［109］陈劲，阳银娟．协同创新的理论基础与内涵［J］．科学学研究，2012，30（2）：161-164.

［110］成金华，李世祥．结构变动、技术进步以及价格对能源效率的影响［J］．中国人口·资源与环境，2010，20（4）：35-42.

［111］彭永忠．技术进步对经济增长的贡献研究［J］．广西轻工业，2007，11（108）：109-110.

［112］徐瑛，陈秀山，刘凤良．中国技术进步贡献率的度量与分解［J］．经济研究，2006，10（8）：93-103.

［113］韩宇，高志刚．新疆能源要素产出弹性及替代弹性分析［J］．新疆农垦经济，2013，10（5）：22-25.

［114］高建，董秀成．中国石油企业技术创新评价指标体系构建与应用［J］．科学管理研，2005，23（2）：20-23.

［115］颜鹏飞，王兵．技术效率、技术进步与生产率增长：基于 DEA 的实证分析［J］．经济研究，2004，23（12）：55-65.

［116］朱文宇．技术进步、资源配置与能源效率—基于中国的实证分析［J］．经济研究导刊，2009，9（47）：30-32.

［117］董大忠，蔚远江，杨涛，李峰．石油地质理论与勘探技术进步在资源评价中的作用［J］．石油学报，2005，26（3）：18-24.

［118］陈红梅，宁云才．中国省域技术创新效率评价及比较研究［J］．经济问题探索，2011，22（8）：66-70.

［119］刘文超，孙仁金．对我国油气管道建设运营的战略思考［J］．

油气储运，2015，34（2）：139-144.

［120］王诵芬. 世界主要国家综合国力比较研究［M］. 长沙：湖南出版社，1996.

［121］黄硕风. 综合国力论［M］. 北京：中国社会科学出版社，1992.

［122］胡鞍钢，门洪华. 中美日俄印有形战略资源比较［J］. 战略与管理，2002，2：26-41.

［123］胡鞍钢，郑云峰，高宇宁. 对中美综合国力的评估（1990-2013）［J］. 清华大学学报（哲学社会科学版），2015，1：26-39.

［124］克莱因. 80 年代世界权力趋势及美国对外政策［M］. 台北：台湾黎明文化事业股份有限公司，1982.

［125］系统行为［EB］. http：//max. book118c.

［126］系统功能与结构的关系重点［EB］. http：//max. book118c.

［127］巴黎协定_ 互动百科［EB］. http：//www. baike. com/wiki/%E5%B7%B4%E9%BB%8E%E5%8D%8F%E5%AE%9A.

［128］国家发展和改革委员会. 国家发展改革委关于印发石油天然气发展“十三五”规划的通知［R］. 煤气与热力，2017，2：1

［129］艾尔·巴比. 社会研究方法［M］. 北京：华夏出版社，2009.

［130］肖红蓉. 西方可持续性经济学研究的主要理论问题及其评价［J］. 经济评论，2012，（4）：153- 160.

［131］曾贤刚，周海林. 全球可持续发展面临的挑战与对策［J］. 中国人口资源与环境，2012，22（5）：32- 39.

［132］牛文元. 可持续发展理论的内涵认知—纪念联合国里约环发大会 20 周年［J］. 中国人口资源与环境，2012，22（5）：9-14.

［133］朱海冰，蔡道成，张侨. 中国可持续发展理论概述［J］. 商业时代，2011，7：6-7.

［134］邱菀华. 群组决策特征根法［J］. 应用数学和力学，1997，18（11）：1027 -1031.

［135］侯岳衡，沈德家. 指数标度及其与几种标度的比较［J］. 系统工程理论与实践，1995，15（10）：43 -46.

［136］徐泽水．关于层次分析法中几种标度的模拟评估［J］．系统工程理论与实践，2000，20（7）：58-62.

［137］2015 年全国油气资源评价［EB］．http：//www. mkaq. org/html/2016/06/16/370436. shtml.

［138］刘勇、赵忠德、李广等．我国城市燃气行业天然气利用现状与展望［J］．国际石油经济，2014，9：79-112.

［139］何平，陈丹丹，贾喜越．产业结构优化研究［J］．统计研究，2014，31（7）：31-37.

［140］魏欢，田静，李建中，等．中国天然气地下储气库现状及发展趋势［J］．国际石油经济，2015，6：57-62.

［141］张宝生，彭贤强．中国煤层气产业系统动态预测及政策模拟研究［J］．未来与发展，2009，6：29-33.

［142］张璐璐，汪厚银，史波林，等．凉感强度参比标度的建立及其时间-强度动态变化［J］．食品科学，2016，37（3）：38-42.

［143］邓少平．食品感官尺度品评表设计原理与结构［J］．中国食品学报，2005，5（2）：108-111.

［144］杨宇，张小雷，雷军，董雯．基于资源开发利用的区域可持续发展研究［J］．地理科学，2010，30（3）：363-369.

［145］陈武，李云峰．我国能源可持续发展的探讨［J］．能源技术经济，2010，22（5）：17-23.

［146］侯卓．标度变换技术在弹载数据采集系统中的应用［J］．传感器与微系统，2010，29（4）：129-133.

［147］李莹甄，殷娜，李小晗．不同震级标度转换关系研究概述［J］．地震工程学报，2014，36（1）：80-87.

［148］白淑英．电子政务生态系统进化的标度与趋势［J］．学术交流，2008，171（6），22-26.

［149］张湖东，潘锡辉．公众满意测评中的标度研究——针对实践争议的理论探讨［J］．广东行政学院学报，2015，27（2），21-27.

［150］陈忠．系统进化的标度［J］．社会科学，1988（10）：64-68.

[151] 吴祈宗．系统工程 [M]. 北京：北京理工大学出版社，2011.

[152] 常福宣，丁晶，姚健．降雨随历时变化标度性质的探讨 [J]. 长江流域资源与环境，2002，11（1）.

[153] 弗雷德里克·泰勒．科学管理原理 [M]. 北京：机械工业出版社，2007：6-77.

[154] 康特洛维奇．生产组织与计划中的数学方法 [M]. 北京：科学出版社，1959：6-30.

附录　Gi调查法

1. 确定序关系

（1）例如：请决策者在准则层集｛产业发展保障力（代表符号记为A1），产业发展潜力（记为A2），发展协调性（记为A3），产业发展成效（记为A4）｝中，选出认为是（关于中国天然气产业的可持续发展目标）的最重要一个（只选一个）；

（2）决策者在余下的3个准则层集中，选出认为是（关于中国天然气产业的可持续发展目标）的最重要一个（只选一个）；

……

（4）经过3次挑选得到最后一个评价指标；

优先顺序可从大到小排列代表符号记为：

_　>_　>…>_

如果其中如两指标重要程度相等，符号 > 可改为 =，可记为：

_　>_　>_　=_　>…>_

2. 给出相邻排序间相对重要程度的比较判断值

决策者关于相邻排序评价指标大的与小的重要程度之比的理性判断值分别从 r_k 的赋值参考表中选取。

表 1 中国天然气可持续发展的指标体系框架

目标层	准则层	符号标记	指标层	符号标记
中国天然气产业的可持续发展	产业发展保障力	A1	国家战略实力	B1
			中国参与国际合作程度	B2
	产业发展潜力	A2	世界储采比	C1
			世界产销比	C2
			探明率	C3
			中国储采比	C4
			中国产销比	C5
			中国天然气管道密度	C6
			储存率	C7
	发展协调性	A3	中国天然气变异系数	E1
			中国天然气月不均匀系数（高峰月需求应急调峰储存率）	E2
			城市天然气应急调峰系数	E3
			县城天然气应急调峰系数	E4
	产业发展成效	A4	城市天然气覆盖率	F1
			县城天然气覆盖率	F2
			能源消费结构	F3
			天然气消费结构	F4

表 2 r_k 的赋值

r_k	定义
1.0	指标 Ax 与指标 Ay 同等重要
1.2	指标 Ax 比指标 Ay 稍微重要
1.4	指标 Ax 比指标 Ay 明显重要
1.6	指标 Ax 比指标 Ay 强烈重要
1.8	指标 Ax 比指标 Ay 极端重要

注：可将代表符号记为 Ax：Ay=_ 。

表 3 准则层集调查表

准则层	决策者及专家选择
准则层集｛产业发展保障力 A1，产业发展潜力 A2，发展协调性 A3，产业发展成效 A4｝中，选出认为是（关于中国天然气产业的可持续发展目标）的优先顺序排序	目前优先顺序排序： *A*1 > *A*2 > *A*3 > *A*4
〃	2020 年优先顺序排序是否改变： *A*2 > *A*1 > *A*4 > *A*3
〃	2030 年优先顺序排序是否改变： *A*4 > *A*2 > *A*1 > *A*3
相邻排序间相对重要程度的比较判断值： Ax：Ay=_ 1 1.2 1.4 1.6 1.8	相邻排序间相对重要程度的比较判断赋值： 目前优先顺序：A1：A2=1.4，A2：A3=1.4，A3：A4=1.2 2020 年优先顺序：A2：A1=1.6，A1：A4=1.2，A4：A3=1.4 2030 年优先顺序：A4：A2=1.4，A2：A1=1.8，A1：A3=1.2

表 4 产业发展潜力调查表

产业发展潜力	决策者及专家选择
产业发展潜力集｛世界储采比 C1，世界产销比 C2，探明率 C3，中国储采比 C4，中国产销比 C5，中国天然气管道密度 C6，储存率 C7｝中，选出认为是（关于中国天然气的产业发展潜力）的优先顺序排序	目前优先顺序排序： *C*6 > *C*4 > *C*5 > *C*3 > *C*7 > *C*1 > *C*2
〃	2020 年优先顺序排序是否改变： *C*6 > *C*4 > *C*5 > *C*3 > *C*7 > *C*1 > *C*2
〃	2030 年优先顺序排序是否改变： *C*4 > *C*5 > *C*3 > *C*7 > *C*6 > *C*1 > *C*2
相邻排序间相对重要程度的比较判断值： Cx：Cy=_ 1 1.2 1.4 1.6 1.8	相邻排序间相对重要程度的比较判断赋值： 目前优先顺序：C6：C4=1.4，C4：C5=1.2，C5：C3=1.2，C3：C7=1.2，C7：C1=1.6，C1：C2=1.2 2020 年优先顺序：C6：C4=1.2，C4：C5=1.2，C5：C3=1.2，C3：C7=1.2，C7：C1=1.6，C1：C2=1.2 2030 年优先顺序：C4：C5=1.2，C5：C3=1.2，C3：C7=1.2，C7：C6=1.2，C6：C1=1.2，C1：C2=1.2

表 5 发展协调性调查表

发展协调性	决策者及专家选择
发展协调性集｛中国天然气变异系数 E1，中国天然气月不均匀系数（高峰月需求应急调峰储存率）E2，城市天然气应急调峰系数 E3，县城天然气应急调峰系数 E4｝中，选出认为是（关于中国天然气的产业发展协调性）的优先顺序排序	目前优先顺序排序： E1 > E2 > E3 > E4
	2020 年优先顺序排序是否改变： E1 > E2 > E4 > E3
	2030 年优先顺序排序是否改变： E1 > E2 > E4 > E3
相邻排序间相对重要程度的比较判断值： Ex：Ey=_ 1 1.2 1.4 1.6 1.8	相邻排序间相对重要程度的比较判断赋值： 目前优先顺序：E1：E2 = 1.4，E2：E3 = 1.4，E3：E4 = 1.2 2020 年优先顺序：E1：E2 = 1.4，E2：E3 = 1.4，E4：E3 = 1.4 2030 年优先顺序：E1：E2 = 1.4，E2：E3 = 1.4，E4：E3 = 1.2

表 6 产业发展成效调查表

产业发展成效	决策者及专家选择
产业发展成效集｛城市天然气覆盖率 F1，县城天然气覆盖率 F2，能源消费结构 F3，天然气消费结构 F4｝中，选出认为是（关于中国天然气的产业发展成效）的优先顺序排序	目前优先顺序排序： F3 > F4 > F1 > F2
	2020 年优先顺序排序是否改变： F4 > F3 > F2 > F1
	2030 年优先顺序排序是否改变： F2 > F1 > F4 > F3
相邻排序间相对重要程度的比较判断值： Fx：Fy=_ 1 1.2 1.4 1.6 1.8	相邻排序间相对重要程度的比较判断赋值： 目前优先顺序：F3：F4 = 1.6，F4：F1 = 1.4，F1：F2 = 1.2 2020 年优先顺序：F4：F3 = 1.4，F3：F2 = 1.2，F2：F1 = 1.4 2030 年优先顺序：F2：F1 = 1.2，F2：F4 = 1.2，F4：F3 = 1.4

表 7　产业发展国家保障力区间调查表

产业发展国家保障力即对天然气国际合作、贸易方面，在地缘政治、经济、金融、产业、安全等方面的支持能力	决策者及专家选择
产业发展国家保障力集｛国家战略实力 B1，中国参与国际合作程度 B2｝中，选出认为是（关于中国天然气的产业发展国家保障力）的优先顺序排序	优先顺序排序：$B1 > B2$
两指标重要程度间的区间选择，从下表中选择其中一个： 影响基本相同 介于影响稍强与影响强之间 介于影响强与影响明显强之间 介于影响明显强与影响绝对强之间	目前重要程度的区间选择：介于影响明显强与影响绝对强之间 1.2~1.4 2020 年重要程度的区间：介于影响强与影响明显强之间 1.4~1.6 2030 年重要程度的区间：介于影响稍强与影响强之间 1.6~1.8